9783663155881

D1744004

Der deutsche Buchhandel und die Wissenschaft.

Denkschrift,
im Auftrage des Akademischen Schutzvereins
verfaßt von

Dr. Karl Bücher,

ord. Professor der Nationalökonomie a. d. Universität Leipzig.

Leipzig,
Druck und Verlag von B. G. Teubner.
1903.

Inhalt.

Einleitung.

Wenn von Leipzig aus eine Schrift in die Welt geht, welche die Verhältnisse des deutschen Buchhandels unter kritische Beleuchtung stellt, so mag dies Verwunderung erregen. Man ist gewohnt, Leipzig als die Zentrale des deutschen Buchhandels zu betrachten, und oft genug ist dem großen Publikum in Zeitungen und Zeitschriften versichert worden, daß die Organisation dieses deutschen Buchhandels alles ähnliche in anderen Ländern weit hinter sich lasse, daß die Einrichtungen des Börsenvereins deutscher Buchhändler, der im Leipziger Buchhändlerhause seinen Mittelpunkt besitzt, der Buchhändlerbörse, der großen Leipziger Kommissionshäuser, der Buchhändler-Bestellanstalt Schöpfungen von wunderbarer Vollkommenheit seien. In Bild und Wort ist die Großartigkeit der Leipziger Verlagsunternehmungen, welche alle Teile des weitverzweigten Buchgewerbes in einem Betriebe vereinigen, sind die Handelspaläste der Barsortimenter geschildert worden. Und in der Tat blickt der Leipziger mit Stolz auf das bewegte Treiben seines Buchhändlerviertels, von dem Tausende von Fäden auslaufen, die nicht bloß jeden Buchhändler des ganzen deutschen Sprachgebietes mit dem Mittelpunkte der literarischen Produktion verbinden, sondern auch die Früchte deutschen Geisteslebens

Bücher, Denkschrift.   1

weit über die nationale Grenze hinaustragen bis in die fernsten Erdteile.

Auch die Leipziger Universität, die so lange die Buchhändlerbörse in ihren Mauern beherbergt hat, teilt diese Empfindungen. Wenn trotzdem von ihr vor kurzem eine Bewegung ausgegangen ist, welche die Dozenten sämtlicher deutschen Hochschulen, einschließlich Deutsch-Österreichs und der deutschen Schweiz, zu einem festgeschlossenen Schutzverbande gegen die Ausschreitungen des Buchhandels zu vereinigen sucht, so müssen sehr ernste Gründe vorgelegen haben, welche die einem solchen Schritte entgegenstehenden Bedenken überwinden ließen. In der Tat sind solche vorhanden. Nicht bloß die schwerwiegenden Interessen, welche die Vertreter der deutschen Wissenschaft als Autoren und als Bücherkäufer naturgemäß dem Buchgewerbe gegenüber zu wahren haben, erscheinen gefährdet; es gilt auch gegen Maßregeln und Tendenzen Front zu machen, welche die gesunde Entwicklung unseres gesamten nationalen Geisteslebens zu unterbinden drohen und namentlich die Beteiligung der minder bemittelten Volksklassen an den Früchten der Kultur erschweren, wenn nicht völlig verhindern müssen. Wir können und dürfen nicht Maßnahmen ruhig hinnehmen, welche zu Gunsten weniger unserem Volke die geistige Nahrung verteuern.

Der Verfasser dieser Denkschrift ist bei Beschaffung der benutzten Literatur von verschiedenen Seiten in dankenswerter Weise unterstützt worden. Die reichhaltige Bibliothek des Börsenvereins deutscher Buchhändler mußte leider unbenutzt bleiben, da die Verwaltung derselben angewiesen ist, die Hauptquelle des von ihr gepflegten Literaturgebietes, das Börsenblatt, in den neueren Jahrgängen Nichtbuchhändlern zu verweigern. Daß nicht alle in Deutschland vorhandenen Exemplare dieses „sekretierten" Organs an Ketten liegen, wird die nachfolgende Darstellung ebenso ergeben, wie die mündlichen Auskünfte buchhändlerischer Freunde zeigen werden, daß es zwischen der Wissenschaft und einem Buchhandel, der seiner Aufgabe gerecht werden will, überhaupt nichts zu verschweigen gibt.

Unter dem von mir benutzten Material befindet sich eine Anzahl Schriften, die „als Manuskript gedruckt" und vom Börsenverein als „vertraulich" bezeichnet sind. Die Eigentümer dieser Schriften sind, als sie mir dieselben aus eignem Antrieb anvertrauten, nicht im Zweifel darüber gewesen, daß ich sie benutzen würde, wie andere Druckwerke, um Tatsachen festzustellen und meinen Lesern klarzulegen, an deren Bekanntgabe ein allgemeines öffentliches Interesse besteht. Der Index librorum prohibitorum, den diejenigen aufgestellt haben, deren Beruf die Verbreitung des gedruckten Wortes ist, mag für die Bedeutung haben, denen der Börsenvereins-Vorstand gebieten und verbieten kann; für mich durfte er nicht existieren. Einige der wichtigsten jener Druckschriften standen mir übrigens gleich in mehreren Exemplaren zur Verfügung.

Die Darstellung ist absichtlich auf die wissenschaftliche Bücherproduktion und deren Vertrieb beschränkt worden. Es konnte aber nicht fehlen, daß auch auf den Buchhandel mit anderen Literaturgattungen Streiflichter fallen und daß Fragen allgemeiner Art erörtert wurden. Immerhin wird das hier Gesagte mancher Ergänzungen bedürfen. Bei so verwickelten und in so viele Gebiete übergreifenden Fragen, wie sie hier behandelt werden, wird es immer

1*

schwer sein, für die Darstellung die rechte Grenze zu finden. Den Anfechtungen, welchen diese Schrift auf interessierter Seite zweifellos begegnen wird, sehe ich mit Gemütsruhe entgegen, in dem Bewußtsein, eine gute Sache zu vertreten. Wenn je, so bin ich hier des Wortes sicher: $T\varrho\varepsilon\tilde{\iota}\nu$ μ' $o\dot{v}\varkappa$ $\dot{\varepsilon}\tilde{\alpha}$ $\Pi\alpha\lambda\lambda\grave{\alpha}\varsigma$ $'A\vartheta\acute{\eta}\nu\eta$.

I.
Das Buch als Ware.

Ein gedrucktes Buch ist, solange es nicht in einer öffentlichen oder Privatbibliothek seine Unterkunft gefunden hat, eine Ware, wie viele andere. Natürlich hat es als solche auch Eigentümlichkeiten; aber jede von diesen hat es wieder mit dieser oder jener anderen Ware gemein.

Zunächst ist das Buch ein „geistiges Erzeugnis"; aber eine Maschine, eine Porzellanvase, eine Bronzestatuette, ja ein gemusterter Damenkleiderstoff oder eine Tapete sind das nicht minder, und oft wird der Ingenieur oder Künstler oder Musterzeichner, der für eine Warensorte der letzteren Art den Entwurf gemacht hat, nicht weniger Geist, oft auch mehr Geschmack verraten als viele Autoren von Büchern. Oder hält man ein Kochbuch, ein Eisenbahnkursbuch, eine Textausgabe des Strafgesetzbuchs, ein Handbuch der Münz=, Maß= und Gewichtskunde, ein Adreßbuch, einen Kolportage= roman, die alle zu den verbreitetsten Büchersorten gehören, für hervorragendere Geistestaten?

Sodann ist das Buch ein Massenprodukt, d. h. es kann wirtschaftlicherweise nur hergestellt werden, wenn es in einer großen Zahl von Exemplaren erzeugt wird. Je größer die Zahl dieser Exemplare ist, um so niedriger werden die Produktionskosten des einzelnen Exemplars. Auch diese Eigentümlichkeit teilt das Buch mit manchen andern Waren. Ein bedrucktes Stück Kattun, ein Stück Metallguß, eine Tapete, ein Herrenkleiderstoff von be=

stimmtem Dessin, selbst ein Strang Baumwollgarn — sie
alle können wegen der Eigentümlichkeit des maschinellen
Herstellungsverfahrens nur in größeren Mengen produziert
werden, wenn sie zu einem Preise verkauft werden sollen,
der ihnen noch genügend Abnehmer sichert. Die Höhe
der „Auflage" wird in allen diesen Fällen entscheidend
sein für die Höhe des Marktpreises, der zur Kostendeckung
erforderlich ist.

Tritt das Buch auch als Massenprodukt in die
ökonomische Welt, so kann doch der Gebrauch desselben
immer nur Einzelgebrauch sein. Mit einem Exemplar
ist der Bedarf des Käufers in der Regel vollauf gedeckt,
und zwar auf Lebenszeit, es müßte denn eine neue,
wesentlich verbesserte Auflage erscheinen. Ja dieses
Exemplar kann sogar den Bedürfnissen vieler nach- und
nebeneinander dienen: es büßt durch die Vielheit des Ge-
brauchs vielleicht am äußern Ansehen, nicht aber am innern
Wert ein. Darin liegt die erste große Antinomie im
Warendasein des Buches: konzentrierte Produktion und
zerstreuter Bedarf.

Die Bedürfnisse, denen das Buch dient, sind höchst
mannigfaltiger Art. Bald orientiert es uns über die
verschiedenartigsten Verhältnisse des äußern Lebens, bald
hilft es uns bei der Arbeit, der Reise, dem Vergnügen,
bald ist es Hilfsmittel des Unterrichts und Studiums,
bald verschafft es Unterhaltung oder ästhetischen Genuß,
bald sucht es die Ergebnisse wissenschaftlicher Forschung der
Mit- und Nachwelt zu übermitteln. Und jedem dieser
verschiedenartigen Gebrauchszwecke kann wieder in
sehr verschiedener Weise entsprochen werden; jeder Urheber eines Buches versucht es in seiner Art, und das

gibt wieder — mit wenigen Ausnahmen — jedem Buche ein höchst persönliches, individuelles Gepräge. Beide Momente, die Mannigfaltigkeit der Gebrauchszwecke und die individuell verschiedene Art, ihnen zu entsprechen, werden die Ursache, daß eine so große Anzahl von Sorten oder Artikeln bei der Bücherware entsteht, wie kaum bei einer andern Ware. Über 25 000 derart verschiedene Handelsartikel sind im Durchschnitt der letzten Jahre in deutscher Sprache verlegt worden.

In dieser großen Sortenzahl, in der unsere Ware den Konsumenten angeboten wird, liegt eine neue Schwierigkeit für die Deckung des Bedarfs. So verschieden die Art ist, in der die Autoren einem bestimmten Gebrauchszweck zu dienen versuchen, ebenso verschieden ist der Geschmack und die Bedarfsgestaltung der Bücherkonsumenten. Der eine reist in die Alpen mit Baedeker, ein anderer zieht Tschudi oder Trautwein vor, ein dritter ist mit keinem dieser Bücher zufrieden, und wird darum ganz gern nach dem neuerschienenen Reiseführer eines andern Autors greifen. Dazu ist der Bücherbedarf des einzelnen Menschen ein sehr mannigfaltiger, entsprechend seinen verschiedenen Lebenszwecken. Mit dem Kalender als einziger geistiger Nahrung ist heute auch der ostelbische Gutstagelöhner nicht mehr zufrieden; wenn er's haben kann, liest er gern auch ein hübsches Geschichtenbuch oder kauft seinen Kindern ein Bilderbuch; ja er würde selbst für irgend ein anschaulich geschriebenes belehrendes Schriftchen empfänglich sein, wenn's ihm erreichbar wäre. Geht man von ihm aufwärts die verschiedenen Klassen der Bevölkerung durch, so wird der Umfang und die Mannigfaltigkeit des Bücherbedarfs sehr rasch wachsen bis zu dem Gelehrten, bei dem sie fast unbegrenzt sind. Menschen, die in einer Kulturnation überhaupt keinen Bedarf an Büchern mehr haben, müßten geradezu an chronischem Stumpfsinn leiden.

Also eine neue Antinomie: individueller Charakter jedes einzelnen Werkes innerhalb einer vielgestaltigen Produktion und nicht minder individuelle Gestaltung des unter Umständen wieder verschiedenartig kombinierten Bedarfs der einzelnen Bücherkäufer.

Aus der Gegensätzlichkeit dieser zwei verschiedenen Erscheinungsreihen ergeben sich gewisse Schwierigkeiten für die Organisation der Bücherproduktion und des Büchervertriebes durch den Handel. Jedes einzelne Buch entsteht als typisches Massenprodukt, reine Dutzendware, in der jedes Stück dem andern qualitativ und quantitativ vollkommen gleich ist, genau wie ein Strang Maschinengarn dem andern gleicht. Es erscheint darum wie prädestiniert für den Großhandel. Aber da bei den einzelnen Konsumenten immer bloß einzelne Exemplare eines Werkes begehrt werden und jedes Werk als individuelle Schöpfung seines Autors auftritt, für welche unter zahllosen Konsumenten mit tausendfach verschiedener individueller Bedarfsgestaltung und Geschmacksrichtung erst die wirklichen Käufer herausgefunden werden müssen, so erwächst dem Buchhandel die Aufgabe einer die ganze Bevölkerung durchdringenden, überall individualisierend vorgehenden Kleinarbeit. Der zerstreute Bedarf muß erst gesammelt, in den Händen einzelner kommerzieller Mittelglieder konzentriert werden.

Nun ist ein großer Teil dieses Bedarfs latenter Bedarf, der zum Leben erweckt, zur Kauflust gesteigert

werden kann. Ist er aber erst einmal so weit zum öko=
nomisch effektiven Bedarf geworden, dann ist er in jeder
Kulturnation einer bedeutenden Erweiterung fähig. Der
Arbeiter, der vielleicht von einem Kolporteur Schillers
Gedichte gekauft und gelesen hat, wird auch etwas von
Goethe und Uhland besitzen wollen, und bald wird sich
bei ihm eine kleine Bibliothek ansammeln (sei's auch nur
in Reclam=Heften), die er gern weiter vermehrt. In der
Wissenschaft bringt es der Fortschritt der Forschung mit
sich, daß man mit der Befriedigung des Bücherbedarfs
nie an ein Ende gelangt.

Dieser unbeschränkten Erweiterungsfähigkeit
des Bedarfs entspricht eine nie rastende Steigerung
der Produktion, entsprechend der Fortentwicklung der
Kultur, deren wichtigster Träger das Buch ist. Mit jedem
neuen Buche erneuert sich aber auch wieder die Aufgabe
des Handels, die Konsumenten aufzuspüren, deren Bedarf
gerade dieses Buch verlangt. Gelingt das nicht, so sind
die Herstellungskosten verloren. Da man sich über den
mutmaßlichen Bedarf täuschen, da die Kraft des Autors
unzulänglich sein, für sein Werk überhaupt ein Bedürfnis
fehlen kann, der Kostenaufwand für die ganze Auflage
aber im voraus zu leisten ist, so kommt damit in die
Produktion der Bücher ein aleatorisches Moment,
wie es auch vielen anderen Produktionszweigen eigen ist.
Man braucht nur an Waren zu denken, die der Mode
unterworfen sind, oder an die zahlreichen gesetzlich ge=
schützten Artikel, die den Fabrikanten oft nicht die Patent=
gebühren einbringen.

Schon früh ist diesem Umstande in der Organisa=
tion der Produktion Rechnung getragen worden, oder

vielmehr man hat jenes aleatorische Moment aus der eigentlichen Produktion ausgeschaltet und einem bestimmten Unternehmer überlassen, dem Verleger. Bekanntlich erwirbt im Normalfall der Bücherproduktion der Verleger vom Autor das Manuskript gegen ein festes Honorar, und dieser ist damit für die ganze Auflage abgefunden. Er läßt das Werk vervielfältigen, bezahlt den Drucker, den Papierlieferanten und nötigenfalls den Buchbinder, und auch diese scheiden damit aus dem Geschäfte aus. Der Verleger ist nun freier Eigentümer der fertigen Ware; an den Prozeß ihrer Entstehung erinnert nur noch der Name des Autors auf dem Titel und die Firma des Druckers auf der letzten Seite.

Die Stellung des Verlegers im Produktionsprozeß des Buches erklärt sich zwar nicht allein aus der Notwendigkeit hohen, mit erheblichem Risiko verbundenen Kapitalvorschusses; aber dieser letztere bildet doch das ausschlaggebende Moment. In Zeiten geringer Kapitalansammlung suchte und fand man Mittel, um das Risiko des Verlegers herabzumindern. Vor allem geschah dies dadurch, daß man einen Teil der Produktionskosten auf den Konsumenten abwälzte. Der Verleger schloß seine Tätigkeit mit der Herstellung der rohen Druckbogen ab, die dann ungebunden, ungefalzt und ungeheftet auf den Markt kamen, und überließ es dem Konsumenten, diesem Halbfabrikat auf seine Kosten durch den Buchbinder die gebrauchsfähige Gestalt geben zu lassen. Wurde dann die Auflage nicht oder nur zum kleinen Teile abgesetzt, so war der Verlust nicht so groß, als wenn man das Buch gebunden auf den Markt gebracht hätte. Das deutsche Publikum hat sich diesen Handelsgebrauch mehr als drei Jahrhunderte hindurch gefallen lassen. Erst im 19. Jahrhundert hat man ihm nach französischem Vorbild die kleine Konzession gemacht, daß die Bücher broschiert ausgegeben wurden, und dabei ist es für die große Masse der literarischen Produktion bis auf den heutigen Tag geblieben.

Ein zweites Mittel, das Risiko zu vermindern, bestand darin, daß man das Mindestmaß des vorhandenen Bedarfs im voraus festzustellen suchte. Man veranstaltete eine Subskription oder Pränumeration, bei der man die Käufer durch einen billigen Vorzugspreis zu gewinnen suchte; jedoch ließ sich das Verfahren nur bei den Werken bereits bekannter Autoren anwenden und ist wegen der vielen damit verbundenen Mißbräuche früh im 19. Jahrhundert in Abgang gekommen. Heute wird es meist nur noch bei Lieferungswerken angewandt, bei denen Konsumenten von geringerer Kaufkraft durch Zerlegung des Preises in Ratenzahlungen gewonnen werden sollen. Auf einer ähnlichen Erwägung beruhten die im 18. Jahrhundert eine Zeit lang üblichen, aber mit Recht durch die Gesetzgebung verbotenen Bücherlotterien.

Für den größten Teil der Bücherproduktion bleibt das Risiko des Verlegers in vollem Umfange bestehen. Nicht einmal das geringe Maß von Selbstversicherung, das andere Unternehmungen in der Verschiedenheit ihrer Kapitalanlage und in der dadurch gegebenen Kompensation des Risikos besitzen, bleibt ihm ungeschmälert. Vielmehr weist ihn die Natur seiner Ware gebieterisch darauf hin, seine Produktion zu spezialisieren, d. h. nur eine oder wenige Literaturgattungen zu pflegen, weil nur auf diesem Wege ein Verlagsartikel den andern trägt und

fördert. Denn fast jede Literaturgattung hat ihre be=
sonderen Absatzbedingungen, ihren besonders gearteten Kon=
sumentenkreis, der genau erforscht und mit psychologischer
Feinfühligkeit „bearbeitet" sein will.

Hierbei kommt denn noch eine weitere ökonomisch
wichtige Eigentümlichkeit der Bücherware zur Geltung.
Das Buch befriedigt mit ganz geringen Ausnahmen kein
absolutes Bedürfnis. Bei allen Waren aber, die rela=
tiven oder Kulturbedürfnissen dienen, ist der Absatz in
hohem Maße abhängig vom Verkaufspreise. Je mehr
es gelingt, diesen zu erniedrigen, um so breitere Schichten
der Bevölkerung gelangen aus dem Zustand des latenten
Bedarfs in den des effektiven Bedarfs. Und zwar pflegt
der Absatz nicht proportional der Erniedrigung des Ver=
kaufspreises zu steigen, sondern in weit höherem Maße,
weil die Bevölkerungsschichten mit geringer Kaufkraft sich
nach unten immer mehr verbreitern.

Das ist eben das große Gesetz, das die ganze moderne
Massenproduktion durchzieht: Steigerung der Produktion,
um die Produktionskosten erniedrigen zu können; Er=
niedrigung der Produktionskosten, um die Preise er=
niedrigen zu können; Erniedrigung der Preise, um den
Absatz zu steigern! Das letzte Stück oder Dutzend eines
Massenprodukts ist immer das billigste für den Produ=
zenten. Darin liegt die gewaltige stimulierende Macht
der modernen Produktionsweise, daß sie Waren, die
früher nur wenigen erreichbar waren, in die Armweite
immer breiterer Klassen der Menschheit rückt und diesen
damit die Möglichkeit eröffnet, teilzunehmen an den Er=
rungenschaften der Kultur.

Natürlich ist die Absatzmöglichkeit der verschiedenen

Sorten der Bücherware eine sehr verschiedene. Ein schweres gelehrtes Werk wird im besten Falle kaum auf so viele Hunderte von Abnehmern rechnen können, als ein schöngeistiges Buch auf Zehntausende. Wie eng oder weit aber auch der mögliche Absatzkreis eines Buches durch seine Eigenart gezogen sein mag, für jedes gilt, sofern es nur seinem Zwecke formell und inhaltlich entspricht, der Satz, daß der Verleger um so sicherer auf den Ersatz seiner Kosten rechnen darf, je mehr es ihm gelingt, durch die Preisgestaltung die wirkliche Grenze des Absatzes der möglichen Grenze desselben zu nähern. Bücher, bei denen der Kreis der möglichen Abnehmer so gering ist, daß unter keinen Umständen an einen Kostenersatz zu denken ist, können überhaupt nicht Gegenstand privater Unternehmung sein. Für sie haben die staatlichen und freigemeinwirtschaftlichen Publikationsinstitute (Akademien, wissenschaftliche Vereine 2c.) aufzukommen.

Keinen wesentlichen Unterschied gegenüber anderen Waren begründet der Umstand, daß beim Buche nicht bloß der Großhandelspreis, sondern auch das Maximum des Detailverkaufspreises durch den Verleger festgesetzt wird, daß dieser somit auch über den Bruttogewinn des Kleinhändlers bestimmt. Das liegt in der Natur des Monopols, welches dem Verleger durch die Gesetzgebung gewährt ist und findet sich ähnlich bei vielen patentierten Artikeln, ja selbst bei nicht wenigen dem freien Verkehr unterliegenden Waren, nur daß beim Buchhandel vermöge der den Betrieb unterstützenden Publikationsmittel dieser Preis rasch und allgemein auch den Konsumenten bekannt wird.

II.
Der Buchhandel und seine Organisation.

„Der Buchhandel ist ein ansehnlicher Zweig der Commercien", heißt es in dem 1776 erschienenen VII. Bande der Krünitzschen Ökonomischen Encyklopädie. „Zur Aufnahme des Buchhandels hat man keine andere Maßregeln zu ergreifen nöthig, als diejenigen, welche man überhaupt zur Beförderung der Commercien zu nehmen hat. Diese kommen darauf an, daß der Handel mit Landeswaren getrieben werde, daß die Waren gut und tüchtig seyn und daß sie wolfeilen Preises gegeben werden... Denn dieser (der wohlfeile Preis) muß die Käufer reizen. Sobald große Werke in einen sehr hohen Preis steigen, so sind sie alsdann nur für große Bibliotheken, und dieser Abgang ist von keiner Erheblichkeit. Auch mäßige Werke und nicht starke Bücher finden viel weniger Debit, wenn sie, in Ansehung ihrer Bogenzahl, in allzuhohem Preise stehen. Man bedenket sich, solche zu kaufen und suchet sich lieber mit Lehnen zu behelfen, zumal, wenn man das Buch zu einem sehr langen oder fast beständigen Gebrauche nicht nöthig hat. Ein Gelehrter kauft sich öfter ein Buch, wenn der Preis billig ist, aus bloßer Wißbegierde oder wegen einiger wenigen Stellen in demselben, oder seiner Bibliothek zu Gefallen, da er es sonst wol entbehren könnte."

Recht hausbackene Weisheit! Aber es bleibt kaum etwas anderes übrig, als sie aus dem Staube des 18. Jahrhunderts herauszuholen, nachdem in den letzten Jahren auf Versammlungen und im „Börsenblatt für den deutschen Buchhandel" so oft versichert worden ist, der Buchhandel sei kein Handel, sondern etwas weit Besseres, Edleres.

Als Zweig des Handels hat er die Aufgabe, zwischen Produzenten und Konsumenten zu vermitteln, und er kann in dieser Rolle seine Daseinsberechtigung wie jeder Handels= zweig nur erweisen, wenn er seinen Dienst der ge= samten Volkswirtschaft besser und billiger leistet, als es ohne ihn geschehen könnte.

Nun hat der Buchhandel bei uns in Deutschland eine eigentümliche und nicht ganz einfache Organisation gewonnen, die zum Teil wohl mit dem besonderen Waren= charakter des Buches zusammenhängt, zum Teil aber eine Folge seiner historischen Entwicklung ist. In England und Frankreich ist er anderen Handelszweigen bedeutend ähnlicher — ein Beweis, daß wir es nicht mit einer naturnotwendigen Erscheinung zu tun haben.

Die Grundlage dieser Organisation bildet ein de= zentralisierter, über viele Produktionsorte zerstreuter Ver= lag. Die Universitätsstädte, die Landes= und manche Provinzialhauptstädte geben die Knotenpunkte ab in dem weit ausgebreiteten Netz der Verlagsunternehmungen. Im Offiziellen Adreßbuch des deutschen Buchhandels für 1903, welches neben dem Deutschen Reiche auch Österreich und die deutsche Schweiz, sowie die meisten deutschen Buchhandlungen des Auslands umfaßt, soweit sie über Leipzig verkehren, sind 2472 Firmen verzeichnet, die sich nur mit dem Verlagsbuchhandel befassen. Daneben gibt es aber auch zahlreiche Sortimentsbuchhandlungen, welche ebenfalls Verlag besitzen. Im Deutschen Reiche allein dürften gegen 2000 reine Verlagsunternehmungen in Betracht kommen, ungerechnet die Kunst= und Musikalien=Verleger. Die Zahl der Sortimenter, Buchdruckereien und sonstigen Industriebetriebe, welche nur nebenbei einzelne Bücher verlegen, ist nicht minder groß.

Die deutschen Bücher entstehen also als Waren in dezentralisierter, über viele Orte und noch viel mehr Unternehmungen zerstreuter Produktion; die Auflage jedes einzelnen Werkes muß wieder, um ihre Käufer zu erreichen, in alle Welt zerstreut werden. Es führen aber nicht direkte Fäden aus dem Lager des Verlegers in die zahlreichen öffentlichen und privaten Bibliotheken, in die Millionen von Haushaltungen, welche wenigstens einen Kalender und ein Bilderbuch anschaffen, sondern die Bücher machen unterwegs erst wieder einen eigentümlichen Konzentrationsprozeß durch, der sich über zwei Etappen des Handels bewegt, die Betriebsstätte des Kommissionärs und die des Sortimenters. Es ist eine Art Handelszwang, da die Verleger vielfach direkte Lieferung an das Publikum ablehnen.

Mit dem Namen Sortiment bezeichnet man die Kleinhandelsunternehmung im Buchhandel. Der Sortimenter vereinigt in fester Betriebsstätte, von der aus er die Bevölkerung seines Wohnorts und meist auch der näheren Umgebung versorgt, die Verlagsartikel einer größeren Anzahl von Verlegern, so wie es der Bedarf seiner Kundschaft erfordert.

Für das Jahr 1903 zählt das Adreßbuch 6000

Sortimentsbuchhandlungen im weiteren Sinne[1]) auf; viele von ihnen verbinden mit dem Bücherkleinhandel den Kunst-, Musikalien-, Papier- und Schreibmaterialienhandel, manche auch Agenturen, Buch- oder Zeitungsverlag u. dgl. Für das Deutsche Reich verzeichnet es 1411 Orte mit Sortiments- buchhandlungen.

Um eine Vorstellung darüber zu gewinnen, wie weit die örtliche Zersplitterung des Verlags und des Bücher- kleinhandels geht, habe ich wenigstens für das Deutsche Reich aus den Angaben des Buchhändler-Adreßbuches[2]) die Orte ermittelt, in welchen Verlagsbetriebe, und die- jenigen, in welchen Sortimentsbuchhandlungen ansässig sind. Es ergaben sich

Einwohnerzahl	Zahl der Orte mit Verlag	Zahl der Orte mit Sortimentsbuchh.
über 100 000	33	33
20 000—100 000	134	183
5 000— 20 000	174	565
2 000— 5 000	78	462
unter 2 000	39	168
Zusammen	458	1411

1) Die Zahl ist sicher falsch, da weiterhin 6554 Sortiments- buchhandlungen aufgeführt werden, die ihren Bedarf selbst wählen, und 219, welche Neuigkeiten annehmen, also zusammen 6773. Die Zahl 6000 dürfte die im Deutschen Reiche allein ansässigen Sorti- menter nicht einmal erreichen.

2) Bei Ermittlung der Orte mit Verlag ist zwischen reinen Verlagsbetrieben und solchen, die den Verlag mit dem Sortiment verbinden, nicht geschieden worden. In die Orte mit Sortiments- buchhandlungen sind 5 mit eingerechnet, an denen sich nur je eine Kolportagebuchhandlung befindet und 3 bloß mit Bahnhofsbuch- handlungen versehen. Dagegen sind unter den Verlagsorten die- jenigen, welche bloß Betriebe mit Kunst- und Musikalienverlag enthalten (zusammen 17), nicht einbegriffen. Die ganze Ermittlung beruht auf den im II. Teil, 6. Abt. des Adreßbuchs, S. 406—490

Naturgemäß ist der Verlag bei der Wahl des Stand=
orts von der Größe des Wohnplatzes viel weniger ab=
hängig als das Sortiment; auch darf nicht unbeachtet
bleiben, daß unter den 39 in Orten unter 2000 Ein=
wohnern ansässigen Verlegern etwa der dritte Teil nur
Selbstverlag treibt; dagegen muß es auffallen, daß auch
das Sortiment bis in sehr kleine Orte heruntersteigt, wo
ihm die Bedingungen der Existenz von vornherein zu fehlen
scheinen. Bestätigt wird diese Beobachtung in sehr an=
schaulicher Weise durch die Ergebnisse der Berufsstatistik
von 1895. Damals beschäftigte der deutsche Buch=, Kunst=
und Musikalienhandel im ganzen 21 694 erwerbstätige
Personen. Von diesen lebten

in Gemeinden mit	Personen	Prozent
100 000 und mehr Einwohnern	12 076	55.7
20 000—100 000 „	4 348	20.0
5 000— 20 000 „	3 279	15.1
2 000— 5 000 „	1 115	5.1
unter 2000 „	876	4.0

Dabei sind 2445 Erwerbstätige, die den Buchhandel
bloß als Nebenberuf treiben (Buchbinder u. dergl.) und
die sich naturgemäß am meisten in den kleineren Orten
finden, nicht einmal mit berücksichtigt. Man kann also
sagen, daß das ganze Deutsche Reich in kurzen Abständen
mit Buchhandlungen förmlich durchsetzt ist, so daß jeder
Bücherliebhaber seinen Bedarf in nächster Nähe befriedigen
kann, umgekehrt aber auch der Absatz= und Kundenkreis

gemachten Angaben, die wohl als relativ sehr zuverlässig gelten
können, da sie bei Versendung von buchhändlerischen Geschäfts=
papieren zu Grunde gelegt zu werden pflegen. — Wie sehr übrigens
die Buchhandelsstatistik im argen liegt, zeigen die Aufsätze von
T. Kellen im Börsenblatt von 1903 Nr. 117, 120, 122/3, wo die
Zahl der Verlagsorte z. B. auf 1462 angegeben ist.

für jeden einzelnen Buchhandelsbetrieb außerordentlich eng gezogen ist.

Da im Durchschnitt der letzten Jahre in deutscher Sprache über 25 000 Verlagsartikel[1]) in den interlokalen Austausch gekommen sind, so ergibt sich auf den ersten Blick, eine wie schwierige Aufgabe der Detailvertrieb der Bücher dem Handel stellt, zumal wenn man beachtet, daß der Buchhandel sich auch neben der Post mit dem Zeitschriftenvertrieb befaßt. Bei direktem Verkehr wird jeder Sortimenter mit dritthalbtausend Verlegern zu korrespondieren haben, wenn er die von ihm fast immer gegebene Verheißung bewahrheiten will, daß jedes Buch bei ihm zu haben sei. Umgekehrt wird jeder Verleger mit 6—7000 Kleinhandlungen in Verbindung kommen müssen, wenn er die Voraussetzung erfüllen will, unter der seine Autoren ihm ihre Werke anvertraut haben, daß er sie verbreiten wolle, soweit die deutsche Zunge klingt. Aber welche Summe von Arbeit, von Risiko bei der Kreditgewährung, von Frachtspesen bei zahllosen kleinen Sendungen!

In jedem andern Handelszweig mit dezentralisierter Produktion und Distribution pflegen sich Großhandelsunternehmungen zu bilden, welche die verschiedenen Warensorten verschiedener Produzenten in umfassenden Lagern vereinigen, um von diesen aus den Kleinhandel zu „assortieren". Die Waren gelangen naturgemäß in großen Mengen, wenn auch in wenigen Sorten, von jedem Produzenten an den Großhändler; dieser kann aber auch

---

1) Die Statistik beruht auf dem Hinrichsschen Bücherkatalog; viele Schriften von rein lokaler Bedeutung werden nicht eingerechnet sein.

wieder jedem Detaillisten größere Sendungen machen, indem er vielerlei kleine Sortenquanten zusammenpackt. Es tritt also eine doppelte Frachtersparnis ein, die schließlich in einem niedrigen Detailverkaufspreise den Konsumenten zu gute kommt.

Im Buchhandel hat man eine andere Einrichtung, deren Entstehung z. T. mit dem älteren Meßwesen zusammenhängt. Es hat sich nämlich an gewissen Mittelpunkten der Verlagstätigkeit im Verlaufe der letzten zwei Jahrhunderte ein Vermittlungsdienst herausgebildet, der von eignen Berufsunternehmern ausgeübt wird, den Kommissionären[1]). Der Kommissionär im Buchhandel ist nicht zu verwechseln mit dem Kommissionär des Handelsgesetzbuchs. Er treibt überhaupt keinen Handel, sondern ist halb Spediteur und halb Bankier.

Als Kommissionsplätze kommen im Deutschen Reiche heute nur noch Leipzig, Stuttgart und Berlin in Betracht; bis 1869 hat auch Frankfurt a. M., bis 1873 Augsburg und bis 1874 Nürnberg sich an diesem Geschäfte beteiligt. Außerhalb des Deutschen Reiches bilden Wien, Prag, Budapest, Zürich für ihre speziellen Landesgebiete die Zentralisationspunkte. Alle aber überragt Leipzig bei weitem; seine Bedeutung ist stetig gewachsen, und man kann ruhig sagen, daß der ganze deutsche Buchhandel über Leipzig verkehrt. Neben ihm zeigen nur noch Stutt-

---

1) Über das buchhändlerische Kommissionswesen vgl. das vom Verein Leipziger Kommissionäre herausgegebene Schriftchen: Der buchh. Verkehr über Leipzig und der Geschäftsgang des Leipziger Kommissionsgeschäfts, Leipzig 1900 und die unter fast gleichem Titel erschienene, den Teilnehmern am IV. Intern. Verlegerkongreß überreichte Denkschrift.

gart und Wien eine ausgesprochene Tendenz, weiter zu wachsen; die übrigen Plätze stagnieren oder gehen zurück. (Vergl. die Tabellen I und II.) Dies rechtfertigt es, wenn wir bei den weiteren Erörterungen nur die Leipziger Verhältnisse berücksichtigen.

Wenn es auch möglich ist, daß ein Sortimenter Werke, die er in größerer Menge braucht, partienweise unmittelbar vom Verleger bezieht, so gehen doch herkömmlich die Bestellungen einzelner Bücher und kleinerer Partien der Frachtersparnis wegen über den Kommissionsplatz. In Leipzig unterhalten die meisten Verleger, wenn sie nicht dort wohnen, ein Auslieferungslager[1]) aller oder auch nur der gangbarsten Artikel ihres Verlags, oder sie sind doch Kommittenten eines Kommissionärs. Ebenso hat jeder Sortimenter hier seinen bestimmten Kommissionär, an den er die bei ihm eingelaufenen Bestellungen wöchentlich ein= oder zweimal oder auch öfter sendet. Jede einzelne Bestellung ist dabei auf einen besonderen Verlangzettel geschrieben, der den Titel des Buches, die Firma des Verlegers und die Bezugsweise (à condition, fest oder bar), sowie die gewünschte Zusendungsart (Postpaket, Eilballen, Frachtballen) angibt. Diese Zettel gehen vom Kommissionär des Sortimenters — in der Regel durch Vermittlung einer eignen Bestellanstalt — an die Kommissionäre der betr. Verleger. Jeder Verlagskommissionär schickt, wenn der Verleger in Leipzig kein Lager hat, die für diesen bei ihm eingelaufenen Be=

---

1) Ihre Zahl ist noch in fortwährendem Wachsen. Sie betrug 1901: 2203, 1902: 2236, 1903: 2390. Aber es sind doch bei weitem noch nicht alle reinen Verleger dabei; insbesondere fehlen nahezu alle Berliner Firmen.

Tabelle I.

Deutsche Kommissionsplätze in den Jahren 1845—1903.

Kommissionsplätze	Anzahl der Kommissionäre in den Jahren						
	1845	1860	1875	1885	1890	1895	1903
Frankfurt a. M.	14	15	—	—	—	—	—
Nürnberg	10	8	—	—	—	—	—
Augsburg	3	9	—	—	—	—	—
Stuttgart	19	14	16	15	15	17	13
Berlin	20	25	29	33	38	38	36¹⁾
Leipzig	79	82	105	133	164	164	153
Wien	27	28	31	39	33	36	36
Prag	.	.	18	11	13	12	7
Budapest	.	.	8	14	17	15	12
Zürich	.	4	5	5	7	7	6
Zusammen	172	185	212	250	287	289	263

Tabelle II.

Die Vertretung des deutschen Buchhandels in den Kommissionsplätzen 1831—1903.

Kommissionsplätze	Anzahl der Kommittenten in den Jahren								Durchschnittszahl der Kommittenten auf 1 Kommissionär	
	1831	1845	1860	1875	1885	1890	1895	1903	1875	1903
Frankfurt a. M.	295	403	218	—	—	—	—	—	.	.
Nürnberg	152	257	122	—	—	—	—	—	.	.
Augsburg	—	152	119	—	—	—	—	—	.	.
Stuttgart	—	339	474	542	430	442	569	682	36	52
Berlin	58	107	187	306	315	332	386	344	11	9
Leipzig	916	1534	2254	4202	5747	6775	7572	9366	40	61
Wien	90	131	255	475	610	604	677	737	15	21
Prag	.	.	.	98	111	129	150	122	5	17
Budapest	.	.	.	92	143	169	163	151	11	13
Zürich	.	.	51	92	96	98	90	73	18	12

1) Das Adreßbuch für 1903 II, S. 535 gibt 38 an, aber in dem namentlichen Verzeichnis, S. 208—212 stehen nur 36.

stellungen täglich oder wöchentlich nach dessen Wohnort, worauf der Verlagsartikel auf Kosten des Verlegers nach Leipzig gesandt wird. Auf jeden Fall wird vom Verlagskommissionär das von einem Sortimenter Bestellte bereits verpackt dessen Kommissionär übergeben. Letzterer läßt alle bei ihm für denselben Kommittenten eingegangenen Bücherpakete, ohne sie öffnen oder ihren Inhalt kontrollieren zu dürfen, in einen Ballen zusammenpacken, der dem Sortimenter durch die Eisenbahn, bei geringem Bedarf oder besonderer Eile auch wohl durch die Post zugefertigt wird.

Die Frachtkosten für alle Sendungen, die er aus dem Kommissionsplatze erhält oder dahin macht, hat der Sortimenter zu tragen. Natürlich hat er auch den Kommissionär für seine Mühewaltung und Auslagen zu entschädigen. Die betreffenden Spesen setzen sich aus sehr verschiedenen Posten zusammen: Kommissionsgebühren, Verpackungsgebühren, Provision für Barpakete und Barfakturen, sowie für die Kassaführung, Zentnergeld-Entschädigung für die Markthelfer, dem sog. Einschlag für Auspacken, Vergleichen und Weiterbefördern der dem Kommissionär zugehenden Sendungen, einem „Meßgeschenk" für das Personal. Leistet der Kommissionär Vorschuß, so werden natürlich auch Zinsen und Provision berechnet. Beim Verlagskommissionär ist eine ähnliche, aber z. T. mehr summarische Spesenberechnung üblich; natürlich beansprucht er auch Lagermiete, wenn ihm ein Auslieferungslager anvertraut ist.

Der Kommittent muß beim Kommissionär ein Guthaben besitzen, aus dem dieser die regelmäßig fällig werdenden Zahlungen bestreitet. Er muß für Wiederauffüllung desselben Sorge tragen, wenn er der pünktlichen Annahme seiner Barverschreibungen sicher sein will. Doch gewährt der Kommissionär auch auf Grund besonderer Vereinbarung Kredit und berechnet dafür nicht bloß den üblichen Bankzinsfuß, sondern auch häufig noch eine starke Risikoprämie (im ganzen meist 6%). Auf die wöchentlichen Börsen= und die Ostermeßzahlungen der Kommissionäre, bei denen durch gegenseitige Ausgleichung möglichst auf Verminderung des Barverkehrs hingewirkt wird, kann hier nicht eingegangen werden.

Nach dem Gesagten treffen schließlich alle Bestellungen, die aus dem ganzen deutschen Sortiment auf Werke des gleichen Verlags am Kommissionsplatze einlaufen, beim Kommissionär des Verlegers zusammen; der Verleger kann demgemäß, falls nicht ein Auslieferungslager beim Kommissionär das Verfahren abkürzt, sie in einer Sendung nach Leipzig expedieren. Dort zerstreuen sie sich wieder in die verschiedenen Kommissionsbetriebe, wo sie mit Bestellungen andern Verlags eine erneute Vereinigung eingehen, die sie bis zum Magazin des Sortimenters führt. Berücksichtigt man noch das Dazwischentreten der Bestellanstalt, die von allen Leipziger Kommissionären benutzt wird, so ist der Gang der Dinge folgender:

1. Sammlung der Bestellungen verschiedener Sortimenter bei jedem Kommissionär,

2. Sammlung der bei den verschiedenen Kommissionären eingelaufenen Bestellungen in der Bestellanstalt,

3. Sortierung der Bestellungen durch die Bestellanstalt und Verteilung an die Verlagskommissionäre,

4. weitere Verteilung beim Verlagskommissionär unter die einzelnen von ihm vertretenen Verleger, eventuell Absendung an diese,

5. (eventuell) Sendung der bestellten Ware durch die Verleger nach Leipzig an ihre Kommissionäre,

6. Verteilung der Sendung jedes Verlags unter die beteiligten Kommissionäre der Sortimenter und Übermittlung an diese Kommissionäre,

7. dort (eventuell) abermalige Verteilung der Pakete auf die Sortimente, die sie bestellt haben und zugleich Vereinigung der Pakete des gleichen Sortiments aus verschiedenem Verlag zu Ballen,

8. Übersendung der Ballen an die einzelnen Sortimente, die sie wieder unter ihre Kunden verteilen.

Also zweimaliges Sammeln der Bestellungen und zweimaliges Verteilen derselben, zweimaliges Sammeln der Ware und Wiederverteilen. Bei jeder Bestellung geschäftliche Bewegung in vier Betrieben: beim Sortimenter, Sortiments=Kommissionär, Verlags=Kommissionär, Verleger, und zwar bei den drei erstgenannten je zweimal. Überall Buchungen, Aus= und Einpacken, Sortieren, Botengänge, Frachtkosten. Und dabei ist die Mitwirkung der Leipziger Bestellanstalt noch gar nicht einmal mit berücksichtigt. Natürlich dauert es längere Zeit, bis der Sortimenter in der Provinz in den Besitz der von ihm bestellten Bücher gelangt, in der Regel 8—14 Tage. Doch wird in neuerer Zeit dieser Zeitraum erheblich abgekürzt, indem der Sortimenter dringende Bestellungen seinem Kommissionär besonders empfiehlt; aber dabei erwachsen letzterem auch wieder besondere Kosten. Eine weitere Abkürzung tritt da ein, wo ein Kommissionär das bestellende Sortiment und die Verlagshandlung, auf welche eine Bestellung lautet, zugleich vertritt.

Aus den Zahlen in Tabelle I und II ergibt sich be-

Tabelle III.

Größe der Kommissions-Betriebe.

Zahl der Kommittenten je eines Kommissionärs	Stuttgart	Berlin	Leipzig	Wien	Prag	Budapest	Zürich	überhaupt
1	3	11	44	9	2	4	2	75
2	2	10	17	5	1	1	—	36
3—5	—	5	13	5	1	2	1	27
6—10	2	5	11	3	1	1	1	24
11—20	3	2	8	4	—	2	1	20
21—30	—	1	10	2	—	1	—	14
31—50	—	2	4	4	1	—	1	12
51—100	—	—	18	2	1	1	—	22
101—500	2	—	25	2	—	—	—	29
über 500	1	—	3	—	—	—	—	4
Zusammen	13	36	153	36	7	12	6	263

reits, daß im Buchhändler-Kommissionsgeschäft eine un-
verkennbare Tendenz zu einer kapitalistischen Zentralisation
des Betriebes sich geltend macht. Noch deutlicher wird
dies aus Tabelle III ersichtlich, in der die einzelnen Unternehmungen nach der Zahl ihrer Kommittenten gruppiert
sind. Die überragende Stellung Leipzigs kommt dabei
erst recht zur Geltung. Zugleich aber zeigt sich, daß auch
hier das Hauptgeschäft sich auf eine geringe Zahl von
Firmen konzentriert. Kommissionsgeschäfte mit je 1—5 Kommittenten können als Vollbetriebe nicht angesehen werden.
Entweder haben sie Auslieferungsstellen für einzelne Verleger, oder sie sind Gelegenheitskommissionäre, die als
Hauptgeschäft auf eigne Rechnung Verlag oder Sortiment
treiben. Den Gegensatz zu ihnen bilden jene Riesenbetriebe, welche Hunderte von auswärtigen Firmen vertreten. Genau drei Viertel aller über Leipzig verkehrenden
Buchhändler kommen auf die 28 größten Kommissionäre,

auf die drei hervorragendsten Firmen allein 2247, also fast ein Viertel der Gesamtzahl. Von den 682 über Stuttgart verkehrenden Firmen sind 576 bei drei Kommissionären vereinigt. Minder fortgeschritten ist die Konzentration in Berlin, während wieder in Wien die Hälfte der Kommittenten durch 3, in Prag, Budapest und Zürich aber durch je ein Haus vertreten ist. Wie über Berlin fast nur norddeutsche Sortimente verkehren, so über Stuttgart nur süddeutsche, während an beiden Plätzen Verleger aus dem ganzen Reiche ausliefern lassen. Ebenso ist in Wien der reichsdeutsche Verlag ziemlich ansehnlich, aber nur österreichisches Sortiment vertreten. Prag, Budapest und Zürich haben nach der Verleger= wie nach der Sortimenter=Seite fast nur für ihre Länder Bedeutung.

Wann und wie die hier geschilderte Organisation des deutschen Buchhandels entstanden ist, bedarf nicht weitläufiger Auseinandersetzung. Sie entstammt dem Zeitalter der Postkutsche und des Frachtwagens, in welchem die Entfernung im Personen= und Güterverkehr eine ganz andere Rolle spielte als heutzutage, und knüpft direkt an die Einrichtungen der alten Messen an, auf denen die Buchhändler, die damals meist Verlag und Kleinhandel miteinander verbanden, persönlich mit ihren Warenballen erschienen, um das eigne Produkt so viel als möglich gegen fremde Verlagsartikel umzutauschen (Change=Geschäft) und letztere dann mit den eignen zu Hause im Detail zu vertreiben. Bar wurde nur gekauft, wo mangels genügenden eignen Verlags der Tausch nicht möglich war. Oft aber ließ sich auch die mitgebrachte eigne Ware während der Messe nicht völlig umsetzen. Man gab sie dann bis zur nächsten Messe einem Frankfurter oder Leipziger Geschäftsfreunde auf Lager mit dem Auftrage, bei etwa zwischen den Messen auftretendem Bedarf sie auf künftige Meß= rechnung zu verkaufen, und so konnte jeder über den be= treffenden Meßplatz verkehrende Buchhändler im Reiche ihm ausgegangene Werke jederzeit von dort nachbeziehen.

Jedenfalls ist in Leipzig schon in der zweiten Hälfte des 17. Jahrhunderts das Kommissionsgeschäft völlig aus= gebildet gewesen.¹) Es hat sich natürlich innerhalb zweier Jahrhunderte in manchen Äußerlichkeiten verändert; von einer inneren Entwicklung aber kann keine Rede sein.

Schon lange ist die Frage aufgeworfen worden, ob das Kommissionswesen noch mit dem Geiste des Eisen= bahnzeitalters verträglich sei, ob sich nicht ein einfacherer, rascherer und auch billigerer Verkehr zwischen Verlegern und Sortimentern einrichten lasse. Namentlich als durch die Posttax=Novelle vom 17. Mai 1873 das Einheitsporto für das Fünfkilopaket im deutschen Postgebiete eingeführt

---

1) Vgl. Codex Augusteus III. Fortf., Abt. 1, S. 47 in einem Mandat vom 27. Febr. 1686: „Bei Vermeidung gleicher Strafen sollen die Buchhändler zu Leipzig von Publication dieses Gesetzes an, Commissionen von auswärtigen Buchhandlungen nicht anders übernehmen, als nachdem sich die Committenten durch Zeugnisse ihrer Ortsobrigkeit oder resp. durch beglaubigte Abschriften ihrer etwanigen Patente legitimirt haben, daß sie unter öffentlicher Ge= nehmigung als Buchhändler anerkannt oder Verlagsgeschäfte zu treiben berechtigt seyen. Bei der Büchercommission haben sodann jene Buchhändler mit Vorzeigung jener Legitimationen anzuzeigen, für welche auswärtige Handlungen sie Commissions= oder Speditions= geschäfte führen, und ob, und an welchem Orte dieselben ein Bücher= lager zu Leipzig haben." — Es kennzeichnet drastisch die trostlose Verfassung, in der sich die Geschichte des deutschen Buchhandels be= findet, wenn G. Hölscher im Handbuch der Wirtschaftskunde Deutschlands IV, S. 98 die zentrale Stellung Leipzigs in den 20er Jahren des 19. Jahrhunderts geschaffen werden läßt.

wurde, glaubten viele das Ende des Kommissionswesens gekommen. In Buchhändlerkreisen wurde damals der Vorschlag gemacht, „alle Verschreibungen im Umfange von vier Pfund ab durch die Sortimenter direkt bei den Verlegern machen zu lassen, welche die Versendungen mit der Post zu bewirken, dabei größere Quanta in einzelne Pakete zu 10 Pfund zu teilen und die Hälfte der Frankokosten gleich in Rechnung zu stellen hätten". Allein alte Einrichtungen sind wie alte Kleider: sie sind vielen bequem geworden. Insbesondere scheinen viele Verleger das Stillleben, welches ihnen durch die Kommissionäre ermöglicht wird, zu schätzen.[1]) Natürlich wollen die Kommissionär selbst den alten Zustand nicht ändern, und die Sortimenter können es nicht, zumal viele den Kommissionären verschuldet sind.

Ebenso wenig hat sich ein anderer damals gemachter Vorschlag den Beifall der Verleger erworben: direkte Bestellungen des Publikums bei den Verlegern — „der naturgemäße und einfachste Weg zur schnellen Beschaffung literarischer Erzeugnisse", wie es in einem vermutlich von dem großen Postreformator Stephan ver-

---

1) Daß die Sortimenter gern sich das Fünfkilopaket zu nutze gemacht hätten, zeigt ein Artikel in der „D. Buchhändler-Zeitung" vom 28. Nov. 1874; vgl. „Deutsches Postarchiv", Jahrg. III (1875), S. 24 f. — Es ist mir wohlbekannt, daß der Postpaketverkehr in letzter Zeit zunimmt, insbesondere bei Sendungen nach entfernteren Gegenden. Aber es hängt das einerseits mit dem Wachsen des von den Verlegern mit allen Mitteln beförderten Barverkehrs, anderseits mit der Entstehung der Barsortimente zusammen, und die Reform ist doch wohl bei weitem noch nicht durchgreifend genug, um das im Text Gesagte wesentlich zu modifizieren. Wie wäre anders die oben ziffermäßig konstatierte Ausdehnung des Kommissionswesens, insbesondere auch die Einbeziehung der Buchbinder und weiterer Wiederverkäufer in dasselbe möglich gewesen?

faßten Artikel[1]) heißt. Allerdings sind einzelne Neuerer unter dem Buchhandel aufgetreten, und sie haben in die alte Organisation neue Einrichtungen hineingestellt, die wir noch kennen lernen werden. Gebrochen ist jene darum nicht; wie schon unsere Tabellen zeigen, hat sie sich viel= mehr noch in letzter Zeit weiter ausgedehnt. Ob sie aber mit der äußeren Expansion an innerer Kraft gewonnen hat?

1) Deutsches Postarchiv, Jahrg. II (1874), S 243.

III.
Der buchhändlerische Warenvertrieb.

Aus dem Verlag gelangt die Ware in den Klein=
handel auf zwiefache Weise: entweder auf Veranlassung
des Sortimenters oder auf Veranlassung des Verlegers.

Der Bezug auf Veranlassung des Sortimenters
hat nichts vom allgemeinen Handelsgebrauch Abweichendes:
es werden Waren auf Rechnung des Kaufmanns erworben,
um mit Gewinn wieder veräußert zu werden. Auch die
beiden Formen, deren diese Geschäftsart fähig ist — Be=
zug in Rechnung, d. h. auf Kredit und Barbezug —
sind im Handel allgemein üblich. Die „Rechnung" ist in
diesem Falle die Rechnung des Verlegers, nicht etwa die
des Kommissionärs. Da aber unmöglich jeder Verleger
für alle Sortimenter des deutschen Sprachgebiets offne
Rechnung halten kann, so müssen viele da bar beziehen,
wo andere Kredit haben. Unter Umständen tritt dabei
der Kommissionär als Vorschußgeber ein, aber freilich
unter ungünstigeren Bedingungen für den Sortimenter,
als sie der Verleger bietet.

Immerhin ist die Zahl der Sortimenter, welche bei
Verlegern offene Rechnung haben, noch überraschend groß.
Bei einer der bedeutendsten Leipziger Firmen von viel=
seitiger Verlagsrichtung haben gegen 1200, bei einer andern
angeblich 2000 Sortimenter Konten, bei spezialisiertem

wissenschaftlichem Verlage ist die Zahl natürlich viel ge=
ringer. Selbstverständlich erfordert ein sich in dieser
Weise zersplitternder Geschäftsverkehr einen fortgesetzten
Überwachungs= und Krediterforschungsdienst, der für den
einzelnen Verleger unmöglich ist. Es haben sich deshalb
die vier großen Verlegervereine (der Deutsche, der Berliner,
der Leipziger und der Stuttgarter) zusammengetan, um
auf Grund der Geschäftserfahrungen ihrer Mitglieder all=
jährlich eine Kreditliste aufzustellen, welche alle Anhalts=
punkte enthält, die zur Beurteilung der Kreditwürdigkeit
der mit ihnen in offener Rechnung stehenden Sortiments=
betriebe erforderlich sind. So bewundernswert diese Ein=
richtung funktioniert, so kann doch auch sie Verluste nicht
ganz verhüten. Standen doch 1902 nicht weniger als
4800 Sortimenter bei 466 Verlegern[1]) in offener Rech=
nung, und zwar hatten Konten

	bei	1—10	Verlegern	1587	Sortimenter,
	„	11—25	„	538	„
	„	26—50	„	405	„
	„	51—100	„	507	„
	„	101—150	„	410	„
	„	151—200	„	366	„
	„	201—300	„	643	„
	„	301—400	„	341	„
	„	über 400	„	3	„

Man erkennt daraus leicht, daß die Verleger in der
Weitherzigkeit der Kreditgewährung wenig zu wünschen
lassen. Wenn Sortimenter in kleinen Städtchen von 3 bis
4000 Einwohnern bei 150 und mehr Verlegern offenes
Konto haben, während sie im Durchschnitt jährlich viel=
leicht keine 15 000 Mark umsetzen, so ist das ein wirt=

---

1) Diese wie die folgenden Zahlen sind nur Minimalziffern.

schaftliches Mißverhältnis. Oder wenn in einer Pro=
vinzialstadt mit 50 000 Einwohnern ohne Hochschule
6 Sortimentshandlungen sind, für die beiläufig 1500 Kon=
ten bei Verlegern geführt werden, so deutet auch das auf
eine Überspannung des Kredits, eine Vergeudung der
Kräfte und einen Mangel an Spezialisation im buch=
händlerischen Kleinvertrieb hin. Zugleich ist aus solchen
beliebig herausgegriffenen Beispielen zu ersehen, daß das
Dazwischentreten des Kommissionärs gerade im Zahlungs=
verkehr den Betrieb nur wenig vereinfacht und ver=
billigt und den Verleger nicht der Notwendigkeit über=
hebt, die Kreditverhältnisse zahlreicher Detailgeschäfte
fortgesetzt scharf zu überwachen. Dafür ist der Vorteil,
den der Verleger dadurch erlangt, daß er sein Absatz=
gebiet immer im Auge behält, wohl kaum ein voller
Ersatz. Eine einzige leistungsfähige Sortimentsfirma, die
sich für ein bestimmtes Literaturgebiet spezialisiert hat,
bringt ihm oft mehr Absatz, als ein paar Dutzend jener
vielseitigen, aber schwachen Geschäfte bei erheblich geringeren
Kosten und Spesen.

Nach Möglichkeit wird von den Verlegern auf Pünkt=
lichkeit im Kreditverkehr und auf Einschränkung desselben
durch besondere, mit der Barzahlung verknüpfte Vorteile[1])
hingewirkt. Alle Konten eines Jahres müssen zur Oster=
messe des folgenden Jahres ausgeglichen werden; bis da=
hin genießt der Sortimenter den Kredit zinslos (also
eventuell 15 Monate), und es wird ihm bei pünktlicher
und vollständiger Zahlung nach alter Gewohnheit noch
ein Nachlaß von 1% der Zahlung (Meßagio) gewährt.

---

1) Über diese in Abschnitt IV.

Unter Umständen wird ihm auch noch die Erleichterung bewilligt, daß die kurz vor Jahresschluß gelieferten Artikel auf neue Rechnung übertragen werden.

Der Bezug auf Veranlassung des Sortimenters tritt überall da ein, wo bei diesem Bücher verlangt und bestellt werden, die er nicht auf Lager hat. Der Sortimenter ist in diesem Falle nur Bücherbesorger; ein Risiko trägt er nicht, er müßte denn einem unsicheren Kunden die be= zogenen Bücher kreditieren. Aber er bezieht auch Bücher auf eigne Rechnung ohne vorherige Bestellung eines Kunden, um sein Lager mit Werken zu versorgen, die regelmäßig bei ihm verlangt werden. Es sind dies die sog. Brotartikel: Schulbücher, Gesangbücher, Kochbücher, Geschenkliteratur, Klassiker, Reiseführer, Jugendschriften und ähnliches. Soweit der Bezug dieser Bücher „fest" zu geschehen hat, trägt der Sortimenter das gleiche Risiko wie jeder Kleinhändler: es kann ein Teil der in sein Eigentum übergegangenen Ware durch Geschmacksänderung beim Publikum oder durch nachfolgendes Angebot besserer Ware (Konkurrenzartikel, neue Auflagen!) unabsetzbar werden oder doch nur mit Verlust noch anzubringen sein.

Der Bezug auf Veranlassung des Verlegers findet bei neuerschienenen Büchern (Nova) statt, und zwar in der Weise, daß dem Sortimenter einige Exem= plare bedingungsweise (à condition, in Kommission) zum Vertrieb geliefert werden. Die im Laufe eines Kalender= jahres ihm zugegangene Konditionsware hat der Sorti= menter zur Ostermesse des darauf folgenden Jahres ent= weder dem Verleger zurückzusenden (Remittenden), oder er muß sie an diesem Termin bezahlen. Konditions= sendungen werden behandelt wie alle anderen Sendungen

an den Sortimenter, d. h. sie gehen durch den Kom=
missionär, und der Sortimenter hat die Fracht von und
nach dem Kommissionsplatze zu bezahlen.

Unter bestimmten Voraussetzungen kann der Verleger
schon während des Versendungsjahres die bedingungs=
weise gelieferten Bücher zurückverlangen. Umgekehrt können
solche aber auch nach Ablauf des Rücklieferungs=, bez.
Zahlungstermins mit Zustimmung des Verlegers von
dem Sortimenter auf ein weiteres Jahr zurückbehalten
werden (Disponenden).

Die Versendung eines großen Teiles der Auflage
eines neuen Buches an das Sortiment hat den Zweck,
das noch unbekannte Bedürfnis bei den Bücherkäufern zu
wecken, indem dasselbe überall in den Schaufenstern aus=
gelegt, zur Ansicht an die regelmäßigen Kunden vom
Sortimenter verschickt, bei eintretender unbestimmter Nach=
frage von ihm vorgelegt und empfohlen wird. Phantasie=
volle Leute, auch unter den Gelehrten, stellen sich vor, daß
vermöge dieser Einrichtung ein neu erschienenes Werk
schon acht Tage nach der Ausgabe in allen Buchläden
nicht bloß der Groß= und Mittelstädte, sondern auch von
Buxtehude und Schivelbein den Ruhm seines Autors
verkündet. Ein schriftstellernder Verleger hat sie als „lite=
rarisches Berieselungssystem" bezeichnet, und dieses nicht
ganz geruchlose Bild hat merkwürdigerweise Beifall ge=
funden.

In Wirklichkeit ist das reine Konditionssystem heute
im Aussterben begriffen. Entstanden aus der bereits im
17. Jahrhundert vorkommenden Zusendung pro novitate,
scheint es im Laufe des 18. Jahrhunderts mehr und mehr
an Stelle des Changegeschäfts getreten zu sein und im

3*

erften Viertel des 19. Jahrhunderts ziemlich allgemeine Verbreitung gewonnen zu haben. Aber schon am Schlusse dieser Periode bereitete sich eine Wandlung vor. „Die Vermehrung der Buchhändler, der Verlagsartifel und darunter die unverhältnismäßige Zunahme der wenig gangbaren veranlaßte nun sehr viele Buchhändler, sich die Zusendung von Novitäten zu verbitten, sowie auch andere, keine Nova mehr zu versenden. An ihre Stelle traten Novitätenzettel, welche der Verleger an die Sorti= mentshändler expediert und woraus diese sich ihren Be= darf wählen."¹) Schon um die Mitte des 19. Jahr= hunderts hat die Zahl der Sortimenter, welche sich die Zusendung unverlangter Neuigkeiten verbitten und ihren Bedarf wählen zu wollen erklärt haben, die Zahl der= jenigen überschritten, welche Neuigkeiten annehmen. Es betrug die Zahl der Firmen, welche

im Jahre	Neuigkeiten annehmen	nach Wahlzetteln wählen
1850	630	762
1861	709	1087
1875	752	2478
1885	456	4031
1890	346	4745
1895	280	5265
1903	219	6554

Nur noch 3,2 Prozent der Sortimenter nehmen heute unverlangte Neuigkeiten an. Man braucht bloß das Buch= händler=Adreßbuch auf den hierbei in Betracht kommenden Teil der Firmen und Orte durchzumustern, um sich zu überzeugen, daß für den Vertrieb wissenschaftlicher Werke

---

¹) Carl Wolf, Ueber den deutschen Buchhandel, München 1828, S. 37.

diese Art der Novitätenversendung jede Bedeutung ver=
loren hat.[1)]

Darum hat aber das Konditionsgeschäft nicht auf=
gehört; es hat sich jedoch dem Bezuge auf Veranlassung
des Sortimenters insofern genähert, als die Neuigkeiten
durch Wahlzettel vom Sortimenter besonders verlangt
werden müssen, oder ein allgemeines Abkommen zwischen
Verleger und Sortimenter vorliegen muß, nach dem jener
diesem Verlagswerke bestimmter Gattung auch unverlangt
zusenden kann. Ausnahmslos beschränken sich aber solche
Abmachungen auf Sortimentsfirmen, die beim Verleger
laufende Rechnung haben und deren seitheriger Absatz
dem Verleger die Garantie bietet, daß er nicht bloße
Remittenden und Disponenden liefert. Nicht einmal die
Prospekte über neue literarische Erscheinungen, die bei
zweckmäßiger Abfassung leicht die Ansichtssendung im
Detailvertrieb ersetzen können, werden noch unverlangt
und an jedermann verschickt.[2)] Nur ganz große Verlags=
häuser dürfen es noch wagen, solchen Sortimentern, die

1) Nach einer Angabe im Börsenbl. 1902, S. 597 sind im
ganzen Gebiete des deutschen Buchhandels kaum noch 100 Sortiments=
buchhandlungen von einiger Geschäftsbedeutung, die Neuigkeiten
unverlangt annehmen.

2) Es kommt natürlich viel auf die Natur des Artikels an,
um den es sich handelt. Bei Verlagsware, die der Verleger all=
gemeiner Verbreitung fähig hält, wagt er wohl etwas mehr und
verschickt Prospekte u. dgl. durch die Leipziger Bestellanstalt an
sämtliche Sortimenter oder eine Auswahl derselben. Für letztere
existieren zwei Listen, eine mit 2790 und eine andere mit 2014
Firmen. Vgl. das Buchh.=Adreßbuch für 1903, I, S. 868; II, S. 348.
Auch wird wohl unterschieden zwischen Sortimentern, welche mit
der Mehrzahl, und solchen, welche mit der Minderzahl der ver=
einigten Verleger in Verbindung stehen. 1900 waren der ersteren
etwa 1500, der letzteren über 500.

ihre Prospekte und Verlangzettel unbeachtet gelassen haben, dennoch Novitäten zu senden, ohne befürchten zu müssen, daß ihnen dieselben mit Porto- und Spesenrechnung wieder zur Verfügung gestellt werden. Manche neue Erscheinungen werden überhaupt nicht mehr à condition, sondern nur auf feste Bestellung versandt.

Für den wissenschaftlichen Verlag hat das Konditionsgeschäft immer noch Bedeutung genug, wie sich schon daraus ergibt, daß ein großes Leipziger Verlagshaus mit sehr vielseitigen Geschäftsverbindungen im ganzen an 800 Sortimentsfirmen Novitäten auf Grund besonderer Vereinbarung verschickt. Natürlich ist für schwere wissenschaftliche Spezialwerke die Zahl eine weit kleinere und muß es sein, um nicht mit der Höhe der Auflage in Widerspruch zu geraten. Erleichternd wirkt dabei der Umstand, daß hier die Verlagsfirma schon im voraus ziemlich genau darüber orientiert ist, wo sie Aussicht auf Absatz hat. Bei Werken, die auf breiterer Absatzbasis stehen, ist die Sache weit unsicherer. Erfahrungsgemäß setzen von diesen 15 und mehr Prozent der Sortimenter, die sie empfangen, überhaupt nichts ab, sondern remittieren oder disponieren. Das ist natürlich nur eine Durchschnittszahl, die sich für einzelne Werke bedeutend erhöht.

Das Verhältnis, in dem der Sortimenter seine Ware fest in Rechnung, gegen bare Zahlung und à condition bezieht, dürfte von Betrieb zu Betrieb großen Schwankungen unterliegen. Es hat mir kein Weg offen gestanden, dasselbe festzustellen. Dagegen hat eine bedeutende Verlagsfirma sich in freundlichem Entgegenkommen bereit finden lassen, für ihren allerdings unter ausnahmsweise günstigen Bedingungen arbeitenden Betrieb das Verhältnis festzustellen, in welchem ihr Verlag zur Versendung gelangte. Danach entfielen von der gesamten Auslieferung dem Werte nach

der Jahre	auf feste Bezüge	Barsendungen	Versendungen à condition
1899	36.30	32.90	30.80
1900	32.79	33.83	33.38
1901	38.39	29.17	32.44
1902	23.13	47.43	29.44

Dabei ist aber zu berücksichtigen, daß die Firma verhältnismäßig viel in Kommission verschickt, von wissenschaftlichen Werken oft 80—90% der Auflage. Disponiert werden hiervon 5—10%, manchmal aber auch mehr, je nach den im einzelnen Falle dafür gestellten Bedingungen. Von gangbaren Werken werden meist keine Disponenden gestattet. Kleinere Verlagsbuchhandlungen können keine so große Anzahl verschicken, da der Sortimentsbuchhandel die Annahme zum Teil verweigern würde. Von den Konditionssendungen der erwähnten Firma einschließlich der Disponenden wurden in den Jahren 1900 und 1901 durch den Sortimentsbuchhandel etwa 16% abgesetzt, wobei aber zu berücksichtigen ist, daß viele Firmen die in Kommission bezogenen Bücher bei einem wirklichen Absatz durch festen Nachbezug ergänzen, so daß das Resultat etwas günstiger, vielleicht auf 20% abgeschätzt werden darf. Das ergäbe also etwa 8% des gesamten Absatzes.

Die Verschiebung der oben für Rechnungs- und Barverkehr mitgeteilten Zahlen im Jahre 1902 rührt daher, daß damals für einen wichtigen Teil des Verlags an Stelle der Abgabe in laufender Rechnung die Barauslieferung eingeführt wurde.

Allgemein ist die Klage der Verleger, daß die Kon=
ditionssendungen im Sortiment nicht genügend Beachtung
fänden, und die Klage der Sortimenter, daß sie an den
Konditionssendungen nicht genügend verdienten, daß sie
mehr Kosten verschlängen, als die festen Bezüge, indem
Frachtaufwand und Kommissionsgebühren nicht bloß für
den wirklich verkauften Teil der bedingungsweise bezogenen
Ware, sondern auch für die unverkauft gebliebenen Re=
mittenden zu tragen seien. Das ganze Institut halte
sich nur noch durch das Interesse der Verleger. Es wird
dabei freilich übersehen, daß das Konditionssystem dem
Sortimenter die Möglichkeit bietet, ohne eigne Kapital-
auslage und ohne Risiko für den Fall der Unverkäuf=
lichkeit sein Lager mit den neuesten Erscheinungen des
Verlags zu füllen und an ihnen einen Verdienst zu er=
zielen, der ihm bei ausschließlich festem Bezuge ver=
sagt bliebe.

Auf der andern Seite darf nicht übersehen werden,
daß die Vertriebsweise der Konditionssendungen für die
Verleger eine unverhältnismäßige Erhöhung der Pro=
duktionskosten mit sich bringt. Die Bücher werden in
viel zu großen Auflagen gedruckt; wissenschaftliche Werke,
von denen der Verleger ganz gut weiß, daß sie nur einen
sehr kleinen Markt haben, werden in einer den tatsächlich
vorhandenen Bedarf um das Drei= bis Fünffache über=
steigenden Menge hergestellt, um genügend Exemplare
bedingungsweise versenden zu können. Die große Mehr=
zahl der letzteren kehrt als „Krebse" zu ihrem Ursprung
zurück, und der Verleger ist noch froh, wenn er sie noch
zu einem Preise „verramschen" kann, der den Makulatur=
wert nur wenig übersteigt. Der Verlangzettel schützt

nicht davor, „daß nach einem Platze, an dem vielleicht 2 Exemplare abzusetzen sind, 20 Exemplare verlangt und expediert werden. Zehn Sortimenter veranstalten mit demselben Artikel eine Angebotskonkurrenz bei denselben Interessenten, die diese schließlich mit Schrecken erfüllt und sie zu kräftiger Ablehnung aller weiteren Bemühungen veranlaßt." Natürlich sind dann die zwei wirklich verkauften Exemplare mit zehnfachen Frachtkosten und Kommissionsgebühren belastet und die übrigen 18 Exemplare sind nutzlos auf Hunderte von Meilen spazieren gefahren worden.

So sind beide Teile, Verleger und Sortimenter, mit dem Handelsbrauch der Versendungen à condition wenig zufrieden. Der Verleger erwartet, daß der Sortimenter sich für die ihm anvertraute Ware verwendet, daß er Käufer unter seinen Kunden dafür gewinnt, die dem Verleger selbst nicht erreichbar wären. Der Sortimenter dagegen interessiert sich für die Ware nicht genug, die nicht sein Eigentum geworden ist und für die er keine Anschaffungskosten riskiert. Das Schlimmste, was ihm damit passieren kann, ist, daß er sie zur nächsten Messe auf seine Kosten nach dem Kommissionsplatz zurückzusenden hat. Im Notfalle stellt er dem Verleger das Ansinnen, daß sie unter die Disponenden gestellt und auf künftige Rechnung übertragen wird; ja manche riskieren dies sogar bei schon verkaufter Ware und erzielen dadurch einen zinsfreien Kapitalvorschuß vom Verleger auf ein ganzes oder (bei Disponenden) selbst mehrere Jahre.

Im letzten Jahre hat sich im Börsenblatt für den deutschen Buchhandel ein Meinungsaustausch zwischen Sortimentern und Verlegern über den Wert der jetzigen

Vertriebsweise im Buchhandel abgespielt.[1]) Es sind da=
bei unangenehme Wahrheiten ausgesprochen worden. „Der
Sortimentsvertrieb, wie er sich heute ausgebildet hat,"
schreibt ein Verleger, „ist mehr oder weniger ein Unding.
Als Bestellannahme könnte er sich wenigstens die große
Ladenmiete sparen . . . In den meisten Fällen wird der
Bücherkäufer das Gesuchte bei dem ortsansässigen Händler
nicht vorrätig finden und schneller zum Ziele kommen
durch direkte Bestellung." Das Konditionssystem be=
zeichnet der Verfasser als „die verderbliche Praxis, nicht
zu kaufen, um zu verkaufen, sondern zu verkaufen, um
dann erst einzukaufen — verderblich, weil dadurch die
Pflicht zum Verkauf, die man gegen sich selbst haben
müßte, zurückgedrängt wird und an ihre Stelle die gleich=
gültigere gegen einen Fremden, den Verleger, tritt".
Dennoch gibt der Verfasser für einige Zweige der Lite=
ratur (Belletristik, Tages=, Reise= und Geschenkliteratur)
eine bedingte Berechtigung des hergebrachten Konditions=
vertriebs zu. „Anders liegt es für den wissenschaftlichen
Verlag. Die wissenschaftliche Literatur findet wohl nur
in Ausnahmefällen Absatz durch Vorlage oder durch Emp=
fehlung des Zwischenhändlers . . . Wer wissenschaftliche
Literatur braucht, kauft sie auf Kritiken oder auf Emp=
fehlung von Fachgenossen. Für solche Literatur bietet
das Sortiment in seiner heutigen Gestalt und Ausdehnung
durchaus nicht das nötige und wünschenswerte Vertriebs=
mittel, im Gegenteil, durch die Zersplitterung wirkt es
hinderlich. Was sollen die über 5500 Sortimentshand=
lungen im deutschen Buchhandel?" Mit 500 oder 250

---

1) Börsenblatt von 1902, Nr. 9. 15. 23. 32. 35. 36. 46. 48.
50. 54. 55. Die citierten Stellen sind aus Nr. 54.

wäre nach des Verfassers Ansicht dem wissenschaftlichen Büchervertrieb weit besser gedient.

Freilich sind von der Seite eines andern Verlegers [1] noch vor wenigen Jahren ganz entgegengesetzte Ansichten geäußert worden. Ihm scheint es ausgemacht, „daß der Verleger wissenschaftlicher Werke diese nur dann sachgemäß verbreiten kann, wenn ihm ein tüchtiger mit dem Verlag organisch verbundener und gleichberechtigter Sortimentsbuchhandel zur Seite steht, der wie ein feines Geäder das ganze Land durchzieht und die Fähigkeit und Unverdrossenheit hat, die wissenschaftliche Literatur auch den entlegensten Interessenten und namentlich den Bibliotheken zur Kenntnis zu bringen". Deshalb sei es ein Gebot der Selbsterhaltung für die Verleger, „den Sortimenter mit allen Mitteln vor zentralistischer Unterdrückung zu schützen, damit ein möglichst dichtmaschiges Netz von Provinzialbuchhandlungen für seinen Verlagsbetrieb erhalten bleibe".

Man wird nicht umhin können, anzunehmen, daß die „Interessenten" und Bibliothekare, die der Schreiber der vorstehenden Sätze im Auge hat, ihrem Berufe wenig gewachsen sein müssen, wenn denselben die neu erschienene wissenschaftliche Literatur erst durch den Sortimenter zur Kenntnis gebracht werden muß. Die Spezialisation im wissenschaftlichen Bücherverlag ist heute eine sehr große. Für die meisten Disziplinen kommen nur noch sehr wenige Verleger in Betracht, und diese haben alle weit wirksamere und raschere Mittel, den Interessenten ihres

---

1) Trübner in dem Vorwort zu seinem Verlagskatalog, Straßburg 1897 (auch abgedruckt im Börsenblatt Jahrg. 1897, Nr. 125).

Verlags neue Erscheinungen bekannt zu machen, als sie
das Sortiment bietet: Voranzeigen, Annoncen und Bei=
lagen in Fachzeitschriften, wöchentlich herauskommende
Verzeichnisse eben erschienener und künftig erscheinender
Bücher. Es dürfte kaum einen mit Einsicht geleiteten
Fachverlag in Deutschland geben, der nicht im stande
wäre, die übergroße Mehrzahl der als Käufer in Be=
tracht kommenden Fachleute direkt, die übrigen aber auf
dem kleinen Umweg der Fachpresse zu erreichen. Wenn
die Mehrzahl dieser Buchkonsumenten sich des für unsere
Verkehrsgewohnheiten viel zu langsam arbeitenden Sorti=
mentsbuchhandels trotzdem bei ihren Bezügen bedient, so
geschieht es aus alter Gewohnheit und weil die direkte
Verschreibung vom Verleger bei der Art, wie dieser meist
sich zu den Konsumenten stellt, außer der größeren Be=
schleunigung keine besonderen Vorteile bietet. Überall
hat sich unter dem Einfluß der großen Erleichterungen,
welche dafür unsere Reichspost bietet, der direkte Bezug
vom Produzenten eingebürgert, sind unnötige kommerzielle
Mittelglieder ausgestoßen worden, und Produzenten wie
Konsumenten stehen sich besser dabei; nur im Buchhandel
glaubt man noch an einer veralteten Vertriebsweise fest=
halten zu müssen.

In der preisgekrönten Arbeit eines jungen Berliner
Buchhändlers[1]) wird die Frage, ob der Verleger direkt
dem Publikum seine Ware anbieten und liefern dürfe,
zwar im Hinblick auf die geringe Regsamkeit vieler Sor=
timenter bejaht; aber „er muß stets und in allen Fällen
auf den Sortimentsbuchhandel als Mittelsperson hin=

---

1) Abgedruckt im Börsenblatt 1903, Nr. 71.

weisen und hat auch den Schein zu vermeiden, als liefere er direkt billiger". Selbst das Porto soll dem direkte Bedienung heischenden Kunden angerechnet werden. „Dem Publikum muß klar gemacht werden: auch dein Buch= händler am Ort kann dir das Werk zu gleichem Preise besorgen.... Im übrigen aber sollte sich der Zwischen= handel bemühen, die Mitarbeit des Verlegers auszunützen und auf dem von ihm beackerten Felde zu ernten." Also der Verleger soll die Kosten der Propaganda für seine Artikel tragen, aber der Sortimenter soll den Nutzen ziehen. Da angesehene Berliner Buchhändler das Preisrichteramt bei dieser Abhandlung versehen hatten, und da sie nach Ansicht der Redaktion des Börsenblattes den Gegenstand „ziemlich erschöpft", so darf man vorerst weitere Zu= geständnisse wohl nicht erwarten. Und doch wird in der Arbeit bekannt: „Wenn der Verleger seine Nova fertig= gestellt und angezeigt hat, wenn er im Börsenblatt und durch Prospekte die Kollegen im Sortiment vom Er= scheinen benachrichtigt und zur Bestellung aufgefordert hat, verlangt noch kaum der zehnte Teil diese Novi= täten bedingungsweise. Und wenn von diesen 10 Prozent sich die Hälfte wirklich für diese Werke interessiert, so ist der Absatz doch immer noch ein ganz geringer im Ver= hältnis zur Versendung."

Die ganze Existenz des Sortiments hängt davon ab, daß es ihm gelingt, dauernde Beziehungen mit den Kreisen zu unterhalten, die für den Bücherabsatz in Frage kommen. Ansichtssendungen reichen aber dazu heute nicht mehr aus; sie sind für Konsumenten mit unregelmäßigem Bedarf eine unerwünschte Belästigung, und für den Sortimenter bringen sie eine unverhältnismäßige Steigerung der Be=

triebsspesen. Was läge für diesen darum näher als auf
andere Mittel zu sinnen, um jene Beziehungen herzu=
stellen? Die Rührigkeit der Verleger bietet ihm diese in
der billigsten und bequemsten Weise: Kataloge, Prospekte
einzelner Bücher, Probehefte von Lieferungswerken, Probe=
nummern neuer Zeitschriften werden alljährlich in Mil=
lionen von Exemplaren an die Sortimenter versandt.
Aber unter den Verlegern gilt es als ausgemachte Sache,
daß die Sortimenter einen großen Teil dieses oft recht
kostspieligen Vertriebsmaterials unbenutzt liegen lassen
oder zum Einpacken verwenden. Fachzeitschriften gibt
es heute fast für jeden Beruf; sie sind für einen ratio=
nellen Geschäftsbetrieb selbst dem einfachsten Handwerker
unentbehrlich. Wer einmal Abonnent einer solchen Zeit=
schrift ist, der fängt auch bald an, Fachwerke zu kaufen,
die ihm in dieser Zeitschrift empfohlen werden. Und
naturgemäß wird er diese Bücher durch die Buch=
handlung beziehen, welche ihm regelmäßig seine Zeit=
schrift liefert.

Aber so weit denkt die Mehrzahl der Sortimenter
nicht; viele geben sich mit dem Vertriebe solcher Zeit=
schriften nur ungern ab, sagen den Abonnenten, daß sie
„nichts daran verdienen", liefern die fälligen Nummern
unregelmäßig ab. Entweder gibt der Abonnent dann
den Bezug ganz auf, oder er bestellt bei der Post und
betritt den Buchladen nicht wieder, in dem man ihn so
wenig entgegenkommend behandelt. Der Buchhändler in
der Mittel= oder Kleinstadt betrachtet sich als eine Art
von Monopolinhaber wie der Apotheker; jede Woche wird
ihm mindestens einmal im Börsenblatt für den deutschen
Buchhandel versichert, daß er kein gewöhnlicher Händler

sei, sondern „Träger der Wissenschaft und Geisteskultur", und seitdem alle billigeren Bezugsquellen dem Publikum verstopft sind, braucht er keine Rücksicht mehr auf die Konkurrenz zu nehmen. Sollte einem Verleger, der sich durch solche Lauheit für seine Unternehmungen beeinträchtigt findet, die Geduld reißen und er versuchen, direkt an das Publikum zu liefern — nun, so denunziert man ihn im Börsenblatt, und er mag zusehen, wer sich künftig noch mit seinen Verlagsartikeln abgibt.

Einer der so Denunzierten, der Verleger eines Fachblattes für das Baugewerbe in Hannover, erzählt im Börsenblatt vom 10. Januar 1903 folgende lehrreiche Geschichte. Er hatte 1899 die „Bauhütte" begonnen und zwar mit „einer kostbaren, mit farbigem Illustrationsmaterial versehenen Werbenummer, auf die durch Plakate, Zeitungsanzeigen und Agitation" aufmerksam gemacht worden war. Als einzige Bezugsquelle war der Buchhandel namhaft gemacht, dem 40% Rabatt versprochen waren. 6400 Probenummern gingen an das Sortiment, und zwar überall nur auf Verlangen: daraufhin kamen im ganzen 121 Bestellungen. Im Jahre 1900 wurden weitere 7800 Probenummern verlangt, 3400 ausgegeben und ganze 37 neue Bestellungen erzielt. Da griff der Verleger zur Selbsthilfe, indem er in die gleichen Städte, wo das Sortiment so wenig ausgerichtet hatte, Probenummern direkt an die vermutlichen Interessenten versandte. Es gelang ihm innerhalb zweier Jahre, mittels Bestellpostkarten für Jahresabonnements 3700 Abnehmer zu gewinnen. Da beim direkten Vertrieb die Kommissionsspesen und der Sortimentergewinn gespart wurden, so hätte es nahe gelegen, daß der Verleger die von ihm gewonnenen Abonnenten um den so ersparten Betrag billiger bedient hätte. Aber das durfte er nach den Satzungen des Börsenvereins nicht. Er dachte indes auch billig genug, um diesen Gewinn nicht selbst in die Tasche zu stecken, sondern lieferte dafür seinen Jahresabonnenten als Ergänzung der „Bauhütte" ein Heft „Musterbauten". Die Abwehr gegen eine dieserhalb von einem Sortimenter öffentlich erhobene Beschwerde schließt er mit folgenden allgemeinen Sätzen:

„Der Sortimenter sagt sich vielfach, daß für eine jährlich 52 malige Bestellung ein Rabattverdienst von 4 Mk. ein ungenügendes Äquivalent ist; er findet es daher nicht der Mühe wert, das noch in außerordentlichem Umfang ungedeckte Bedürfnis nach guter, wohlfeiler Fachliteratur für sich zu gewinnen. Diese Rechnung ist falsch; denn alle Leser einer fortschrittlichen Zeitschrift repräsentieren schlechthin die unteilbare (?) bewegliche Intelligenz Deutschlands, die erfahrungsgemäß ständig Bücher braucht und den Reisenden für bessere Werke zu entbehren wünscht. Die Summen, die dem Sortiment auf diesem Gebiet zum größten Teil durch eigene Schuld entgehen, sind riesenhaft. Unter den Fachblättern kommen 600 für ein namhaftes Abonnement in Betracht. Das Vierteljahrabonnement niedrig mit 1 Mk. 50 Pf. angesetzt, die Minimalauflage von 1500 Exemplaren angenommen, ergibt $(600 \times 1,50 \times 4 \times 1500)$ jährlich rund $5\frac{1}{2}$ Mill. Mark."

Ähnliche Fälle kommen häufiger im Börsenblatt zur Sprache.[1]) Einzelne Verleger sind dazu übergegangen, ihre Zeitschriften überhaupt nur noch direkt an das Publikum zu liefern; andere haben gerade für denjenigen Teil ihres Verlags, der für das Sortiment am lohnendsten wäre, eine neue Vertriebsweise geschaffen, den Reisebuchhandel, den wir später genauer werden zu betrachten

---

1) Vgl. z. B. Jahrg. 1903, S. 226. 546. 612. 974. 1416.

haben. So geht das Sortiment nicht bloß durch das Überwuchern leistungsunfähiger Zwergbetriebe, sondern durch seine eigne, kaum mehr zu verbergende Unzuläng=lichkeit, seine völlig veraltete Betriebstechnik zurück. Die Mittel, welche man angewendet hat, um es zu stützen, werden wir im V. und VI. Abschnitte kennen lernen.

IV.

Ladenpreis und Rabatt.

Der buchhändlerische Ladenpreis ist eine Taxe, ein Preismaximum. Seine Entstehung hängt zusammen mit den Verlagsprivilegien gegen den Nachdruck, oder nach heutiger Ausdrucksweise mit der durch Vertrag vom Autor auf einen Verleger übertragenen ausschließlichen Befugnis zur Vervielfältigung und gewerblichen Verwertung eines Schriftwerkes. Der Ladenpreis ist also auch ein Monopolpreis.

Solche Taxen können von der öffentlichen Gewalt festgesetzt werden, um den Inhaber eines Monopols an der egoistischen Ausbeutung seiner Gerechtsame zu hindern. So bestand seit 1623 in Kursachsen eine allgemeine, auch für den Leipziger Meßverkehr gültige Büchertaxe, die den Höchstpreis pro Druckbogen inländischen Verlags und gewöhnlichen Papiers auf drei Heller festsetzte und für ausländische Bücher den Gewinnzuschlag bestimmte, der auf den Frankfurter Preis gelegt werden durfte.[1])

---

1) Die Vorschriften bilden einen Teil der Taxordnung vom 31. Juli 1623 und lauten (Cod. Aug. II, S. 806): „Buchführer sollen schuldig seyn, jedere Meß, den Franckfurter Taxt jedes Orts Obrigkeit zu ediren, nach welchen sie ihnen den Tax der Bücher setzen, und mehr nicht als auf den Gülden, an dem Ausländischen Druck 5. Groschen, von dem Inländischen aber 2. Groschen von Deutscher, 3. in 4. Groschen von Lateinischer Materia zum Gewinnst

Noch 1686 wurde durch ein Mandat Herzogs Johann Georg III. den Buchhändlern bei schwerer Strafe ein= geschärft, „daß hinfüro keiner, wer der auch sey, unter= nehmen solle, die Leute mit übermäßigem Tax und unchristlichem Wucher beim Verkauff der Bücher zu über= setzen". In Frankfurt a. M. scheiterte der Versuch zur Einführung einer kaiserlichen Büchertaxe[1]) an dem Wider= stande namentlich der niederländischen und französischen Buchhändler.

Aber auch der Monopolinhaber selbst kann es in seinem Interesse finden, eine Taxe vorzuschreiben, die der Kleinhändler beim Vertrieb nicht überschreiten darf. Und zwar aus doppeltem Grunde. Jedes Monopol, das nicht in natürlichen Produktionsvorteilen seinen Grund hat, wird gefährdet sein, wenn eine allzu hohe Preisfestsetzung die Gewinnsucht reizt und illegitime Nachahmungen her= vorruft. Die alten Verleger haben sehr wohl gewußt, daß zu hoher Bücherpreis den Nachdruck fördert, und unsere heutigen Patentinhaber, die den Detailpreis ihrer Fabrikate öffentlich bekannt machen oder der Verpackung aufdrucken lassen, folgen derselben Rücksicht. Sodann gibt eine schon vom Fabrikanten festgesetzte Grenze des

verstatten sollen. — Die gemeinen Scholasticalia, seynd vor vielen Jahren, der Balln zu 10. Gülden in 10. Thaler verkaufft. — Die dieses Orts verlegte Bücher, wann sie auf gemein Druckpapier und gemeiner Druck, der Bogen 3. Heller. — Was aber auf weiß, groß, Cronen= oder auch auf Median=Papier, groß Format, mit kleinen Schrifften gedruckt, weil die Autorn wegen ihrer Mühe und an= gewandten Fleißes Recompensation haben müssen, auch auf Erlangung und Erhaltung der Privilegien ziemliche Unkosten gehen, der Bogen nach Gelegenheit 2. in 3. Pf."

1) Ausführlich, aber nicht unbefangen dargestellt von F. Kapp, Geschichte des deutschen Buchhandels, I, S. 675 ff.

4*

Preises dem Konsumenten ein Gefühl der Sicherheit, daß er vom Kleinhändler nicht überteuert werden kann. Bleibt der letztere dann in seiner Forderung noch unter jener Grenze, so ist dies ein Anreiz mehr zum Kaufen, weil das Publikum erkennt, daß der Händler sich mit mäßigem Gewinn begnügt. Ein derartiges Verfahren zu hindern, kann schwerlich im Interesse des Fabrikanten liegen, da es doch seinen Absatz steigert und der Ware die weiteste Verbreitung schafft. Für den Verleger eines Buches speziell liegt die Notwendigkeit, „ein Maximum des Preises festzusetzen, über welches der vertreibende Detaillist dem Publikum gegenüber nicht hinausgehen darf", [1]) noch in der eigentümlichen Gebrauchsnatur des Buches begründet, indem von der Höhe des Preises der Absatz und damit der Erfolg seines Unternehmens wesentlich bedingt wird.

Unser ganzer Kleinhandel ist erfüllt von Waren, die mit „Fabrikpreisen" ausgezeichnet sind: Kakao und Scho= kolade, Kneippscher Malzkaffee und Liebigs Fleischextrakt, Backpulver, Cigaretten, die „Dalli", allerlei Gesundheits= präparate. Schon gehen einzelne bekannte Fabriken sogar dazu über, obwohl sie sich keinerlei gesetzlichen Schutzes für ihre Erzeugnisse erfreuen, dem Kleinhandel den Höchst= preis vorzuschreiben, und die Kartelle werden in dem Maße, als sie sich fester organisieren, zu dem gleichen Auskunftsmittel getrieben.

Im Buchhandel scheint die Entstehung des „Laden= preises" mit dem Changegeschäft zusammenzuhängen. Von inländischen Verlagsartikeln wurde bei diesem in der Regel

---

1) So bezeichnet ganz richtig der Buchhändler Rohmer auf der Weimarer Konferenz von 1878 den Ladenpreis: Publ. des Börsenvereins VI, S. 34.

Bogen gegen Bogen gerechnet, und die sächsische Bücher=
taxe scheint dabei, wie man sich aus Georgis berühmtem
Bücher=Lexikon leicht überzeugen kann, lange Zeit zu
Grunde gelegt worden zu sein. In der zweiten Hälfte
des 18. Jahrhunderts wurde ein Groschen für den Bogen
allgemein als Norm für den Ordinärpreis angenommen.[1])
Dieser Preis enthielt bereits den Gewinnzuschlag des
Verlegers und des Sortimentsvertriebs. Denn die Ver=
leger waren damals allgemein auch Sortimenter; sie
trieben vielfach den Verlag nur im Interesse des Sorti=
ments, um Bücher zum „Verstechen" zu haben, und der
Gewinn aus ihrem Verlag ergab sich dann erst aus dem
Verschleiß der für diese auf der Frankfurter oder Leipziger
Messe eingetauschten fremden Verlagsartikel.

Aber oft konnte auf diesem Wege der eigne Buch=
laden nicht genügend assortiert werden, sei es, daß die
fremden Verleger für die zum Verstechen angebotenen
Artikel keine Verwendung hatten, sei es, daß sie nur
gegen bare Zahlung verkaufen oder höchstens in Kondition
geben wollten. Nun war es seit alter Zeit beim Change=
geschäft üblich, daß der Saldo, d. h. die Differenz zwischen
dem Werte der hingegebenen und empfangenen Ware, in
barem Gelde mit $33\frac{1}{3}\%$ Abzug ausgeglichen wurde.[2])
Dieser Satz wurde auch dem Bargeschäft zu Grunde
gelegt; beim Konditionsgeschäft kamen zuerst niedrigere
Sätze in Gebrauch: 16, 20 und 25 %. Allmählich aber
verschwanden jene geringeren Abzüge wieder, und der Satz
von $33\frac{1}{3}\%$ galt als Normalsatz, neben dem nur noch

---

1) (Gädicke), Der Buchhandel, S. 76.

2) Schürmann, Der deutsche Buchhandel der Neuzeit und
seine Krisis (Halle a. S. 1895), S. 9 ff.

etwa in Fällen, die für den Verleger besonders günstig lagen, der Satz von 25% geduldet wurde.

So kam der Unterschied zwischen Ordinärpreis und Nettopreis auf. Der Ordinärpreis, der anfänglich nur dem inneren Verkehr des Buchhandels gedient hatte, wurde bald als der normale Detailverkaufspreis (Ladenpreis) angesehen, ohne daß man sich streng an ihn gebunden hätte; der Nettopreis bezeichnete den Einkaufspreis des Sortimenters. Natürlich wurde er mit dem Aufkommen eines Standes von Verlegern (ohne Sortimentsbetrieb) immer wichtiger. Die Differenz zwischen Ordinär- und Nettopreis, aus der der Sortimenter seine Vertriebskosten zu decken hatte, ist der Buchhändlerrabatt. Er wird nicht, wie bei andern Handelszweigen, auf den Einkaufspreis gerechnet, sondern in Prozenten des Ordinärpreises ausgedrückt.

Der Ordinärpreis scheint allgemein so reichlich bemessen gewesen zu sein, daß die Buchhändler es in ihrem Interesse fanden, in ihren wirklichen Preisforderungen, wenigstens bei ihrer regelmäßigen Kundschaft, unter demselben zu bleiben, und so entstand neben dem Buchhändlerrabatt der Kundenrabatt. So lange das Changegeschäft vorherrschte, war dies nicht zu verwundern; denn der diesem zu Grunde gelegte Ordinärpreis mußte bereits eine sehr annehmbare Gewinnquote nebst Risikoprämie enthalten, und wenn einer den im Tausche hingegebenen Verlagsartikel besonders billig hatte herstellen können, so konnte er auch die al pari dafür erworbene Ware leicht billiger abgeben. Als aber das Changegeschäft abkam und das Konditions- und Bargeschäft auf der Grundlage des Nettopreises an seine Stelle trat, konnte der den

Kunden gewährte Rabatt leicht als eine Verkürzung des dem Sortimenter von Rechts wegen zukommenden Handels= gewinns erscheinen. Dennoch bestand der Kundenrabatt weiter und wurde zum stehenden Handelsgebrauch, der über anderthalb Jahrhunderte allen Anfechtungen zum Trotz sich erhalten und damit allein seine innere Berech= tigung hinreichend bewiesen hat.

Allerdings war er nicht in allen Teilen des deutschen Buchhandelsgebiets gleich; er konnte das nicht sein, da lange Zeit die Transportkosten mit der Entfernung der Vertriebsstätten von den Kommissionsplätzen außerordent= lich rasch wuchsen. In den 90er Jahren des 18. Jahr= hunderts schwankte er zwischen 10, 15 und 20%; ja eine Marburger Buchhandlung gab einen Katalog heraus, in welchem sie allgemein 25 % vom Ladenpreis anbot.[1] An manchen Orten wurde er bloß regelmäßigen Kunden mit größerem Bedarf oder bloß bei Barzahlung bewilligt; vielfach war er für die öffentlichen Bibliotheken höher als für das Privatpublikum. Vergebliche Versuche, ihn zu beseitigen, wurden in den Jahren 1802—1804 und 1847/8 gemacht. Im Gegenteil breitete er sich immer weiter aus und wurde nicht bloß bei Barbezug, sondern auch bei Entnahme auf Rechnung, nicht bloß bei größeren Summen, sondern auch beim Verkaufe jedes einzelnen Buches gewährt. Um die Mitte des 19. Jahrhunderts

---

1) Vereinzelt sollen sogar 40 und 50 % vorgekommen sein: Magazin f. d. deutschen Buchh. Jahrg. 1874, S. 140. Vgl. auch Schürmann, Organis. u. Rechtsgew. des D. Buchh. I, S. 124 ff. 161. Mayer & Müller, Handelsfreiheit und Recht im Buchhandel, S. 12 f. — C. H. Reclam in Leipzig gab in den 40er Jahren $16^2/_3$ bis 25%: A. F. Dürr, Die Buchhandlung Alphons Dürr in L. Festschrift 1903, S. 4 f.

betrug er in den meisten Städten 10 %; manche Hand=
lungen bewilligten ihn nur bei Ordinärartikeln, von denen
sie selbst $33\frac{1}{3}$ % Rabatt genossen, versagten ihn aber bei
den sog. Nettoartikeln, die dem Sortimenter selbst bloß
mit 25 % rabattiert wurden; andere gaben von Netto=
artikeln 10, von Ordinärartikeln $16\frac{2}{3}$ % Kundenrabatt.
In den fünfziger Jahren gewährte eine Anzahl Berliner
Handlungen durchschnittlich 20—25 %, und als sie des=
wegen von ihren Konkurrenten angefochten wurden, stellten
sie fest, daß die Gegner von ihren Verlagsartikeln sogar bis
$33\frac{1}{3}$ % Rabatt an das Publikum abgaben. Feste Normen
bestanden der Natur der Dinge nach nicht; war doch der
Kundenrabatt ein Mittel des kaufmännischen Wettbewerbs
und mußte sich je nach der Höhe der Vertriebsspesen der
einzelnen Sortimente, nach der Intelligenz und Rührig=
keit ihrer Inhaber verschieden gestalten. In Süddeutsch=
land suchten sich die Sortimenter wohl dadurch zu helfen,
daß sie bei der Umrechnung der Währung den Taler zu
1 fl. 48 kr. ansetzten; in der Schweiz wurde er zu 4 Franken
gerechnet. In manchen Gegenden gab man den Rabatt
bloß, wenn der Käufer ihn verlangte, in anderen bloß bei
einem Rechnungsbetrag von bestimmter Höhe. So herrschte
die größte Buntscheckigkeit. Von Leipzig und Berlin
konnte man, wenn der ortsansässige Sortimenter sich
weigerte, die Bücher immer mit einem Kundenrabatt von
15, ja 20 und mehr Prozent beziehen; in Frankfurt a. M.
waren 15 % nicht ungewöhnlich.[1] So ist es bis in die
80er Jahre des 19. Jahrhunderts geblieben.

---

1) Leider fehlt es trotz des Meeres von Tinte und Drucker=
schwärze, das über den Kundenrabatt geflossen ist, durchaus an einer
genauen Tatsachenfeststellung. Auch Pohle, der in den Schriften

Der Buchhändlerrabatt betrug im ersten Drittel des Jahrhunderts noch ziemlich allgemein $33\frac{1}{3}\%$; später gewann der Viertelsrabatt (25%) daneben immer mehr Boden, ja er wurde sogar von den Sortimentern „im Interesse gleichmäßiger Verkaufspreise" begünstigt und erlangte bald die Vorhand. Als 1863 der deutsche Sortimenterverein ins Leben trat, wurde berechnet, daß bereits neun Zehntel der deutschen Verlagswerke sog. Viertels= Artikel seien, und es konnte diesem Verein als eine seiner ersten und wichtigsten Aufgaben erscheinen, die Wieder= herstellung des alten Drittels zu erkämpfen. Das ist ihm nun freilich nicht gelungen; aber unter der starken Kon= kurrenz innerhalb des Verlags ist inzwischen das Rabatt= wesen immer feiner durchgebildet worden, und es sind so mancherlei Mittel und Mittelchen in Aufnahme gekommen, um die Sortimenter zum Verkaufen anzuspornen, daß man sich fast wundern müßte, wenn sie keinen Erfolg hätten. Jedenfalls darf man, ohne Widerspruch befürchten zu müssen, behaupten, daß der Durchschnittsrabatt, den heute die Sortimenter erzielen, nicht hinter 30 Prozent zurückbleibt, bei vielen aber diesen Betrag mehr oder minder übersteigt. Alles kommt dabei auf die Artikel an, die in einem Geschäfte vorzugsweise vertrieben werden.

Zwar bei wissenschaftlichen Werken bilden 25%

---

des Vereins für Sozialpolitik LXI, S. 475 ff. die Bewegung gegen den Kundenrabatt ausführlich dargestellt hat, begnügt sich mit Citaten aus Schürmanns bekanntem Buche. In den „Gutachtl. Äuße= rungen des Ausschusses für die Rabattfrage", Jena 1848, und zu= meist auch in den Verhandlungen der Weimarer Konferenz von 1878 (Publikationen des Börsenvereins VI) werden die Tatsachen als bekannt vorausgesetzt.

1) Schürmann, Der D. Buchh. der Neuzeit, S. 20.

die Regel für alle Bezüge à condition und in Rechnung; bei Barbezug erhöht sich aber dieser Rabatt bisweilen auf 30%, und außerdem werden in diesem Falle Partiepreise bewilligt, d. h. auf eine bestimmte Anzahl Exemplare erhält der Sortimenter ein Freiexemplar. Die „Partie" scheint ursprünglich ein Dutzend gewesen zu sein. Es versprach also der Verleger 13/12, oder er gab für den Preis von 12 Exemplaren 13.[1]) Allmählich ist aber die Partie immer kleiner geworden. Man findet so ziemlich alle Variationen: 11/10, 10/9, 9/8, 8/7, 7/6; bei Partiebezug erhöht sich somit der Rabatt, wenn 13/12 geliefert werden, um 7,7%, und wenn 7/6 geliefert werden, um 14,3%. Im ersteren Falle kommt also beinahe der alte Drittelrabatt heraus, auch wenn die Norm von 25% für Bezüge aller Art festgehalten wird, im letzten annähernd 40%.

Bei den meisten anderen Literaturgattungen sind die Bezugsbedingungen für den Sortimenter noch erheblich günstiger, aber so außerordentlich verschieden, daß es sehr schwer ist, eine Durchschnittsnorm anzugeben. Wenn man aber annimmt, daß bei allen Publikationen, die auf größere Verbreitung rechnen, dem Sortimenter 25—30% à condition, 30—40% bei Barbezug und bei Partiebezug reichlich Freiexemplare (gewöhnlich 7/6) bewilligt werden, so dürfte dem wohl kaum ein begründeter Widerspruch entgegengesetzt werden können. Bei einiger

---

1) Bei dem üblichen buchhändlerischen Zahlenausdruck für dieses Verhältnis bedeutet die Ziffer vor dem Strich die Zahl der gelieferten, die Ziffer hinter dem Strich die Zahl der berechneten Exemplare. Jedes Exemplar, das über die Partie hinaus verlangt wird, wird zum Partiepreis berechnet; jedoch muß die ganze Zahl auf einmal und in fester Rechnung oder bar bezogen werden.

Rührigkeit braucht der Sortimenter bei Romanen und sonstiger Unterhaltungsliteratur nicht unter 40% rohem Nutzen zu arbeiten; es gibt sogar Artikel, die bis zu 50 und mehr Prozent einbringen. Nicht selten wird das erste Exemplar „zur Probe" mit besonders hohem Rabatt geliefert.

Da diesen Angaben vermutlich von seiten der Interessenten widersprochen werden wird, so nehme ich die erste beste Nummer des Börsenblatts für den Deutschen Buchhandel, die mir zur Hand ist (es ist Nr. 123 vom 30. Mai 1903) und teile die darin vorkommenden Rabattsätze mit; die in eckige Klammern gesetzten Preise sind die Ladenpreise.

1. Hendels Bibliothek der Gesamt=Litteratur bedingt 28%, fest 32%, bar 40% und 13/12 gemischt (= 48%). [à 25 Pfg.]

2. Ausw. Handel des deutschen Zollgebiets (offiz. statist. Publikation) 25%. [10 Mk.]

3. Cervus, Wohin gehen wir in die Sommerfrische? 33 1/3 % und 11/10 (= ca. 43%) [75 Pf.]

4. Meyers Konvers.=Lexikon 40% bei Bezug von 1—99 Exemplaren,
   45% „   „   „ 100—299   „
   50% „   „   „ 300 u. mehr   „
   [160 Mk., geb. 200 Mk. oder 240 Mk.]

5. Ravensteins Rad= und Automobilkarte: à cond. 25%, bar 33 1/3 % und 9/8 (= 45%); ein Probebezug 50%. [3 Mk.]

6. 5 Schriften über landwirtschaftliche Schädlinge: à cond. 25%, bar 33 1/3 %; 10 Exemplare 40%, 30 Exemplare 50% Rabatt bar. [à 80 Pf. bis 3 Mk.]

7. Arndt, Preuß. Berggesetz (mit Kommentar): à cond. 25% fest 29%, bar 33%, Freiexemplare 11/10 (= ca. 43%) [3 Mk. 80 Pf.]

8. Karte vom Reg.=Bez. Breslau: 33 1/3 %, fest 11/10 (= 43%), bar 7/6 (= 48%). [1 Mk. 20 Pf.]

9. Sammlung pädagogischer Vorträge 25% [jährl. 1 Mk. 80 Pf.]

10. Sauren, Gewitterbüchlein: à cond. 25%, fest 33 1/3 %. [40 Pf.]

11. Gräfer, Die Berliner Familie: bar 1 Exemplar mit 30%,

12 Exemplare mit 35 %, 25 Exemplare mit 40 %, 100 Exemplare mit 50 %, letztere franko. Zur Einführung 4 Probeexemplare mit 50 %. [1 Mk.]

12. Brockhaus' Konversations-Lexikon. Neue revidierte (14.) Jubiläums-Ausgabe: in Rechnung $33\frac{1}{3}\%$, bar $38\frac{1}{3}\%$, „so daß bereits an einem Exemplar der stattliche Gewinn von 68 Mk, resp. von 78 Mk. 20 Pf. bleibt". [17 Bde. 204 Mk.]

13. Sittard, Sozialpolitik des Zentrums: 25 %. [50 Pf.]

14. Wer gewinnt die Wahlen? à cond. 25 %, bar 30 % und 13/12 (= 37 %); vor Erscheinen bestellt in Partien von 12 Expl. 45 %, 100 Expl. 50 %. [1 Mk.]

15. Neue Schwalbenkarte. Eisenbahn- und Dampferkarte von ganz Europa: à cond. 24 %, bar 31 %. [17 Mk.]

16. Griebens Reiseführer, Bd. 97: à cond. 25 %, bar $33\frac{1}{3}$ und 7/6 (= 48 %). [Mk. 1.20.]

17. Dennert, Die Wahrheit über Ernst Häckel: à cond. $26\frac{2}{3}\%$, bar $33\frac{1}{3}\%$. 5 Expl. bar 50 %. [75 Pf.]

18. Verschiedene Romane aus dem Verlag von E. Pierson in Dresden: in Rechnung 30 %, bar bei Vorausbestellung 40 % und 7/6 (= 52 %). [à 3—5 Mk.]

19. Verlag der Wupperthaler Traktat-Gesellschaft: 25 % und 7/6 (= 37 %). [à 30 Pf. bis 1 Mk. 60 Pf.]

20. Verschiedene Werke aus A. Hartlebens Verlag: in Rechnung 25 % und 11/10 (= ca. 35 %), bar $33\frac{1}{3}\%$ und 7/6 (= 48 %). [à 2—10 Mk.]

21. Schulz und Schalhorn, Das Gewerbegericht Berlin: à cond. 25 %, bar 30 %. [7 Mk., geb. 8 Mk.]

22. Ullmann, Das eheliche Güterrecht in Deutschland: à cond. 25 %, bar 30 % und 11/10 (= 40 %). [6 Mk., geb. 7 Mk.]

23. Czerwinski, Die Tänze des 16. Jahrhunderts: bar 25 %, 6 Expl. $33\frac{1}{3}\%$. [Herabges. Preis 8 Mk.; früher 15 Mk.]

24. 3 Broschüren aus dem Verlag von E. Winter in Heidelberg: 25 %, bar $33\frac{1}{3}$—$37\frac{1}{2}\%$, bei gleichzeitigem Bezug von 100 Expl. gemischt 50 %. [à 40—60 Pf.]

25. Hollander, Die Lehre vom error nach römischem Recht: in Rechnung 25 %, bar $33\frac{1}{3}\%$ und 7/6 (= 48 %). [4 Mk.]

26. Schulz, Die Krankheiten elektrischer Maschinen: à cond. $26\frac{1}{2}\%$, bar $32\frac{1}{3}\%$ und 13/12 (= 40 %). [1 Mk. 75 Pf.]

27. Spamers Sammlung kaufmännischer Fach- und Lehrbücher: 25 % bar und 11/10 (= 34 %). [1 Mk. 20 Pf. bis 3 Mk.]

Diese Stichproben erschöpfen bei weitem nicht alle vorkommenden Variationen; sie seien deshalb noch durch einige Angaben über häufig vorkommende, meist bände= reiche Publikationen ergänzt.[1]) Wenn der Sortimenter ein Bändchen von Reclams Universal=Bibliothek bezieht, genießt er 25% Rabatt (5 Pf.), beim Bezug mehrerer Nummern erhöht sich aber der Rabatt sehr rasch, so daß er schon bei 12 Nummern 44%, bei 60 Nummern 55% beträgt. Meyers Volksbücher bringen: die einzelne Nummer 30%, 12 Nummern gemischt 40%, 50 Nummern gemischt 45%; dazu wird bei Fakturenbeträgen von 10 bis 24 Mk. ein Extrarabatt von 10%, bei solchen von 25—49 Mk. 15% und von 50—99 Mk. 20% gewährt, so daß bei größeren Bezügen 55—65% herauskommen. Baedekers und Meyers Reisebücher bringen glatt 40%, ebenso die Cottasche Handbibliothek, die Kollektion Otto Janke, die „Modernen Romane aller Nationen" (Union= Verlag), Ecksteins Roman = Bibliothek $33\frac{1}{3}$% und 7/6 = 45%, Goldschmidts Bibliothek (Romane und Novellen) 40% und 11/10 = 50%. Die Tauchnitz Edition, von der über 3600 Bände erschienen sind, ergibt, wenn ein einzelner Band bezogen wird, 34,4%, beim Bezug von 7 Bänden (gemischt) 40%, von 100 Bänden 43,8%. Dabei kann der Gesamtbetrag für 100 Bände im voraus eingezahlt, und die Bände dürfen dann zu beliebiger Zeit und in beliebiger Zahl bezogen werden. Tauchnitz' Students Series werden mit 40% rabattiert; ebenso Kochs Sprach= führer, Leuchs Adreßbücher aller Länder der Erde, die meisten Bilderbücher; Webers Illustrierte Katechismen

---

1) Die Angaben beziehen sich auf Barlieferung.

bringen $33\frac{1}{3}\%$ und $11/10$ ($=43\%$). Die bei B. G. Teubner erschienene Sammlung „Aus Natur und Geisteswelt" hat folgende Rabattskala: 1—9 Bändchen 30%, 10—19 Exempl. $33\frac{1}{3}\%$, 20—39 Exempl. 40%, 40—69 Exempl. 44%, 70—100 Exempl. 50%. Am niedrigsten werden Schulbücher rabattiert, die selten über 25% und vereinzelt auch weniger bringen, am höchsten Musikalien, auf die es selbst beim Einzelbezug 50% in Rechnung gibt. Ebenso geht der Kunsthandel über $33\frac{1}{3}\%$ und zuweilen sogar über 50% hinaus.[1)]

Ob der Sortimenter bei diesen Sätzen in der Lage ist, Kundenrabatt abzugeben, wird ganz von seinen Vertriebskosten abhängen. Es wird Buchhändler geben, die über schlechten Verdienst klagen würden, und wenn der Rabatt allgemein 60% betrüge. Wenn wir im Durchschnitt den Bruttoertrag eines normalen Betriebs auf 30% seines Umsatzes annehmen[2)], so werden wir wahrscheinlich hinter der Wirklichkeit noch zurückbleiben. Vergleichen wir damit die sonst im Kleinhandel üblichen Rabattsätze, so stoßen wir auch bei solchen Waren, deren Vertrieb ihrer Natur nach höhere Kosten verursachen muß, als der Vertrieb der Bücher, auf erheblich niedrigere Bruttoerträge. Liebigs Fleischextrakt soll im Kleinhandel zu 1 Mk. 25 Pfg. verkauft werden, tatsächlich wird er aber in Leipzig zu 1 Mk.

---

1) Vgl. Schürmann, Organisation u. Rechtsgew. d. deutschen Buchh. II, S. 29 ff.

2) „Von Büchern nehme ich durchschnittlich einen Bruttogewinn von 30% an." Aus der im Börsenbl. 1903, S. 1632 mitgeteilten Einschätzung eines preußischen Buchhändlers zur Einkommensteuer. Der Einsender rechnet von seinem Papier- und Schreibmaterialienhandel, den er nebenbei betreibt, nur 20 und 10% vom Umsatz als Bruttogewinn.

10 Pf. abgegeben; der Einkaufspreis des Kleinhändlers beträgt 99 Pf. Es läßt also der Kleinhändler von seinem auf 20,8% festgesetzten Vertriebsrabatt 8,8% Kundenrabatt nach, begnügt sich demnach mit 12%. Der vom Fabrikanten festgesetzte Ladenpreis für Kakao beträgt 3 Mk. 30 Pf.; in Wirklichkeit wird er zu 2 Mk. 80 Pf. verkauft und zu 2 Mk. 60 Pf. eingekauft. Der Detailhändler gibt somit von seinem 21,2% betragenden Rabatt 15% an den Kunden ab und ist mit 6% zufrieden. Kneippscher Malz= kaffee hatte lange Zeit einen Ladenpreis von 45 Pf., wurde aber zu 40 Pf. verkauft und zu 30 Pfg. eingekauft; also Händlerrabatt 33⅓%, Kundenrabatt 11,1%, bleiben dem Händler 22%. Schokolade wird mit 20—25% rabattiert, je nach den Sorten, Backpulver mit 30%, Wein mit 15%. Cigaretten mit aufgedrucktem Laden= preis ergaben früher bloß 5% Rabatt; jetzt ist infolge der starken Konkurrenz unter den Fabrikanten der Satz auf 10% gestiegen. Aber noch immer werden Fabrikate der österreichischen Tabaksregie mit nur 5% Rabatt ver= trieben, wobei der Kleinhändler noch das Porto von München bis Leipzig trägt.

Nimmt man den Rabattsatz als Ausdruck der Vertriebs= kosten im Kleinhandel, so wird man nicht umhin können, den buchhändlerischen Sortimentsvertrieb als exorbitant teuer anzuerkennen. Aber im übrigen Kleinhandel ist das Rechnen nach Rabattsätzen nicht sehr gebräuchlich. Der Kleinhändler berechnet seinen rohen Nutzen nach seiner Auslage und gibt in Prozenten den Zuschlag an, den er zum Einkaufspreis macht, um den richtigen Verkaufspreis zu erhalten. Übertragen wir diese allein richtige Rechnungs= weise auf den Buchhandel, so bedeutet

ein Rabatt von	vom Einkaufspreis
25 %	33,3 %
30 %	42,8 %
40 %	66,6 %
50 %	100,0 %

Es erfährt somit die Bücherware durch den Sortimentsvertrieb Preiszuschläge, die zwischen $33\frac{1}{3}\%$ und 100% schwanken, im Durchschnitt aber auf mehr als 42 Prozent angenommen werden müssen. Vergleichen wir damit die sonst im Kleinhandel üblichen Bruttozuschläge [1]), so finden wir folgendes:

für Kolonialwaren in verschiedenen Städten der Provinz Posen 8—12%, in Hameln 8%, in Göttingen 7—11%, in Rudolstadt 10%, in Leipzig 15—16%;

für Manufakturwaren in Posen 12—20%, in Rudolstadt 20%, in Osnabrück für geringwertige Artikel 10—20%, für bessere $33\frac{1}{3}\%$;

für Woll= und Weißwaren in Posen 15—25%, in Leipzig 20—30%;

für Posamenten in Posen 25—$33\frac{1}{3}\%$, in Leipzig 25%;

für Stabeisen in Posen 5—8%; in Leipzig 5—7%;

für Eisenkurzwaren und Küchengeräte in Leipzig 12—15, bez. 15—20%, in Posen 15—20%, in Hannover 5—10%;

---

1) Die betreffenden Daten, soweit sie sich nicht auf Leipzig beziehen, sind der 2 bändigen Sammlung der von der Handelskammer Hannover herausgegebenen Berichte über die Lage des Kleinhandels in Deutschland (Berlin 1899/1900) entnommen, wobei die niedrigsten Angaben noch unberücksichtigt geblieben sind.

für Cigarren in Leipzig 20—25%, Rauchtabak bis
10%;
für Glaswaren in Leipzig: billige 20—30%, bessere
30—40%;
für Porzellan in Leipzig 30—75%.

Bei den letztgenannten Waren fällt das Risiko des
Bruchs schwer ins Gewicht, bei Manufakturwaren der
Wechsel der Mode, bei vielen Kolonialwaren die Gefahr
des Verderbens — alles verteuernde Momente, die beim
Buchhandel fehlen. Dazu kommt, daß der Kleinhandel
im übrigen Warenvertrieb durchweg mit eignem Kapital
zu arbeiten hat, während der Sortimenter zu einem
großen Teil mit dem Kapital des Verlegers seinen Be=
trieb unterhält, daß die Kreditfristen im sonstigen Waren=
handel nur den vierten Teil so lang sind wie im Buch=
handel und daß die eigentliche Vertriebsarbeit des letzteren
keinen Vergleich aushalten kann mit derjenigen in anderen
Kleinhandelszweigen.[1]) Wie oft muß der Spezereihändler

---

1) Daß der Sortimenter bisweilen an fest bezogenen Schul=
büchern Verluste erleidet, wenn neue Auflagen erscheinen, daß
Geschenk= und Prachtwerke ihm zu Ladenhütern werden können,
wenn sie durch Konkurrenzwerke überholt werden, soll darum nicht
übersehen sein. Aber diese Fälle treffen doch immer nur einen ver=
schwindenden Teil seines Umsatzes. Und ähnliches gilt von dem
Einwurfe, daß bei Ansichtssendungen die Arbeit des Zuschickens
und Abholens mit der Häufigkeit dieser Sendungen wächst: es ist
immer doch nur ein kleiner Teil der Kundschaft, der Ansichts=
sendungen wünscht und erhält. Die große Masse der Brotartikel
wird fast immer im Laden abgeholt. Überdies kann in beiden Er=
scheinungen kein Unterschied gegen andere Detailhandelsbetriebe ge=
funden werden: Das Zusenden der Ware wird in den Städten
bei den meisten Geschäftszweigen die Regel bilden, und in welchem
Laden gäbe es nicht auch Ladenhüter?

Bücher, Denkschrift.　　　　5

oder Drogist bei Artikeln, die in Quantitäten zu 5 oder 10 Pfennig bei ihm verlangt werden, seinen Vorrat öffnen, die Ware abwiegen und verpacken, bis er den rohen Nutzen erzielen kann, den der Sortimenter bei Abgabe eines Buches an den Kunden auf einmal gewinnt!

Man wird somit auch bei dieser Betrachtungsweise den Bruttogewinn des Sortimenters als einen unverhältnismäßig hohen bezeichnen müssen. Man wird aber auch zugleich festzustellen haben, daß er als prozentualer Zuschlag zum Nettopreis irrationell ist. Wenn der Drogist ein Kilo chlorsaures Kali in 30 Quanten zu 10 Pfennig abgesetzt hat, der Kolonialwarenhändler einen Sack Kaffee oder ein Faß Petroleum, so sieht jeder, daß er eine Arbeit geleistet hat, die der Höhe seines Gewinns proportional ist; wenn aber der Sortimenter eine Broschüre für 1 Mk. verkauft, so leistet er nicht weniger, als wenn er einen Baedeker für 8 Mk. verkauft, und doch hat er im ersten Fall 33 Pfennig, im letzten 3 Mk. 20 Pf. Verdienst. Mag er immerhin im letzten Falle etwas mehr Fracht und Kommissionärspesen haben, seine eigne Arbeit bleibt beim Handverkauf und bei der bloßen Ausführung von Bestellungen immer die gleiche, einerlei ob es sich um ein Konversationslexikon mit 68 Mk. Rabatt handelt oder um ein Reclam-Heft mit 8 Pfennig. Man wird es dem Bücherkäufer nicht verdenken können, wenn er an Vertriebskosten Anstoß nimmt, für welche er eine innere Berechtigung nicht zu erkennen vermag.

Ähnlich aber ist auch das Verhältnis des Verlegers zum Rabattwesen. Der Verleger bewilligt dem Sortimenter, der im Jahre nur für 3 Mk. von ihm bezogen hat, den gleichen Nutzen wie dem, der für 3000 Mk.

Bücher seines Verlags vertrieben hat, vorausgesetzt, daß
es sich nicht um Partiebezüge handelt, versagt aber dem
Privaten, der aus seinem Verlage für 300 Mk. Bücher
kauft, jeglichen Nachlaß. Wo findet sich Ähnliches in
einem andern Handelszweige? Oder wo ist der Produzent,
der nicht mit Freuden dem großen Konsumenten die
gleichen Vorteile bewilligte wie dem Kleinhändler?

V.

Der Kampf gegen den Kundenrabatt. Ringbildung.

Seit mehr als zwei Jahrhunderten wird über den Rückgang des deutschen Buchhandels geklagt[1]); seit mehr als hundert Jahren werden Reformen verlangt. Schürmann, den man gewiß als „klassischen" Zeugen wird gelten lassen müssen, ruft einmal etwas ungeduldig aus: „Der Buchhandel befindet sich, wenn man den Reformlustigen glauben soll, fortgesetzt im Verfall, so daß es Wunder nehmen muß, daß gegenwärtig noch ein so ansehnlicher und geordneter Rest davon vorhanden ist."

„Es ist fast alles in den letzten Jahren teurer geworden; nur der Verdienst des Buchhändlers ist nicht gestiegen."[2]) In diesen Worten faßt sich der Inhalt der Klagen kurz zusammen. Und die Quintessenz der Refor-

---

1) Vgl. Schürmann, Organis. I, S. 101f. Buchh. der Neuzeit, S. 17. Magazin f. d. d. Buchh. 1876, S. 161 ff. Pohle, a. a. O. S. 481, 485 f. und öfter. — „Eines aufrichtigen Patrioten unpartheyische Gedanken über einige Quellen und Wirkungen des Verfalls der jetzigen Buch-Handlung", Schweinfurth 1733. — Wolf, Ueber den deutschen Buchhandel, München 1829. — „Gutachtliche Äußerungen der Mitglieder des Ausschusses für die Rabattfrage", Jena 1848 u. s. w.

2) „Der Buchhandel vom Jahre 1815 bis zum Jahre 1858 und Erinnerungen aus alter Zeit" (Hamburg und Altona 1859), 5. Teil, S. 4.

men besteht darin, es müsse der Ladenpreis „wieder zu seiner alten Geltung gebracht", „wiederhergestellt", „aufrecht erhalten" werden — gleich als ob es jemals eine Zeit gegeben hätte, wo der volle Ladenpreis allgemein im Detailhandel mit Büchern gefordert und erzielt worden wäre. Schon 1803 werden diejenigen, welche in der Gewährung von Kundenrabatt über das übliche Maß hinausgingen, als Schleuderer bezeichnet, und dieser allen geschichtlichen Tatsachen Hohn sprechende Schimpfname ist seitdem nicht aus den Spalten der buchhändlerischen Fachblätter verschwunden.

Die Rabattbewegung der Jahre 1802—1804, deren bereits gedacht wurde, verlief im Sande; ähnlich erging es einer zweiten von Süddeutschland ausgegangenen Agitation in den letzten dreißiger Jahren, und keinen besseren Ausgang hatte ein von dem Kreisverein der rheinisch-westfälischen Buchhändler angeregter Versuch im Jahre 1848, der den 1825 gegründeten Börsenverein deutscher Buchhändler für die Interessen des Sortiments einspannen wollte.[1]) Dann ruhte die Sache dreißig Jahre, um erst auf einer 1878 vom Vorstande des Börsenvereins eingeladenen Konferenz in Weimar[2]) wieder aufgenommen und im folgenden Jahre von einer dazu niedergesetzten Kommission zusammen mit anderen Reformen

---

1) Das Nähere über diese Versuche kann bei Pohle, a. a. O. S. 475—500 nachgelesen werden. Ich brauche kaum zu sagen, daß ich mich der dort vertretenen Auffassung nicht anschließen kann. Unbefangener: Schürmann, Buchh. d. Neuzeit, S. 74 ff., auf den auch für alles Folgende verwiesen werden muß.

2) Die Verhandlungen dieser Konferenz zur Beratung buchhändlerischer Reformen sind abgedruckt in Bd. VI der Publikationen des Börsenvereins deutscher Buchhändler.

durchberaten zu werden. Die Vorschläge derselben wurden jedoch, soweit sie sich unmittelbar gegen die „Schleuderei" richteten, von der Hauptversammlung des Börsenvereins abgelehnt.

Inzwischen hatte sich aber die Lage des Sortiments wesentlich verschlimmert. Nicht nur daß die Zahl der Betriebe seit 1848 sich verdoppelt hatte und daß der Reisebuchhandel dem stehenden Betrieb Terrain abgewann, die Einführung des Einheitsportos für das Fünfkilopaket hatte auch in Berlin und Leipzig eine Anzahl rühriger Großsortimenter entstehen lassen, die den höheren Kunden= rabatt, den sie bei niedrigeren Bezugsspesen anzubieten im stande waren, zu einem schwunghaften Bücherversand durch das ganze Reich hin benutzten und natürlich dem lokalen Geschäfte eine bitter empfundene Konkurrenz be= reiteten.¹) Kein Wunder, daß in Befolgung einer schon 1848 gegebenen und 1879 erneuerten Anregung die Sortimenter sich allerwärts in Kreis= und Ortsvereinen zu organisieren suchten. Allein im Jahre 1879 ent= standen 7 derartige Vereinigungen; 1880—1887 kamen 15 weitere hinzu. In diese Vereine, die bereits 1879 sich zu einem föderativen Verbande zusammengeschlossen hatten, wurde nun der Kampf um den Kundenrabatt verlegt, und zwar mit bedeutend größerem Erfolge, weil in ihnen die Kleinsortimenter überwogen. Es galt zu= nächst, gleichmäßige Bestimmungen über den Kundenrabatt für die Sortimentervereine der einzelnen Städte und

---

1) Es kam damals vor, daß Bücher, die irgendwo im Reiche von einem Sortimenter verlegt waren, von Leipzig aus nach dem Verlagsorte billiger geliefert wurden, als sie im Laden des Ver= legers zu haben waren.

Provinzen durchzusetzen, in denen die Verhältnisse viel gleichartiger waren als im großen Reiche und die Übertreter sich leichter entdecken und bestrafen ließen. Sehr bald gewann aber auch der „Verband der Kreis- und Ortsvereine im deutschen Buchhandel" ein solches Gewicht, daß er auf die Verleger, die seither meist gleichgültig der Bewegung zugesehen hatten, einen Druck auszuüben vermochte.

Zunächst äußerte sich dies darin, daß die Leipziger Verleger, welche schon durch das frühere Vorgehen des Sortimentervereins und durch die Weimarer Konferenz beunruhigt waren, eine Erklärung erließen, nach der sie von 1880 ab die Geschäftsverbindung mit allen Handlungen aufheben wollten, die ihre Verlagswerke zu anderen als den von ihnen selbst festgesetzten Preisen öffentlich anzeigten oder ausböten. 400 auswärtige Firmen schlossen sich diesem Vorgehen an, und im Februar 1880 verkündigten die Leipziger Kommissionäre, daß sie sich verpflichtet fühlten, fernerhin keiner Firma Sortimentsbedarf zu vermitteln, mit der ein Verleger aus dem erwähnten Grunde die Geschäftsverbindung gelöst habe.

Wenn man in Leipzig gemeint hatte, mit dieser platonischen Liebeserklärung den Sturm, der von seiten der Sortimenter drohte, beschwichtigen zu können, so gab man sich einer Täuschung hin. Die Erklärung der Verleger tastete ja den Kundenrabatt an sich nicht an; sie suchte nur zu verhindern, daß derselbe als Konkurrenzmittel öffentlich benutzt wurde. Damit aber war dem Sortiment allein nicht gedient. Dieses ging auf ein Verbot der Rabattgewährung aus, und um ein solches durchzuführen, bedurfte es einer einheitlichen Organisation

für den gesamten deutschen Buchhandel, welche die Liefe=
rung von Büchern nach den Verkehrsgebieten der einzelnen
Kreisvereine zu höherem Rabatt, als ihn diese Vereine
vorschrieben, unmöglich machen konnte. Dafür wurde der
alte Börsenverein deutscher Buchhändler, der, seitdem sein
ursprüngliches Hauptziel, die Bekämpfung des Nachdrucks,
hinfällig geworden war, nur noch mit den Einrichtungen
des Leipziger Börsenverkehrs sich zu beschäftigen hatte,
ins Auge gefaßt; die Provinzialsortimenter ließen sich in
großer Zahl als Mitglieder aufnehmen, und mit ihrer
Hilfe gelang es, im April 1880 eine Statutenrevision
durchzusetzen, welche den Verein zu einer wirklichen
Interessenvertretung umgestaltete, indem sie ihm „die
Festsetzung allgemein gültiger geschäftlicher Normen im
Verkehr der Buchhändler untereinander" und die „För=
derung der Bestrebungen der Lokal=, Kreis= und Pro=
vinzialvereine zum Schutze der geschäftlichen Interessen
ihrer Mitglieder" zur Aufgabe machte.

Als der Vorstand des Börsenvereins zögerte, diese
Bestimmungen so, wie sie gemeint waren, zur Ausführung
zu bringen, ergriff der Verband der Kreis= und Orts=
vereine die Initiative und beschloß in einer Delegierten=
versammlung zur Ostermesse 1882, es solle als Schleu=
derei betrachtet werden: 1. die Gewährung oder
Begünstigung eines Kundenrabatts von mehr
als 10%, 2. jedes öffentliche Angebot von Rabatt
in ziffermäßiger oder unbestimmter Fassung. An
den Verlagsbuchhandel wurde das Ersuchen gerichtet, den
„Schleuderern" und den „nicht wirklichen Buchhändlern"
den Rabatt auf 15% in Rechnung und 20% gegen bar
zu kürzen, unter Umständen auch jede Geschäftsverbindung

mit ihnen abzubrechen. Nicht ganz 500 von etwa 1200 Verlagsfirmen stimmten zu.

Immerhin war dieser Erfolg bedeutend genug, um den Vorstand des Börsenvereins auf die „Nebenregierung" des Verbandes eifersüchtig zu machen. Als er nun aber selbst den Kampf gegen die „Schleuderer" in die Hand nehmen wollte, stieß er gerade bei denjenigen Verlegern auf Widerstand, welche die Erklärung von 1880 unter= schrieben hatten. Dennoch wurde auf der Hauptversamm= lung des Jahres 1884 ein Beschluß gefaßt, der den Vorstand ermächtigte, die Verleger aufzufordern, Sorti= mentern, welche als „prinzipielle Schleuderer" bekannt seien, nur mit verkürztem Rabatt oder gar nicht zu liefern. Die einzelnen Klagefälle sollten zunächst von dem Ver= bande der Kreis= und Ortsvereine geprüft und, wenn sie von diesem begründet befunden würden, einer Kommission zur Entscheidung vorgelegt werden, die aus drei Dele= gierten der Verlegervereine zu Leipzig, Berlin und Stutt= gart, drei Delegierten des Verbandes und einem Vor= standsmitgliede des Börsenvereins zusammengesetzt war.

Diese Siebenerkommission schloß sich in Bezug auf den Tatbestand der Schleuderei den Verbandsbeschlüssen von 1882 im ganzen an, jedoch mit der Abweichung, daß schon „die Gewährung eines höheren Kundenrabatts am Orte, als solcher durch den betreffenden Lokal= oder Provinzialverein festgesetzt ist", darunter fallen solle. Und nun beginnen bald jene peinlichen Untersuchungen über Schleudereifälle, die vom Verbandsvorstande der Orts= und Kreisvereine an die Kommission gebracht waren; die Ergebnisse wurden dem Vorstande des Börsenvereins „zur weiteren Veranlassung" überwiesen. Dieser forderte in

besonderen Circularen die Verleger auf, „gegen die ge=
nannten Firmen der übernommenen Verpflichtung gemäß
zu verfahren", und zwar nicht bloß diejenigen, welche sich
dazu bereit erklärt hatten. Vielmehr wurden diese Circu=
lare an sämtliche Vereinsmitglieder versandt. Der Leip=
ziger Buchhandel leistete diesem Bestreben, die „Schleu=
derer" geschäftlich zu vernichten, dadurch Vorschub, daß
er sich dem Börsenverein gegenüber verpflichtete, den betr.
Firmen die Bestellanstalt zu sperren, und daß der Verein
der Kommissionäre beschloß, daß keines seiner Mitglieder
die Kommission einer gesperrten Firma weiterführen oder
übernehmen dürfe.

Allerdings wurde in der Hauptversammlung des
Börsenvereins 1886 gegen das rigorose Vorgehen des
Vorstandes als statutenwidrig Einsprache erhoben; aber
die Versammlung beschloß, durch eine erneute Revision
der Statuten des Börsenvereins diese der neuen Aufgabe
anzupassen. Die Revision wurde auch, trotz der von
Berlin und Leipzig aus dagegen erhobenen Bedenken[1])
und trotz des Sträubens der meisten Verleger, mit
großer Beschleunigung vom Vorstande ins Werk ge=
setzt. Auf den 25. September 1887 wurde eine außer=
ordentliche Hauptversammlung nach Frankfurt a. M. be=
rufen, das den revisionsfreundlichen Sortimentern aus

---

1) Aus Berlin übte Ferdinand Springer eine geradezu
vernichtende Kritik an dem Entwurf der neuen Statuten. Seine
Erklärung ist abgedruckt im Börsenblatt von 1887, S. 4550 f. Aus
Leipzig sprach sich der greise Dr. A. Kirchhoff, der beste Kenner
der Geschichte des deutschen Buchhandels, mit bewegten Worten gegen
den Plan aus, der ihm durchaus unsympathisch sei, da er in
Zwangsmitteln und künstlichen Vorschriften kein Heil ersehe: Börsen=
blatt 1887, S. 4608.

West= und Süddeutschland bequemer lag als den wider=
strebenden Leipzigern und Berlinern. Der Statuten=
entwurf des Vorstandes wurde nur zur Annahme oder
Verwerfung en bloc vorgelegt und mit 361 gegen
27 Stimmen angenommen. Nur eine Stimme protestierte
schon in der Versammlung gegen den Beschluß als illegal
und statutenwidrig.

Mit der Annahme der neuen „Satzungen" wurde
aus dem ursprünglich zur Bekämpfung des Nachdrucks
und zur Schaffung von Abrechnungseinrichtungen ge=
gründeten Börsenverein ein Kartell: eine Vereinigung,
welche ihren Mitgliedern den höchstmöglichen Geschäfts=
gewinn garantiert und die freie Konkurrenz unter ihnen
aufhebt. In § 1 wird als Zweck des Vereins bezeichnet:
„die Pflege und Förderung des Wohles, sowie die Ver=
tretung der Interessen des deutschen Buchhandels und
seiner Angehörigen im weitesten Umfange." Als Mittel
dazu dient u. a. „die Feststellung allgemein gültiger ge=
schäftlicher Bestimmungen im Verkehr der Buchhändler
untereinander, sowie der Buchhändler mit dem Pu=
blikum in Bezug auf die Einhaltung der Bücherladen=
preise, beziehungsweise den von letzteren zu gewährenden
Rabatt."

Jeder Buchhändler des In= und Auslandes kann
als Mitglied aufgenommen werden, und zwar sowohl
Buch= und Zeitungsverleger, Kommissionäre, Sortimenter,
Antiquare, Kunst=, Landkarten=, Musikalienhändler, als
auch Reise= und Kolportagebuchhändler. Zur Aufnahme
ist u. a. erforderlich: der Nachweis, daß der Aufnahme=
suchende Mitglied eines von dem Börsenvereine durch
Bestätigung seiner Satzungen anerkannten, den buchhänd=

lerischen Berufsinteressen gewidmeten Vereins ist[1]) und
die Ausstellung einer unbedingten und schriftlichen Ver=
pflichtung, in allen Stücken den Satzungen des Börsen=
vereins, sowie den satzungsgemäßen Beschlüssen der
Hauptversammlungen und des Vorstandes sich zu unter=
werfen.

Mit der ersten dieser Bedingungen wurden die
Kreis= und Ortsvereine, sowie die Fachvereine der Ver=
leger und Kommissionäre zu „Organen" des Börsen=
vereins; ihre Mitglieder müssen sich verpflichten, dem
Börsenverein beizutreten (§ 13); anders sollten ihre
Satzungen vom Vorstande des Börsenvereins nicht ge=
nehmigt werden. Damit schien die den leitenden Kreisen
so unbequeme „Nebenregierung" des Verbandes der
Orts= und Kreisvereine unschädlich gemacht und der
drohende Interessenkampf zwischen Sortimentern und Ver=
legern hintangehalten werden zu können. Die zweite der
genannten Bedingungen hatte den Zweck, die geplante
allgemeine Preissteigerung der Bücher auf dem Wege
völliger Unterdrückung des Kundenrabatts sicher zu stellen.
In Bezug auf letzteren übernahmen die Mitglieder (nach
§ 3, Z. 4—6) sogleich folgende Verpflichtungen:

I. jedes öffentliche Anerbieten von Rabatt an
das Publikum in ziffermäßiger oder unbestimmter
Form zu unterlassen;

II. bei Verkäufen an das Publikum innerhalb
Deutschlands, Österreichs, der Schweiz und aller
ausländischen Gebiete, in welchen vom Vorstande

---

1) Ausnahmen kann der Vorstand zulassen bei solchen Buch=
händlern, welche ihr Geschäft nicht im Bereiche eines vom Vor=
stande anerkannten Vereins betreiben.

des Börsenvereins anerkannte Orts- und Kreisvereine bestehen, die von den Verlegern festgesetzten Ladenpreise einzuhalten, jedoch mit
folgenden Einschränkungen:

a) die Orts- und Kreisvereine können (vor-
behaltlich des Rechtes der Hauptversammlung,
über Regelung des Verkehrs der Buchhändler
miteinander und mit dem Publikum Beschlüsse
zu fassen) mit Genehmigung des Börsenvereins-
Vorstandes besondere Verkaufsnormen für
ihr Gebiet feststellen. Alle Mitglieder des
Börsenvereins sind aber verpflichtet, die von
den betreffenden Orts- und Kreisvereinen fest-
gestellten Verkaufsnormen bei Verkäufen in und
nach deren Gebiet, bez. die von der Hauptversammlung in dieser Hinsicht beschlossenen Bestimmungen zu befolgen;

b) Verlegern ist es in Ausnahmefällen gestattet,
größere Partien eines Werkes ihres Verlags
an Behörden, Institute, Gesellschaften
und dergleichen zu besonders ermäßigten Preisen
entweder selbst oder durch Vermittlung einer
Sortimentsbuchhandlung zu liefern;

III. gegen den Willen des Verlegers den Verlag desselben an solche Buchhändler und Wiederverkäufer, welche vom Börsenvereins-Vorstande oder
durch die Hauptversammlung von der Benutzung
der Einrichtungen und Anstalten des Börsenvereins
ausgeschlossen sind, sowie an solche Vereine,
welche Bücher und Zeitschriften mit unzulässig
hohem Rabatt abgeben, nicht zu liefern.

Es ist damit zwar die Festsetzung der Höhe des den Kunden ferner zu gewährenden Rabatts noch in das Ermessen der Kreisvereine gestellt; aber alle derartigen Separatbestimmungen sind der Genehmigung des Börsenvereins-Vorstandes unterworfen, und werden durch diese sofort zur bindenden Norm für alle Vereinsmitglieder. Die Lieferung in fremde Vereinsgebiete, die Bildung rationell und billig arbeitender großer Spezialsortimente, welche ohne einen größeren Kundenkreis undenkbar ist, ist damit unterbunden, und unter den Sortimentern des gleichen Orts- oder Vereinsbezirks ist jede Preiskonkurrenz ausgeschlossen, d. h. es kann keiner den andern mehr unterbieten: der von Vereins wegen festgesetzte Preis bildet, soweit er sich noch unter dem Ladenpreis hält, die Minimalgrenze. Das Buch ist zur Apothekerware geworden, nur mit dem bemerkenswerten Unterschiede, daß die Arzneitaxe von dem Apotheker nicht überschritten werden darf und Ermäßigungen durch freie Vereinbarungen ausdrücklich von der Gewerbeordnung (§ 80) für zulässig erklärt sind, während die Büchertaxen der Kreisvereine nicht unterschritten werden dürfen, Überschreitungen aber ausdrücklich für zulässig erklärt sind, ja geradezu begünstigt werden.

Die meisten Orts- und Kreisvereine haben im Jahre 1888 neue Verkaufsnormen festgestellt.[1]) Der zulässige

---

1) Zusammen abgedruckt in „Verkaufsbestimmungen der vom Vorstande des Börsenvereins der deutschen Buchhändler anerkannten Orts- und Kreisvereine im Verkehr mit dem Publikum. Herausgegeben im Jahre 1893, revidiert 1898. Als Handschrift für die Mitglieder des Vorstandes des Börsenvereins, den Vereins-Ausschuß und die Vorstände der Orts- und Kreisvereine gedruckt. Leipzig 1899." 8°.

Kundenrabatt ist in der Mehrzahl auf 5% beschränkt; das Wort Rabatt ist möglichst vermieden; der Abzug heißt jetzt Skonto. Aber er wird nicht freiwillig gewährt, darf auch nicht angeboten oder angekündigt werden, sondern wird nur auf Verlangen bei barer oder pünktlicher Zahlung bewilligt. Für Schulbücher, Zeitschriften und ausländische Literatur ist er gewöhnlich ausgeschlossen. Gewerbsmäßigen Wiederverkäufern, zu denen auch die Besitzer von Leihbibliotheken und Journal= lesezirkeln gerechnet werden, darf er bald in beliebiger, bald nur in limitierter Höhe (10, 15, $16^2/_3$%) bewilligt werden. Manche Vereine machen auch eine Ausnahme zu Gunsten von Behörden und öffentlichen Bibliotheken (bis zu 10%), die sie aber ausdrücklich als bloß für den Übergang bestimmt bezeichnen.

Es hätte für uns keinen Zweck, weiter auf die klein= liche Kasuistik dieser sämtlich vom Vorstande des Börsen= vereins genehmigten Verkaufsbestimmungen einzugehen. Genug, daß in diesen zur Regel erhoben und den Mit= gliedern der Kreisvereine geradezu anbefohlen wird, was jeder ehrbare Kaufmann weit von sich weist: für das gleiche Warenquantum verschiedenen Käufern verschiedene Preise abzunehmen: dem, der Rabatt verlangt, weniger als dem, der aus Unkenntnis ihn nicht verlangt und gut= gläubig zahlt, was man von ihm fordert. Und der Vorstand des Börsenvereins hat bei Genehmigung der Bestimmungen nicht etwa diese Vorschrift beanstandet. Er hat nur, wie er in dem Vorwort seiner Sammlung jener Bestimmungen mitteilt, die „Vorstände der Orts= und Kreisvereine stets darauf aufmerksam gemacht, daß er es ablehnen müsse, etwaige Klagen zu verfolgen, die nur auf den Nachweis begründet sind, daß eine Buchhandlung den zulässigen Rabatt von 5% auch ohne das ausdrückliche Verlangen des Käufers gewährt hat... Es muß den Orts= und Kreisvereinen überlassen bleiben, sich in ihren Verkaufs= bestimmungen Beschränkungen aufzuerlegen, die über das von den Satzungen des Börsenvereins Geforderte noch hinausgehen; es muß den betr. Vereinen aber auch über= lassen bleiben, die Durchführung und Aufrechterhaltung solcher Beschränkungen selbst zu überwachen und zu schützen." Das heißt also: die Kreis= und Ortsvereine können ein Mitglied, das nach Treu und Glauben jeder= mann den zulässigen Rabatt, auch ohne ausdrückliches Verlangen, gewährt, verfolgen und bestrafen, nur will der Börsenvereins=Vorstand nichts damit zu tun haben.

Aber der Vorstand des Börsenvereins ist nicht immer so enthaltsam gewesen in Bezug auf Beschränkungen, die über das von seinen Satzungen Geforderte hinaus= gehen; er hat solche sogar durch vertrauliche Rundschreiben den Orts= und Kreisvereinen nahe gelegt. So die folgende, welche denn auch in fast alle Vereinsbestimmungen Auf= nahme gefunden hat:

„Konsumvereine und andere nichtbuchhändlerische Genossenschaften sind nicht als Wiederverkäufer anzu= sehen, sondern unterliegen den Bestimmungen über den ortsüblichen Rabatt für Privatkunden."

Immerhin wurde den überkommenen Verhältnissen noch so weit Rechnung getragen, als für Berlin und Leipzig ein Kundenrabatt von 10% zugelassen wurde (bei Musikalien sogar $33\frac{1}{3}\%$ für Ordinär= und 20% für Nettoartikel). Auch enthalten die Bestimmungen der dortigen Lokalvereine nicht die Vorschrift, daß der Rabatt nur auf ausdrückliches Verlangen gewährt werden soll, und gestatten auch sonst noch Erleichterungen.

Gegen Mitglieder des Börsenvereins, welche irgend eine dieser zahlreichen lokalen Rabattvorschriften oder die betr. Bestimmungen der Satzungen verletzen, wird das „Ausschließungsverfahren" eingeleitet. Dasselbe setzt sich nach § 9 der Satzungen zusammen aus:

1. Voruntersuchung durch den Vorstand unter etwaiger Mitwirkung des betr. Orts- und Kreisvereins,
2. Übergabe des Materials an den Vereinsausschuß und auf Beschluß des Vereinsausschusses Beantragung der Ausschließung bei der Hauptversammlung durch den Vorstand.

Dem Beschuldigten ist vier Wochen vor der Hauptversammlung Nachricht zu geben, daß seine Ausschließung auf die Tagesordnung gesetzt wird. Die erfolgte Ausschließung wird durch das Börsenblatt bekannt gemacht. Dem Ausgeschlossenen wird fernerhin der Bezug des Börsenblattes und die Aufnahme von Inseraten in dieses, sowie die Benutzung aller Vereins-Anstalten und -Einrichtungen untersagt.

Daß diese Maßregeln gleichbedeutend sind mit der Vernichtung der ganzen buchhändlerischen Existenz, liegt auf der Hand. Der „Vereinsausschuß", in welchem der Schwerpunkt eines Vorgehens liegt, das sich mit den Kunstausdrücken des ordentlichen Gerichtsverfahrens schmückt[1]), besteht aus neun Mitgliedern und zwar vier Vertretern der Orts- und Kreisvereine, vier Vertretern

---

1) Über dieses schreibt Pohle a. a. O., S. 506: „Zunächst hat eine Voruntersuchung durch den Vorstand unter eventueller Mitwirkung des Kreis- bez. Ortsvereins, von dem Klage erhoben worden ist,

Bücher, Denkschrift. 6

der Verlegervereine und einem Vertreter des Leipziger
Kommissionärvereins. Daß dem „Angeklagten" Gelegenheit zur Verteidigung gegeben werden muß, ist nirgends
in den Satzungen ausgesprochen. Das „Gericht" ist mit
keinerlei Garantie der Öffentlichkeit umgeben, man müßte
sie denn darin sehen wollen, daß der Beschuldigte in der
endgültig entscheidenden Hauptversammlung das Wort
verlangen kann. Dieser letzte Akt ist jedoch reine Forma-
lität; schon vorher „kann der Vorstand solche Mitglieder,
deren Ausschluß er zu beantragen beschlossen hat, bis zur
Entscheidung der Hauptversammlung vom Bezug des
Börsenblattes und von der Benutzung desselben zu Inseraten, sowie von der Benutzung aller Vereinsanstalten
und Einrichtungen ausschließen". Also Strafvollzug, bevor ein Endurteil ergangen ist!¹) Tatsächlich hat es denn

---

stattzufinden. Diese Voruntersuchung ist erst dann als abgeschlossen
zu betrachten, wenn dem Beklagten Gelegenheit gegeben worden ist,
sich zur Klagebehauptung zu äußern, und wenn sich die Unmöglich-
keit der Beilegung ergeben hat. Erscheint dann dem Vorstand die
Klage genügend begründet, so hat er das gesamte Material dem
Vereinsausschuß zu übergeben. Der letztere ernennt durch seinen
Vorsitzenden für jede Klagesache einen Referenten und einen Kor-
referenten, die ihre Referate schriftlich zu erstatten haben. Der
Ausschuß stimmt sodann zunächst darüber ab, ob die Sache als
spruchreif zu erachten ist. Ist diese Frage bejaht worden, so faßt
er auf Grund des ihm überwiesenen Anklage- und Beweismaterials
darüber Beschluß, ob seitens des Vorstandes der Antrag auf Ausschließung zu stellen ist. — In gleicher Weise verfährt der Ausschuß
bei der Untersuchung der gegen Nichtmitglieder des Börsenvereins
erhobenen Klagen, vorausgesetzt, daß ihm der Vorstand dieselben
zur Prüfung überwiesen hat, wozu er nach den Statuten bei Nichtmitgliedern nicht erst verpflichtet ist."

1) Kirchhoff charakterisiert das a. a. O. so: „Eine Diktatur des
Vorstandes werde errichtet, dessen Beschlüssen man sich unbedingt unterwerfen müsse und der Hinrichtungen auch vorläufig vollstrecken dürfe."

auch), soweit mir bekannt, keiner der wegen Schleuderei Verklagten bis zur Hauptversammlung kommen lassen; sie sind vorher aus dem Börsenverein ausgetreten.

Damit aber war ihnen freilich nicht viel geholfen. Denn der Vorstand maßt sich auch die Gerichtsbarkeit über Nichtvereinsmitglieder an, nur daß er mit ihnen sehr summarisch verfährt und ohne Mitwirkung der Hauptversammlung entscheidet. Da ihnen ebenfalls alle für ihren Betrieb unentbehrlichen Verkehrseinrichtungen verschlossen und die Verleger zur Lieferungssperre auch gegen sie aufgefordert werden, so hat der Börsenverein eine Macht in Händen, wie sie sich bei keinem andern Kartell findet: er kann jeden Outsider zwingen, seinen Befehlen und Beschlüssen Folge zu leisten.

Und der Vorstand hat sich nicht gescheut, von dieser Macht rücksichtslos Gebrauch zu machen; ja er ist fortwährend bemüht gewesen, dieselbe noch zu verstärken. Schon im Herbst 1888 machte er bekannt, daß er auf Grund der Satzungen auch gegen diejenigen einschreiten werde, welche den „Schleuderern" den indirekten Bezug ihres Bedarfs vermitteln sollten, einerlei ob Mitglieder oder Nichtmitglieder. Zugleich waren dem Börsenblatt, das diese Bekanntmachung enthielt, zwei Listen beigefügt mit der Überschrift: „Nachstehenden Firmen ist bis zu anderweitiger Bekanntmachung nichts zu liefern." Die Forderung völliger Lieferungssperre ging über die 1884 von den Verlegern gegebene Zusage hinaus, welche nur besagte, daß mit verkürztem Rabatt oder gar nicht geliefert werden sollte. Die Zustimmung der Verleger zu diesem Ansinnen wurde auf absonderliche Weise erlangt. Am 17. Dezember 1888 stellte der Vorstand im Börsen-

6*

blatt das dringende Gesuch an die Verleger, von einer bloßen Rabattkürzung allgemein abzusehen und statt dessen im gegebenen Falle jede Verbindung abzubrechen. Beigefügt war nicht nur ein Verzeichnis der „verbündeten" Verlegerfirmen, sondern auch ein neues Formular zur Beitrittserklärung mit der Aufforderung, es zu unter= zeichnen. Das Formular aber weicht in seinem Wort= laute erheblich ab von demjenigen, welches ursprünglich zur Ausgabe gekommen war. Es lautete nämlich nicht mehr alternativ, sondern so:

„Die unterzeichnete Firma tritt der in der Bekanntmachung vom 17. Dezember [Börsenblatt Nr. 293] erwähnten Erklärung im Sinne der durch den Vorstand des Börsenvereins der deutschen Buch= händler gegebenen Ausführungen hierdurch bis auf Widerruf bei."

Also übernahmen die Unterzeichner der Erklärung jetzt, im Gegensatze gegen früher, nur eine einzige Ver= bindlichkeit, die in völliger Lieferungssperre bestand.

In einem Erlaß vom 7. Dezember 1888 führt der Vorstand die Machtmittel im einzelnen auf, zu deren Anwendung gegen die Schleuderer er sich für berechtigt hält. Dies sind:

a. Maßregeln auf Grund der Satzungen:

1. Entziehung des Börsenblattes und der übrigen Druck= sachen des Börsenvereins,
2. Zurückweisung von Börsenblatt=Inseraten und
3. Entziehung des Rechts, selbst oder durch einen Kom= missionär Abrechnungen im Buchhändlerhause zu be= wirken;

b. Maßregeln auf Grund besonderer Abkommen:

4. Verweigerung jeder Beförderung von Schriftstücken durch die Bestellanstalt im Buchhändlerhause (laut Vereinbarung mit dem Verein der Buchhändler zu Leipzig),

5. Einstellung der Sortimentslieferung seitens der Mitglieder des Vereins Leipziger Kommissionäre (§ 3 der Satzungen dieses Vereins),

6. Aufforderung im Börsenblatte, vollständige Lieferungssperre eintreten zu lassen (Verleger-Erklärungen)[1]).

Wie man sieht, hat der Vorstand des Börsenvereins die ihm durch die Satzungen verliehenen Befugnisse auf dem Wege der Agitation, der privaten Überredung, wo nötig auch stärkerer Künste, zu einem System von Kampfmitteln erweitert, mittels dessen jeder Widerstand gebrochen werden konnte. Und es bot sich nur zu viel Gelegenheit, davon Gebrauch zu machen. Der Brotneid der kleinen Sortimenter war einmal entfesselt; Denunziation folgte auf Denunziation; es mußten, um dem Massenbedarf zu genügen und einige Ordnung in das „Gerichtsverfahren" zu bringen, Instruktionen und Formulare zur regelrechten Erhebung von Klagen vor dem Vereinsausschusse, bez. dem Börsenvereins-Vorstande ge-

---

1) Der Verpflichtungsschein hat Ende 1901 wieder eine Änderung erfahren und lautet nun: „Die unterzeichnete Firma verpflichtet sich, vom 1. Januar 1902 an bis auf Widerruf, ausnahmslos solchen Buchhändlern und Wiederverkäufern, welche laut Mitteilung des Vorstandes des B.-V. gegen die Bestimmungen in § 3, Ziffer 4, 5 oder 6 der Satzungen verstoßen haben, gar nicht oder nur zum Ladenpreis zu liefern. Diese Verpflichtung erlischt, sobald der Vorstand bekannt gemacht haben wird, daß der Betreffende sich den Satzungen wieder unterworfen hat."

druckt und unter die Kreisvereine verteilt werden. Wer irgend des „Schleuderns" sich verdächtig gemacht hatte, mochte sich hüten, daß nicht eines Tags ein verkappter Beauftragter irgend eines mißgünstigen Konkurrenten in seinem Buchladen erschien, um bei einem Kaufe ihn zu verbotenem Rabattgeben zu verleiten. Wer sich beikommen ließ, einem alten Kunden, der etwa nach einem Vereins= gebiete mit niedrigerem Rabattsatze verzogen war, unter den früheren Bedingungen weiter zu liefern, der konnte sicher sein, seinem Richter nicht zu entgehen. Eine Faktur, auf der ein Rabattsatz ausgeworfen war und die, wie es bei Ansichtssendungen mehrerer Sortimenter an den gleichen Kunden leicht geschehen kann, in ein fremdes Bücherpaket sich verirrte, wurde zum furchtbaren Beweis= stück gegen den Aussteller. Mancher Buchhändler trug eine leicht begreifliche Scheu, Kunden von bescheidenem Einkommen die vielleicht seit Jahrzehnten gewohnten Be= zugsbedingungen zu kündigen. Wollte er ihnen den kleinen Vorteil noch zukommen lassen, so mußte es heimlich und versteckt geschehen, damit nicht ein unzufriedener oder unvorsichtiger Gehilfe es ausplauderte. Eine unglaubliche geschäftliche Unsicherheit riß ein; keiner traute dem andern mehr; in unbegreiflicher Verwirrung der sittlichen Begriffe scheuten selbst Inhaber „feiner Firmen" sich nicht, den Angeber zu spielen.[1]

Wenn noch die so Angeklagten und Verfolgten sich des strafbaren Eigennutzes, illoyaler Konkurrenz oder niedriger Gesinnung schuldig gemacht hätten! Aber gerade das Gegenteil war der Fall. Sie hatten getan oder

---

1) Die krassesten unter den mir vorliegenden Fällen sind in diesen Ausführungen nicht einmal andeutungsweise berührt.

tun wollen, was jedem ordentlichen Kaufmann immer zur
Ehre gereicht hat und gereichen wird: sie hatten sich mit
niedrigerem Gewinn begnügt als andere. Sie beabsich=
tigten auch nicht, anderen Kunden zu entziehen oder sie
zur Einräumung gleicher Vorteile zu nötigen. Sie
hatten nur, im Vertrauen auf die durch das Gesetz
garantierte Gewerbefreiheit, das unbestreitbare Recht für
sich in Anspruch genommen, die Preise ihrer als
Eigentum erworbenen Waren nach eignem Ermessen
festzusetzen.

Wie groß die Zahl der vor das Forum des Börsen=
vereins Geschleppten ist, wird schwerlich je bekannt werden.
In den ersten vier Jahren nach dem Inkrafttreten der
neuen Satzungen gelangten vor dem Vereinsausschusse im
ganzen 67 Klagesachen zur Verhandlung; bei der größeren
Hälfte kam es nicht zur Verurteilung[1]) — ein Beweis,
wie groß die Zahl der falschen Denunziationen gewesen
sein muß. Dabei sind diejenigen Fälle nicht mitgerechnet,
die von dem Vorstande allein entschieden oder abgewiesen
wurden. Der Ausschuß scheint dabei ein ganzes Strafen=
system ausgebildet zu haben: 1. Verwarnung mit der
schriftlichen Erklärung des Beklagten, die Satzungen
künftig beobachten zu wollen, 2. Geldstrafe, 3. Aus=
schließung. Manche Firmen unterwarfen sich noch vor
oder sofort nach Verfügung der Sperre; andere leisteten
aber auch Widerstand.

Dieser Widerstand entbehrte nicht völlig der Aussicht
auf Erfolg, so lange die Verleger eine schwankende Hal=
tung beobachteten und nur solche sich an dem Kampfe

---

1) Nach einer Angabe Pohles a. a. O., S. 509.

beteiligten, deren Verlag sich an die breite Masse des Publikums wendet und die in eignem Interesse die Ver= mehrung der Sortimenter begünstigen zu müssen glaubten. Fuhr doch eine Anzahl bedeutender Verlagsfirmen fort, den vom Börsenverein Verurteilten zu liefern. Allein nach und nach wurden mit den schon geschilderten Mit= teln auch diese zur Sperre veranlaßt, und seitdem die Verlegervereine, mit alleiniger Ausnahme des Berliners, sich zu „Organen des Börsenvereins“ haben machen lassen und an Stelle ihrer besonderen Verkehrsnormen die all= gemeine „Buchhändlerische Verkehrsordnung“ getreten ist, ist den einzelnen der Mut gesunken, noch gegen den Strom zu schwimmen. Eine Zeitlang haben die aus= gesperrten Firmen wohl auch versucht, auf Umwegen Artikel zu beziehen, die ihnen der Verleger verweigerte. Aber auch diese Quelle ist ihnen abgegraben worden. Hat sich doch selbst ein Verleger dazu hergegeben, bei einer gesperrten Firma durch einen Dritten ein Werk seines Verlags bestellen zu lassen, um durch den bei ihm ein= gehenden Bestellzettel den Vermittler zu entlarven, durch den jene Firma seinen Verlag bezog, und diesen dann anzuzeigen. Ja es genügte, daß irgend ein Sortimenter einmal größeren Bedarf bekundete als gewöhnlich, um ihn in den Verdacht zu bringen, daß er einem „Schleu= derer“ Lieferungen vermittelte.

Auch dem größeren Publikum ist s. Z. der Kampf bekannt geworden, den die Berliner Firma Mayer & Müller, die seit 1872 ein schwungvolles Verlags=, Sorti= ments= und Antiquariatsgeschäft betreibt, um die Freiheit ihres Betriebs geführt hat. Man wird die Schriftstücke über die von der Firma gegen die Mitglieder des Börsen=

vereins=Vorstandes geführten Prozesse[1]) vielleicht einmal mit demselben kulturhistorischen Interesse studieren, das man heute den Akten der Hexenprozesse oder den Verfolgungen der Störer und Bönhasen von seiten der Zünfte des 17. Jahrhunderts entgegenbringt. Hat auch die Firma in ihrem Anspruch auf Schadenersatz nur teilweise ob= gesiegt, so enthalten doch die Entscheidungsgründe der Gerichte eine schwere Verurteilung des Boykottverfahrens, das der Börsenverein in diesem wie in anderen Fällen eingeschlagen hat. Das Berliner Kammergericht erachtete die auf Grund besondern Abkommens vom Vorstande des Börsenvereins verhängten drei Maßnahmen (oben S. 85, Nr. 4—6) für rechtswidrig, das Reichsgericht als Revisionsinstanz wenigstens die Aufforderung zur voll= ständigen Lieferungssperre. Viel weiter ging dagegen in einer späteren Entscheidung das Kgl. sächs. Landgericht in Leipzig, das jede Veranstaltung für unerlaubt erklärte, die dahin gehe, auf die „Schleuderer" hinsichtlich der Art und Weise ihres Geschäftsbetriebes einen Zwang aus=

---

1) Außer verschiedenen Flugblättern kommen in Betracht: a) Handelsfreiheit und Recht im Buchhandel. Eine Denkschrift dem deutschen Buchhandel gewidmet von R. Mayer und E. Müller. Berlin 1888. — b) Der Boykott im Buchhandel, beurteilt von dem Reichsgericht und dem kgl. preuß. Kammergericht. Berlin 1891. — c) Abdruck einer Entscheidung des Reichsgerichts vom 24. Juni 1891. — d) Das Vorgehen des Buchhändler=Börsenvereins in der Rabatt= frage, ein rechtswidriger Eingriff in die Gewerbefreiheit. Abdruck der Entscheidungsgründe des Kgl. Landgerichts in Leipzig vom 7. Mai 1892 in Sachen Mayer & Müller gegen Ernst Seemann u. Gen. Berlin 1892. — Vgl. auch O. Bähr, „Ein Buchhändlerprozeß" in den „Grenzboten" Jahrg. LI (1892), S. 319 ff. und Beilage zum Börsenblatt 1891 Nr. 283. Entsch. des Reichsger. in Ziv.=Sachen XXVIII, S. 238.

zuüben. In den Entscheidungsgründen finden sich u. a. folgende wichtigen prinzipiellen Ausführungen:

„Die Gewerbeordnung für das Deutsche Reich wird von dem Grundsatze der Gewerbefreiheit beherrscht. Damit soll ausgesprochen sein, daß einerseits jedermann jedes Gewerbe nach seiner freien Wahl auszuüben berechtigt ist, und daß andererseits ein jeder sich die Bedingungen, unter denen er das gewählte Gewerbe betreiben will, selbst und nach freiem Belieben festsetzen darf. Zu diesen Bedingungen gehört u. a. auch die Bekanntmachung der Preise, die er anderen für seine gewerblichen Leistungen berechnet. Nun muß sich der Gewerbetreibende bei alledem halten an die Beschränkungen, die ihm hinsichtlich seines Gewerbebetriebes zulässigerweise [vergl. § 1 der Gew.-Ordn.] durch Gesetze und Verordnungen, sowie nicht minder durch die gute Sitte auferlegt sind. Bewegt er sich innerhalb dieser Grenzen, so darf er beanspruchen, daß ihm der Betrieb seines Gewerbes nach keiner Richtung hin verkümmert wird. Alle Veranstaltungen, die darauf abzielen, ihm dieses Recht zu entziehen, müssen daher — als dem Geiste des Gesetzes zuwiderlaufend — für unzulässig und, weil sie zugleich in seine Rechtssphäre eingreifen, für an und für sich rechtswidrig erachtet werden.

„Die Klägerin hat nichts weiter getan, als daß sie billiger verkauft hat wie andere Sortimentsbuchhändler. Daraus läßt sich ihr kein Vorwurf machen. Es gibt kein Gesetz und keine Verordnung, die dem Buchhändler bestimmte Preise für den Verkauf seiner Handelsware vorschreiben, und ebensowenig verstößt die Handlungsweise der Klägerin wider die guten Sitten... Im allgemeinen ist eben die Preisbildung Sache jedes einzelnen Kaufmanns; sie unterliegt seinem freien Ermessen; sie ist sein Recht...

„Das Gericht ist weit entfernt davon, etwa alle Veranstaltungen, die Berufsgenossen über die Art und Weise des Gewerbebetriebes in der Absicht treffen, ein Gewerbe auf seiner Höhe zu erhalten, ein gesunkenes Gewerbe wieder emporzuheben oder einem blühenden Gewerbe noch höheren Aufschwung zu verleihen, für unzulässig zu erklären. Im Gegenteil erscheinen derartige Veranstaltungen und insbesondere auch Vereinigungen, die Gewerbetreibende zu dem bezeichneten Zwecke schließen, als durchaus statthaft und üblich; doch dürfen diejenigen, die diese Veranstaltungen treffen und sich miteinander verbinden, nicht beanspruchen, daß die von ihnen getroffenen Einrichtungen nun auch von allen anderen Berufsgenossen gutgeheißen und als Richtschnur hingenommen werden. Der Beitritt muß vielmehr der freien Entschließung des Einzelnen überlassen bleiben. Jeder Versuch, den Einzelnen zum Beitritt zu nötigen und ihm dadurch eine bestimmte Art des Geschäftsbetriebes aufzuzwingen, enthält einen unerlaubten Eingriff in die Gewerbefreiheit.

„Hieraus erhellt, daß auch die vom Vorstande des Börsenvereins ergriffenen Maßnahmen des Zwanges halber, der durch sie auf den Gewerbebetrieb der Klägerin hat ausgeübt werden sollen, als an und für sich rechtswidrige Handlungen zu betrachten sind... Das überaus schroffe Vorgehen des Vorstandes gegen die Klägerin aber läßt sich nur durch die Annahme erklären, daß man in den leitenden Kreisen des Börsenvereins die Ansicht gehabt hat, die „Schleuderer" seien rücksichtslose, von Eigennutz beseelte Menschen, die eben deshalb nicht die geringste Schonung verdienten. Allein selbst wenn diese Annahme auf die Klägerin zugetroffen hätte, so würde das immer noch nicht das Verfahren der Beklagten gegen sie rechtfertigen können. Die Außerachtlassung von Rücksichten Berufsgenossen gegenüber und eigennütziges Handeln im geschäftlichen Leben laufen noch nicht ohne weiteres den guten Sitten entgegen. Kein Gewerbetreibender wird immer rücksichtsvoll den Berufsgenossen gegenüber verfahren können. Das verbieten ihm schon die Sorge um das eigene Selbst und die Bestrebungen seiner Konkurrenten. Und jeder Gewerbebetrieb ist auf einen gewissen Grad Eigennutz gegründet. Zudem steht nicht einmal fest, ob Eigennutz allein der Beweggrund für die Klägerin gewesen ist."

Der Kampf ums Recht, den die Berliner Firma mit so großer Ausdauer und mit bedeutenden materiellen Opfern geführt hat, ist heute noch nicht völlig beendet. Noch immer schwebt ein Prozeß, den sie auf Grund des

Gesetzes über den unlauteren Wettbewerb und des bürger=
lichen Gesetzbuchs (§§ 823. 826) angestrengt hat; aber in
der Sache hat sie, von allen Seiten verfolgt und in ihrem
Betriebe gelähmt, verlassen auch von denjenigen Verlegern,
die ihr früher ihre Sympathie erklärt hatten, am Ende
nachgeben müssen, indem sie sich bereit erklärt hat, die
Rabattsätze des Börsenvereins anzunehmen. Man hat
ihr einen ehrenhaften Frieden bewilligen müssen; die in
andern Fällen stets gestellte Forderung, als Garantie
künftigen Wohlverhaltens eine Kaution zu hinterlegen,
die bei einer Verfehlung gegen die Rabattbestimmungen
fällig würde, hat sie abgelehnt und ist auch damit durch=
gedrungen.

So ist der Ring auf der ganzen Linie Sieger ge=
blieben. Das gesamte alte Gliederwerk des Buchhandels,
Sortimenter, Kommissionäre, Verleger ist in denselben
einbezogen. Dreißig Vereine, deren Satzungen vom Vor=
stande des Börsenvereins genehmigt sind, wachen, jeder
in seinem Kreise, über die Befolgung der „Gesetze" des
deutschen Buchhandels; der Vereinsausschuß richtet über
die Übeltäter; in den letzten zehn Jahren hat er fast nichts
anderes getan.[1]) Und der Börsenvereins=Vorstand ver=
hängt den buchhändlerischen Bann über Mitglieder und
Nichtmitglieder. Sein „amtliches Veröffentlichungsorgan"[2])

---

1) Wenigstens sagte in der 37. Sitzung dieses Ausschusses am
5. September 1901 der derzeitige erste Vorsteher des Börsen=
vereins: „Leider sei der Vereinsausschuß in den letzten zehn Jahren
meist nur mit der Beurteilung von Schleudereifällen befaßt worden
und dadurch etwas von seiner eigentlichen Bestimmung: in allen
Dingen, die die Regelung des Verkehrs der Buchhändler unter=
einander betreffen, die Initiative zu ergreifen, zurückgedrängt
worden."   2) Satzungen § 22.

ist das „Börsenblatt für den deutschen Buchhandel"; dort verkündet er seine „amtlichen Erlasse" im „amtlichen Teile"; an seinen Verhandlungen nimmt der erste Vorsteher „in amtlicher Eigenschaft" teil.[1]) Nichts ist bezeichnender für das Machtgefühl dieses Kartellausschusses als das Spielen mit Ausdrücken, welche der höchsten Gewalt im Staate vorbehalten sind. Wie man für das Boykottverfahren die Bezeichnungen eines ordentlichen Gerichtsverfahrens usurpiert hat, so wagt man die Regeln, welche eine private Interessenvertretung für ihre Mitglieder beschlossen hat und nur für diese beschließen kann, im Börsenblatt „Gesetze" zu nennen und beansprucht, jeden unter dieselben zu zwingen, der auf deutschem Boden das freie Gewerbe des Buchhandels ausübt.

Mit welchem Rechte?

Am 15. Januar 1903 waren von den 10 259 Firmen, welche das „Offizielle Adreßbuch des deutschen Buch= handels" aufführt, 2977 (29%) Mitglieder des Börsen= vereins, und 1425 Nichtmitglieder hatten die „buch= händlerische Verkehrsordnung" (nicht die Satzungen) als Norm ihrer Geschäftsführung anerkannt. Bei der Vor= standswahl in der Hauptversammlung am 10. Mai 1903 wurden 1065 Stimmen abgegeben. Da Stellvertretung bei der Abstimmung zulässig ist und die Mitglieder der vom Vorstande anerkannten Vereine je bis zu sechs Ab= wesende mitvertreten können, so kann man sich leicht vorstellen, wie gering die Zahl derjenigen ist, die persön= lich an diesen Versammlungen teilnehmen, und doch ent= scheiden sie durch ihre Beschlüsse über das Wohl und

---

1) Satzungen § 25.

Wehe des ganzen Standes. Anerkanntermaßen ist die Frankfurter Hauptversammlung von 1887 die stärkstbesuchte gewesen, welche je abgehalten worden ist; sie zählte 395 Teilnehmer.

Die Beschlüsse einer solchen Versammlung sind natürlich ganz vom Zufall abhängig. Schürmann schreibt zwar: „Der Verleger hat mehr Anlaß zur Leipziger Messe zu reisen, als der Sortimenter, und wer um die Zeit am zahlreichsten zur Stelle ist, hat die Hauptversammlung in der Hand. Die große Masse bleibt fern, sei es aus Mangel an Interesse, oder weil sie Zeit und Spesen zu scheuen hat, und läßt über sich ergehen, was sie nicht verhindern kann."[1] Tatsache ist aber, daß seit einem Dutzend Jahren die Sortimenterinteressen die Versammlungen beherrscht haben, und man wird sich nicht darüber wundern, wenn man bedenkt, daß die 26 Kreis- und Ortsvereine die Versammlung majorisieren könnten, wenn jeder von ihnen 3—4 Mitglieder, jedes mit sechsfacher Stellvertretung entsenden würde.

Man hat der Vereinigung der Buchhändler zur Abschaffung des Kundenrabatts den Charakter des Kartells absprechen wollen, weil es sich bei ihr nicht um Preissteigerungen zum Vorteil des Produzenten handle, sondern um Preishaltung von seiten des Kleinhändlers, aus welcher der Produzent (Verleger) keinen direkten Nutzen ziehe. Allein der Begriff des Kartells beschränkt sich nicht auf die Produktion, sondern gilt ebenmäßig auch im Handel für jede Vereinigung selbständiger Unternehmungen, welche den Zweck verfolgt, durch dauernde monopolistische Be-

---

1) Buchh. der Neuzeit, S. 209.

herrschung des Marktes den höchstmöglichen Kapitalprofit zu erzielen. Daß der Börsenverein in seiner heutigen Gestalt aus einer freien Vereinigung mit allgemeineren Zielen hervorgegangen ist, die Jahrzehnte lang jede Einmischung in den innern Geschäftsbetrieb der Mitglieder ängstlich vermieden hat — diese Eigentümlichkeit teilt er mit einer Reihe von Industriekartellen. Und auch die Mittel, welche er anwendet, um die Widerstrebenden zu zwingen oder geschäftlich zu vernichten, sind echte Kartellmittel: Boykott, Konventionalstrafen, Unterbietung. Die letztere findet sich allerdings nur in schwächlicher Form bei vier großen Kreisvereinen[1]); aber daneben begegnet noch eine andere Ausartung des Kartellwesens: billigere Lieferung an das Ausland, genau wie beim Schienenkartell. „Den Vermittlern überseeischer Bestellungen darf zwar ein größerer Preisnachlaß als 5% gewährt werden; aber nur für diese Bezüge, nicht auch für den Privatbedarf."[2]) Man kann auf diesem Wege deutsche Bücher in London, Paris oder Newyork billiger kaufen als in Hamburg, Bonn oder Jena, zumal auch manche Verleger für den Export besondere Vorteile bewilligen.

Wenn der ausländische Sortimenter die deutschen Verlagswerke zu einem erheblich geringeren Einkaufspreise bezieht als der deutsche Sortimenter, so kann der Verleger zur geschäftlichen Rechtfertigung dieses Verfahrens darauf verweisen, daß ein gut geleiteter Sortimentsbetrieb in Paris, London oder Newyork den fünfzigfachen Absatz

---

1) Verkaufsbestimmungen der Orts= und Kreisvereine, S. 9f. 23. 26. 32.

2) Verkaufsbestimmungen, S. 68 f. (Hamburg=Altonaer Buch=händlerverein.)

eines deutschen Durchschnittssortimenters[1]) erzielt. Die Preisermäßigung wird jenem in Gestalt einer mit dem Rechnungsbetrage steigenden Umsatzprämie bewilligt, und es würde der Verleger sich gewiß keinen Augenblick sträuben, einem deutschen Sortimenter, der den gleichen Umsatz erzielte, auch den gleichen Vorteil zukommen zu lassen. Wenn dagegen der deutsche Sortimenter, der sich auf den Export eingerichtet hat, Privaten und Bibliotheken im Ausland mit 15 bis 20% Rabatt liefert, wo deutsche Landsleute kaum 5 und öffentliche Bibliotheken ausnahmsweise 10% erhalten, so liegt darin eine Begünstigung des Auslandes auf Kosten der deutschen Wissenschaft, die nicht ruhig hingenommen werden kann. Es ist eine Schädigung des ganzen nationalen Geisteslebens.

Und dieser Zustand dauert tatsächlich schon anderthalb Jahrzehnte, vielleicht auch schon länger. Als im Jahre 1887 der außerordentliche Ausschuß für die Statutenrevision die neuen Satzungen beriet, verwahrte sich der Inhaber eines großen Leipziger Hauses entschieden dagegen, daß der Export nach dem Auslande den gleichen Beschränkungen in Bezug auf den Kundenrabatt unterworfen werde, wie der Verkehr innerhalb Deutschlands, Österreichs und der Schweiz, weil das nichts anderes hieße, als den ausländischen Sortimentern die Besorgung des

---

1) Diese Angabe beruht auf tatsächlicher Grundlage und bezieht sich auf den Vertrieb wissenschaftlicher Werke. — Dem Exportgeschäft, wie es von Sortimentern der Seestädte betrieben wird, scheinen die Verleger nicht besonders hold zu sein. Ein Verleger schreibt darüber im Börsenblatt 1902, S. 3056: „Der Genuß höheren Rabatts ermöglicht es den Exportfirmen, den ausländischen Kunden immer höheren Rabatt zu gewähren und dadurch die Tätigkeit der ausländischen Buchhandlungen lahm zu legen."

Bedarfs an deutscher Literatur in die Hände zu spielen. „Wir haben eine ganze Reihe Sortimenter in Frankreich, in Paris, die nicht mit dem Börsenverein in Beziehung stehen und uns die schärfste Konkurrenz machen durch Lieferung deutscher und ausländischer Bücher. Diese Leute würden in den Besitz unserer Kundschaft gelangen und würden denjenigen Absatz machen, den die deutschen Buchhändler vorläufig noch machen, wenn auch leider Gottes unter dem gezwungenen Zugeständnisse größeren Rabatts. Vergessen Sie nicht, daß amerikanische Bibliotheksverwaltungen größeren Rabatt haben dadurch, daß sie Bücher aus Deutschland beziehen unter Umgehung des Eingangszolles." An einer andern Stelle teilte derselbe Redner mit, „daß Pariser Verleger jetzt bereits einer ganzen Reihe von Bibliotheken und andern großen Abnehmern direkt liefern, und zwar zu 25% vom Ladenpreis".[1]) In der Tat wurde dann auch von der Einbeziehung des Exportgeschäftes abgesehen.

Der jetzige Zustand ist also ein von Anfang an beabsichtigter, nicht ein später erst zufällig eingetretener. Es war die Absicht, daß der ausländische Käufer deutscher Bücher niedrigere Preise genießen sollte als der inländische, und es ist vollkommen richtig, wenn der Inhaber einer auf den Export eingerichteten Buchhandlung jüngst mit bitterm Sarkasmus einem deutschen Professor gestand: „Ihren Kollegen in Tokio und Chicago kann ich mit 15—20% liefern; Ihnen darf ich bei schwerer Strafe nicht mehr als 5% geben." Vor nicht langer Zeit wurde im Börsenblatt[2])

---

1) Börsenbl. 1887, S. 4558 f. und 4563.
2) Jhrg. 1902, S. 2352.

Bücher, Denkschrift.   7

konstatiert, daß eine Pariser Firma[1]) deutsche Zeit=
schriften mit 15 und 20% Rabatt vom Abonnements=
preise des Ursprungslandes anbietet, und Herr Karl
J. Trübner in Straßburg schreibt in der Vorrede seines
Verlagskatalogs: „Selbst die Reisehandbücher von Baedeker
werden in London mit 20% Rabatt an den Schaufenstern
angeboten, so daß sich der reisende Engländer baß ver=
wundert, wenn er im Ursprungslande dieser Bücher den
vollen Ladenpreis bezahlen soll und muß." Der Eng=
länder wird es vermutlich bei dem Verwundern nicht
bewenden lassen, sondern es machen, wie jene zeitweilig
in Deutschland lebenden Amerikaner, die ihren Bedarf
an deutschen Büchern durch Sortimentsbuchhandlungen
ihrer Heimat mit 20% Rabatt beziehen. Natürlich geht
nur die Rechnung über Amerika.

---

1) Bureau Concordia, Paris, 77 rue Denfert-Rochereau.
Vielleicht macht ein Leser aus dem Teile Deutschlands, wo auf
Zeitschriften kein Rabatt mehr gegeben wird, den Versuch, die
„Deutsche Rundschau" mit 20%, das „Echo" mit 15% Rabatt aus
Paris zu beziehen. Es dürfte lohnen.

VI.
Die neuesten Maßnahmen des Börsenvereins.

Am 5. September 1901 tagte im Buchhändlerhause zu Leipzig der Vereinsausschuß des Börsenvereins. Anwesend waren außer sämtlichen 9 Mitgliedern dieses Ausschusses der erste Vorsteher des Börsenvereins und der Vorsitzende des Verbandes der Orts- und Kreisvereine, dazu zwei Sachverständige aus Berlin. Zwei große Dinge waren im Werke.

Zunächst handelte es sich um die Warenhausfrage. Sie war recht zur Unzeit aufgetaucht, diese „Frage". Gerade als es den vereinten Bemühungen der Kreis- und Ortsvereine und des Börsenvereins gelungen schien, die „Schleuderer" zu Boden zu werfen und den letzten Widerstand gegen die „Satzungen" zu brechen, war sie erschienen, wie ein Gespenst in der Nacht. War es denn möglich? Das Buch im Großmagazin, im Allerweltsbazar neben Kleiderstoffen, Wäsche und Handschuhen, Koffern und andern Reiseutensilien, Küchengeräten, Spielwaren, Bettstellen und Kinderwagen, Seife und Pomade — ganz gemeine Ware, ausgeboten in modern kaufmännischer Weise nach dem Grundsatz: großer Umsatz, kleiner Nutzen! Und gerade die Brotartikel des Sortimenters: Klassiker, Geschenkliteratur, Jugendschriften, Wirtschaftsliteratur, Romane waren von den Wertheim,

7*

Tietz 2c. in ihre Riesenbetriebe gezogen und „nach ihrem Prinzip, mit einem sehr geringen Aufschlag zu arbeiten, zu einem Preise angeboten worden, bei dem ein Buch= händler nicht existieren konnte".[1]) Mit Vorliebe hatten diese geriebenen Geschäftsleute Ramschkäufe abgeschlossen, bei denen sie den Grundsatz größerer Wohlfeilheit mit einem ansehnlichen Nutzen hatten vereinigen können. Ja es gab Verleger, die froh waren, diese Lagerhüter so massen= und vorteilhaft loszuwerden, selbst solche, die ihnen Novitäten lieferten. Und als man endlich auf die Gefahr aufmerksam geworden war, die von dieser Stelle dem Sortimenterstande drohte, und den Warenhäusern Schwierigkeiten gemacht hatte, da hatten sie sich nicht lange besonnen und waren selber Verleger geworden.

Aber den Bezug gangbarer Werke aus anderem Verlage hatten sie darum nicht aufgegeben. Zwar die Verleger hatten sich unter dem Druck des allgemeinen Unwillens der Sortimenter bald dazu verstanden, den Sperrparagraphen auf sie anzuwenden. Aber die Warenhäuser fanden immer wieder Mittelspersonen, welche ihnen Lieferungen besorgten. Die Sortimenter an den verschiedensten Orten, namentlich in Berlin[2]), hatten ein wahres Kessel= treiben auf diese Winkelkommissionäre veranstaltet. Kaum war einer zur Strecke gebracht, so tauchte die Spur eines neuen auf. Den Verlegern riet man, in einer mehr als bedenklichen Auslegung des § 8, Abs. 3 des Urheber=

---

1) R. Prager, Urheberrecht und Buchhandel in sozialistischer Beleuchtung. Kleinhandel, Warenhäuser und Rabatt. Berlin 1900, S. 13.

2) Jahresbericht des Vereins der Berliner Mitglieder des Börsenvereins für 1901/2: Börsenbl. 1902, S. 3437 f.

rechtsgesetzes durch Aufdruck auf ihren Verlagsartikeln den Vertrieb derselben in Warenhäusern und Bazaren zu untersagen.[1]) Aber es war doch recht zweifelhaft, ob die Gerichte diesem Versuche ihre Sanktion geben würden. Da hatte der Börsenvereinsvorstand den Vereinsausschuß um ein Gutachten ersucht; aber noch ehe dieser sich seiner Aufgabe entledigt hatte, waren Verhandlungen mit der Firma A. Wertheim und dem zu ihr gehörigen Globus= Verlag in Berlin angeknüpft worden. Dieselben hatten zu dem Ergebnis geführt, daß die Firmen den Verpflich= tungsschein unterschrieben und eine hohe Kaution hinter= legt hatten, worauf der Vorstand des Börsenvereins die verhängten Maßnahmen aufgehoben hatte. Die Refe= renten des Vereinsausschusses hatten darauf verdrossen ihre Arbeit eingestellt.

Nun war der Ausschuß beisammen, um zu beraten, wie der Börsenverein sich weiter zu verhalten habe.[2]) Einer der Berliner Sachverständigen erklärte, daß man über kein Mittel verfüge, den Warenhausbuchhandel zu beseitigen. „Die Warenhäuser hätten bis jetzt stets Wege gefunden, ihren Bedarf zu decken; das Buch sei ein Warenhausartikel. Die großen Warenhäuser würden ihre Buchabteilungen nicht eingehen lassen, wohl aber würden sie, wenn ihnen die Bezüge von Massenartikeln erschwert würden, zu eigner Buchfabrikation schreiten und dadurch dem regulären Verlagsbuchhandel schweren Schaden

1) Börsenbl. 1902, Nr. 208. 213. 217.
2) Warenhausfrage. Kundenrabattfrage. Vertrau=
liches Protokoll über die 37. Sitzung des Vereinsausschusses am
5. September 1901. Als Manuskript gedruckt. Leipzig 1901.
64 S. 8°.

zufügen. Die Überwachung des Warenhaus-Buchhandels sei nur durch bedeutende Opfer an Zeit und Geld möglich; die Bekämpfung könne nur mit anständigen Mitteln (!) und großer Vorsicht geführt werden. Die beste Lösung der Warenhausfrage, soweit sie den Buchhandel angehe, sei daher die Anerkennung der Verkaufsbestimmungen durch die Warenhäuser; ein Warenhaus, das die Verkaufs-bestimmungen und damit den Ladenpreis einhalte, sei dem Gesamtbuchhandel unschädlicher als ein solches, welches sich über die Satzungen hinwegsetze und dennoch jederzeit alles zu liefern in der Lage sei."

Anderer Ansicht war der zweite Berliner Sachver-ständige. Er wies auf § 2 der Satzungen des Börsen-vereins (vgl. S. 75) hin, der nur Buchhändler als Mitglieder für aufnahmefähig erkläre (er hatte damit zweifellos Recht), und empfahl, es mit einer Denkschrift an die Verleger zu versuchen. Die Sortimenter sollten von Verlegern, die an Warenhäuser lieferten, kein Blatt mehr annehmen. Aber der erste Vorsteher des Börsen-vereins, der den Standpunkt der Einfügung der Waren-häuser in den Börsenverein, den Satzungen zum Trotz, vertrat, glaubte, daß die Verleger in diesem Falle ver-sagen würden. Der Börsenverein sei kein aristokratischer Verein, sondern ein Verein auf demokratischer Grundlage. Eine andere Frage sei allerdings, ob die Kreisvereine das Warenhaus als Mitglied aufnähmen. Und nun traten die vier Ausschußmitglieder aus den Kreisvereinen auf und erklärten nacheinander, daß diese Vereine eine solche Zumutung — „mit Hohn", setzte einer hinzu — von sich abweisen würden.

Trotzdem lehnte der Ausschuß mit 7 gegen 2 Stimmen

einen Antrag ab, der dahin ging: den Kampf auch gegen diejenigen Warenhäuser aufzunehmen, welche die Bedingungen des Börsenvereins annähmen, und dazu die Hilfe der Verleger zu erbitten. Der weitere Antrag, daß den Warenhäusern, die sich den Satzungen unterwerfen, die Aufnahme in den Börsenverein gewährt werden solle, wurde darauf mit 6 gegen 3 Stimmen angenommen.

Der Vereinsausschuß hat dann noch das erbetene Gutachten in der Warenhausfrage erstattet[1]), kommt aber darin zu keinem anderen Resultat: die Mehrheit billigt wegen „der Gefahr eines Bücherhandels außerhalb des Buchhandels" die Stellungnahme des Vorstandes; die Minderheit ist der Ansicht, „daß den Warenhäusern und Bazaren die Anerkennung als Buchhändler prinzipiell zu versagen sei und daß sie durchaus nicht als Mitglieder in den Börsenverein aufgenommen werden dürfen".

In der neuesten Ausgabe des Offiziellen Adreßbuchs des deutschen Buchhandels liest man die Namen A. Wertheim, Abtlg. für Buch-, Kunst- und Musikalienhandel in Berlin, Globus-Verlag, G. m. b. H., Buch- und Kunstverlag in Berlin, und Herzfeld, Hermann, Buchhandlung in Dresden-A., Altmarkt (Telephon I, 1797)[2]);

---

1) Abgedruckt a. a. O. S. 13 ff.

2) Die Firma ist im Adreßbuch mit dem Stern dekoriert, der das Kennzeichen ist für die Mitglieder des Börsenvereins. Dies gab mir Veranlassung, den kommerziellen Charakter der Firma festzustellen. Das „Dresdner Adreßbuch", Jahrg. 1902, Abteilung V, (Handels-Register), S. 24, Spalte 3 berichtet darüber: „3992 Herzfeld, Hermann, Hdlg. m. Posamenten, Handschuhen, Krawatten, Leinen- u. Damast-, Weiß-, Putz-, Manufaktur-, Woll-, Schuh-, Kurz-, Leder-, Galanterie-, Glas-, Seifen-, Spiel-, Luxus- u. Tapisseriew., Haus- u. Küchengerät., Wringmaschinen, Porzellan

im nächsten Jahrgang wird auch die Firma Tietz, die sich inzwischen „unterworfen" hat, da zu finden sein.

Ob damit aber die Warenhausfrage abgetan ist — wer weiß es? Am 25. Februar 1903 haben die deutschen Waren= und Kaufhäuser in Berlin einen Verband zur Wahrung ihrer Interessen gegründet. Wenn nun dieser Verband, nachdem seine Mitglieder erkannt haben werden, daß sie auf Grund der Satzungen des Börsenvereins ein Geschäft in ihrem Sinne nicht machen können, selbst eine große Verlagsanstalt errichtet, in der er den Bücherbedarf der Beteiligten produziert, wer will ihn hindern? Das Verlegen von Brotartikeln, wie sie diese Unternehmungen brauchen, ist keine so große Kunst, und auch talentvolle Schriftsteller, die ihre Werke nicht bloß verlegt, sondern auch verbreitet und gelesen sehen wollen, könnten doch am Ende herausfinden, daß ihr Wort auf diesem Wege einen viel größeren Teil der Nation erreicht, als auf dem Wege des zunftgemäßen Verlags= und Sortimentsbuch= handels. Das Gutachten des Vereinsausschusses hat auf die Gefahr hingewiesen, die eine ausdrücklich für Waren= häuser hergestellte Literatur mit sich bringe, indem viel= fach minderwertige, möglichst dicht an die Grenze des Erlaubten streifende Ware erzeugt werden würde. Gewiß ist diese Gefahr vorhanden. Aber kann denn wirklich in diesem Punkte der bestehende Buchhandel noch übertroffen werden?

Doch kehren wir zum Leipziger Buchhändlerhause und zur Sitzung des Vereinsausschusses zurück. Die

---

u. Steingut, Wäsche, Schürzen, Korsets, Schirmen u. Kleidern für Herren, Damen u. Kinder, a. Kolonialw., sow. photogr. Atel., Schösserg. 2, (Eing. Altmarkt), Telephon I, 1797 u. Galeriestr. 3, Inh.: Martin Herzfeld."

zweite Frage, welche auf die Tagesordnung gesetzt war, war eigentlich keine Frage mehr; sie war längst entschieden, und erst nach schwerem Kampfe waren zu allseitiger Zufriedenheit der Interessenten geordnete Verhältnisse geschaffen worden. Nun warf sie der erst vier Monate vorher gewählte erste Vorsteher des Börsenvereins, von neuem auf: die Kundenrabattfrage. Er eröffnete die Verhandlungen mit einer Art Programmrede, die für den „neuen Kurs" zu charakteristisch ist, als daß wir sie nicht nach dem Protokoll wenigstens in der Hauptsache mitteilen sollten:

„So alt wie die Vereinsbildungen im Buchhandel, so alt sind die Klagen über den ungenügenden Verdienst des Sortimenters. Für die Berechtigung derselben spricht die tatsächlich eingetretene Verminderung des Durchschnittsverdienstes, da noch vor 25 Jahren die Mehrzahl der Artikel mit höherem Rabatt als 25% geliefert wurden, während jetzt dieser letztere Satz wol den Durchschnitt darstellt.[1]) Gleichzeitig sind die Spesen der Beförderung und die Lokal- und Vertriebsspesen des Sortimenters gewachsen.[2]) Dagegen spricht, daß Konkurse von Sortimentshandlungen zu den Seltenheiten gehören, so daß bei meiner Firma z. B. im Durchschnitt langer Jahre nur $1/2\%$ des Umsatzes abgeschrieben werden mußte. Endlich aber spricht dagegen, daß der Sorti-

---

1) Wie es mit der tatsächlichen Grundlage dieser Behauptung steht, ist oben aus Abschnitt IV zu ersehen.

2) Daß im Gegenteil Post- und Eisenbahntarife in dieser Zeit erheblich herabgesetzt wurden, ist ebenso jedermann bekannt, wie die Tatsache, daß allgemein die Vertriebsspesen des Handels zurückgegangen sind. Speziell die „Leipziger Spesen" bei den Kommissionären, über die der Sortimenter am meisten klagt, sollen seit Menschenaltern unverändert geblieben sein. Werden unter den „Lokalspesen" oben die Mieten der Verkaufslokale verstanden, so ist deren Steigerung nicht in Abrede zu stellen; aber dieselbe trifft unterschiedslos alle Zweige des Kleinhandels.

menter, in sehr vielen Fällen ohne zwingende Not, Rabatt an das Publikum, früher in einer Höhe von 15 und selbst 20%, und jetzt in einer Höhe von 5, 10 und in gewissen Berliner Fällen sogar $16^2/_3\%$ an das Publikum abgibt. Eine Verminderung dieses hohen Rabattes an das Publikum durch die Machtmittel des Börsenvereins wie der Orts- und Kreisvereine, zunächst der Versuch der Abschaffung der sog. „Ausnahmebedingungen", liegt aber zweifellos im Interesse der Gesundung des Sortiments und daher ebenfalls im Interesse des Verlages.

Vergegenwärtigen wir uns, welchen Betrag durch Abminderung des 10prozentigen Ausnahmerabatts auf 5% man dem Sortimentshandel erhalten könnte. Eine mittelgroße Sortimentsbuchhandlung mit einem Umsatz von 80 000 Mk. kann bei dem Durchschnittsrabatt von 25% und einem Spesenetat von mindestens 15% keinen höheren Reingewinn als 10% rechnen, von dem sie freiwillig 5%, also die Hälfte, an das Publikum in Gestalt von Kundenrabatt abgibt! Von dem Rest von 5%, gleich 4000 Mk., wäre dann noch der Betrag abzuziehen, den die eigene Arbeitskraft des Inhabers repräsentiert. Es läßt sich nicht leugnen, daß der Sortimenter berechtigt wäre, für seine sorgenvolle, mühselige und mit Risiko verbundene Tätigkeit einen höheren Gewinn zu beanspruchen als 4000 Mk.

Nehmen wir aber an, daß von den 5000 Sortimentshandlungen 4000 einen durchschnittlichen Umsatz von nur 30 000 Mk. haben, während die restlichen 1000 Sortimenter überhaupt nicht in Betracht gezogen werden, so beträgt ein an das Publikum gewährter Kundenrabatt von 5% sechs Millionen Mark![1]) Ich gebe diese Zahlen nur für das, was sie wert sind. Selbst wenn man aber manche Ziffern als zu hoch befinden sollte, so geht doch daraus hervor, daß der Sortimentsbuchhandel alljährlich mehrere Millionen Mark von seinem so wie so geringen Verdienste weggibt und daß es wohl der Mühe wert ist zu versuchen, ob ihm dieser Betrag, der schließlich für die einzelne Firma immerhin ca. 1500 Mk. ausmachen kann, nicht erhalten werden könnte.

_____

1) Auch im Original gesperrt.

Versuche zur Besserung der Lage des Sortiments sind verschiedene gemacht worden. Ich erwähne aus der letzten Zeit nur den Antrag auf Mindestrabatt von 25%, Bestrebungen auf Journale höheren Rabatt zu erhalten, Konsumvereine zu gründen wie die Vereinssortimente, Vereinskommissionäre, Buchhändlerbank u. dergl. Wenn nun auch nicht geleugnet werden soll, daß in dieser Richtung mancherlei geschehen könnte, so bleibt die wirksamste Unterstützung des Sortiments die völlige Abschaffung oder doch wenigstens die Verminderung des Kundenrabatts.[1]

Von der plötzlichen völligen Abschaffung des Kundenrabatts, ebenso wie von der Einführung eines Einheitsrabatts muß abgesehen werden. Der Mißerfolg der auf letzteren gerichteten Bestrebungen muß noch für lange Zeit hinaus von jedem ähnlichen Schritte abhalten.

Dagegen erscheint es durchaus nicht ausgeschlossen, eine stufenweise Verminderung des Rabatts in der Weise anzustreben, daß Berlin und Leipzig und Österreich-Ungarn, welche jetzt noch Rabatt bis zu 10% an das Publikum geben, auf 5% ihre Verkaufsbestimmungen reduzieren, während der gesamte übrige Buchhandel den Rabatt außer bei Barzahlungen vielleicht ganz abschaffen könnte und bei Lieferungen an Bibliotheken und Behörden den 10 prozentigen Rabatt auf 5% reduzieren. Es würde dadurch immer noch eine Spannung von 5% zwischen Berlin, Leipzig, Österreich einerseits und dem übrigen Buchhandel andererseits aufrecht erhalten werden, welche sich wenigstens bezüglich Berlin und Leipzig durch die Spesenersparnis an diesen Orten rechtfertigen läßt. Außerdem sollte in den Kreis der Erörterungen gezogen werden, daß allgemein kein Rabatt gegeben würde auf Schulbücher, auf Journale, auf auswärtige Literatur und auf Beträge unter einem Minimalbetrage von vielleicht 20 Mk. wie in Österreich...

Wenn es sich nun fragt, welche Mittel zur Durchführung veränderter Verkaufsbestimmungen uns zu Gebote stehen, so erwähne ich die Möglichkeit von Eingaben der Orts- und Kreisvereine an die Handelskammern und an die Ministerien ihrer Länder zum Zwecke der Einwirkung auf die obersten

---

1) Auch im Original gesperrt.

Landesbehörden. Damit Hand in Hand könnten persönliche Vorstellungen des Börsenvereins=Vorstandes bei den verschiedenen Landes= und Reichsministerien gehen, sofern solche von den betreffenden Vereinen gewünscht werden. Bei einer früheren Gelegenheit hat man aufklärende Artikel in der Presse verbreitet, von welchem Wege ich aber abraten möchte. Es bleibt ein anscheinend sehr geringfügiges aber, wie andere Erwerbszweige zeigen, doch durchschlagendes Mittel, nämlich die Anbringung von Schildern: Feste Preise! Würden die Kollegen in einer Stadt sich entschließen, von einem gegebenen Tage an diese Schilder anzubringen, so würden vermutlich die Rabattbegehren des Publikums immer seltener werden und auch die Behörden einsehen, daß es eine Ungerechtigkeit ist, von einem Gewerbetreibenden, welcher dem Mittelstande angehört, einen nicht unwesentlichen Teil seines Gewinnes in Form von Rabatt zu beanspruchen, während sie doch wohl Anstand nehmen würden, vom Bäcker $^{13}/_{12}$ Exemplare[1]) oder von einem anderen Angehörigen des Mittelstandes Rabatt zu Gunsten der Allgemeinheit in Anspruch zu nehmen.

Allerdings wäre es nötig, daß Vorstand und Vereins=ausschuß noch in wirksamerer Weise als bisher durch die Mitglieder des Börsenvereins unterstützt würden durch Denunziation desjenigen Kollegen, welcher die Allgemeinheit durch Preisunterbietungen schädigt. Es müßte merkwürdig sein, wenn es uns mit der neuerdings verschärften Verlegererklärung nicht gelingen sollte, Schleudereien wie die bei der neuen Handelshochschule in Köln und ähnliche unehrenhafte Konkurrenz aus der Welt zu schaffen. Auch bietet uns eine Reichsgerichtsentscheidung, welche in diesem Monat erflossen ist und sich mit der Handlungsweise „gegen die guten Sitten" beschäftigt, sowie das Gesetz gegen den unlauteren Wettbewerb Handhaben, welche nur zielbewußt benutzt werden müssen.

Freilich dürfen unsere Erwartungen nicht so hoch gespannt werden, als wenn es uns gelingen könnte, jede Umgehung zu verhindern. Es wird immer noch manche geben,

---

1) Das Beispiel ist recht unglücklich gewählt; denn dergleichen kommt in der Tat bei den Bäckern an vielen Orten vor, sogar in Leipzig.

die ihre unlautere Handlungsweise mit einem Versehen ent-
schuldigen, wenn sie gefaßt werden, während sie vorher so
lange sündigen, bis dies eintritt. Es wird immer noch
einen Teil des Publikums geben, welcher durch einen „Freund
im Buchhandel" Rabatt bezieht, und es ist schließlich nicht
außer acht zu lassen, daß Gesellschaften, Vereine und
Behörden auf den Gedanken kommen könnten, die
Gewerbefreiheit dazu zu benutzen, um selbst Buchhandlungen zu begründen, welche ihnen den Bezug
zum vollen Verlegerrabatt ermöglichen würden.
Es muß also auf jeden Fall mit Klugheit und Vorsicht
vorgegangen und vermieden werden, den Bogen zu straff
zu spannen.

Daß auch Gegenströmungen innerhalb buchhändlerischer
Kreise existieren, ist uns allen bekannt. Es gibt Verlags-
handlungen, welche das Versagen von Rabatt direkt als eine
Schädigung ihrer Interessen ansehen, da das Publikum um
so viel weniger Bücher beziehen werde, als diese Rabatt-
differenz betrage.

In ähnlicher Weise äußern sich die Bibliothekare, und
endlich haben wir es mit dem gegenwärtigen Rabatt in
Berlin und Leipzig mit alteingewurzelten Gewohnheiten zu
tun, von denen abzulassen weder der eine noch der andere
Verein sofort bereit sein wird...

Weder diese Gegenströmungen noch die in einer Neu-
regelung der Verkaufsbestimmungen überhaupt liegenden
Schwierigkeiten dürfen uns meiner Ansicht nach abhalten,
die bessernde Hand anzulegen zum Wohle nicht nur des
Sortimentsbuchhandels sondern des Gesamtbuchhandels. Finden
wir darin die Unterstützung aller ehrenwerten Kollegen, so
bin ich überzeugt, daß eine wesentliche Besserung eintreten
kann. Soweit Vorstand und Vereinsausschuß in Betracht
kommen, kann auf ein schnelles Reagieren, auf ein kräftiges
Zufassen, da wo es not ist, und auf ein mildes und ver-
ständnisvolles Beurteilen schwieriger örtlicher Verhältnisse
gerechnet werden."

Auf den ersten Versuch wird es nicht ganz leicht
sein, sich in dem Gedankengang dieser nach mehr als einer
Richtung merkwürdigen Rede zurechtzufinden. Obgleich

es den Sortimentern allem Anscheine nach nicht so schlecht geht, da auffallend wenig Konkurse bei ihnen vorkommen und sie noch „ohne Not" 5, 10 und mehr Prozent Rabatt an das Publikum „abgeben", wird dennoch ihre Begehrlichkeit aufgestachelt; es wird ihnen auf Grund einer mehr als gewagten Berechnung das verführerische Bild einer völligen Abschaffung des Kundenrabatts und hinter ihm ein realer Gewinn von sechs Millionen Mark vor die Augen gerückt.

Dergleichen hatten aber die Sortimenter gar nicht verlangt. Sie waren mit der von den meisten Vereinen angenommenen Norm von 5% Kundenrabatt vollkommen zufrieden. Was sie wünschten, war die Beseitigung der Ausnahmestellung von Berlin und Leipzig, wo noch 10% Rabatt an das Publikum gewährt werden durften, weil sie fürchteten, daß die rationell arbeitenden Sortimente dieser beiden Großstädte trotz des Verbots nach ihren eigenen Bezirken zu den ihnen zu Hause erlaubten Rabattsätzen liefern könnten. „Gleiches Recht für alle!" war ihr Schlagwort, Vereinheitlichung des Rabattsatzes von 5% für das ganze Verkehrsgebiet des deutschen Buchhandels ihr Begehr.

Das haben auch die beiden Referenten aus dem Stande der Sortimenter, die nach dem ersten Vorsteher des Börsenvereins ihre Berichte erstatteten, übereinstimmend ausgeführt. „Referent ist der Meinung", so sagte der eine, Herr Seippel aus Hamburg, wörtlich, „daß die Verhältnisse im deutschen Buchhandel sehr wohl einen Nachlaß bis zu 5% von den Ladenpreisen ermöglichen." Und der andere, Herr Meinardus aus Koblenz, führte aus: „Die fortwährenden öffent=

lichen Rabattanerbietungen seitens anderer kaufmännischer Branchen lassen das Rabattgelüste bei dem Publikum nicht einschlafen. Es ist das ein Zug der Zeit, und das Publikum will sein Opfer haben. Gewähren wir ihm dieses für uns erschwingliche Opfer von 5%; es wird sich damit zufrieden geben." Die beiden andern Vertreter der Sortimenter schlossen sich in der Debatte durchaus dieser Auffassung an.

Aber warum sollten diese „Sortimenter aus der Provinz" das Geschenk, das ihnen die Geberlaune des Börsenvereins-Vorstandes auf Kosten der Bücherkonsumenten anbot, nicht auch annehmen? Freilich verzweifelt auch Brockhaus an der Möglichkeit, sofort allen Kundenrabatt zu beseitigen; er will sich zunächst damit zufrieden geben, wenn er allgemein um 5% herabgedrückt wird, so daß er da, wo er bis dahin 10% betragen hatte, auf 5% gebracht, in allen anderen Fällen aber völlig beseitigt würde. Nun genossen einen 10%igen Rabatt bis dahin, außer Leipzig, Berlin und ganz Österreich, in mindestens 15 Vereinsbezirken die Behörden und Bibliotheken, namentlich die Universitätsbibliotheken. Mit Beziehung auf diese im einzelnen vielfach divergierenden „Ausnahmebestimmungen" hatte der Vorstand des Verbands der Orts- und Kreisvereine unterm 9. August 1901 ein Rundschreiben an die einzelnen Vereine gerichtet, in welchem diesen folgende vier Fragen vorgelegt worden waren:

1. Ist es a) wünschenswert, b) möglich, die Ausnahmebestimmungen Ihres besonderen Kreisvereins zu beseitigen?

2. Welche Vorschläge zur Beseitigung der jetzt noch geltenden Ausnahmebestimmungen haben Sie zu machen?

3. Halten Sie es für wünschenswert, daß der Vorstand des Börsenvereins seine Genehmigung solchen Verkaufsbestimmungen versagen möge, welche Ausnahmebestimmungen wie die des österreichisch-ungarischen Buchhändler-Vereins enthalten?

4. Halten Sie es für zweckmäßig, wenn der Vorstand des Börsenvereins sich in direkten Eingaben gleichzeitig und einheitlich an sämtliche Ministerien der Bundesstaaten wendet, mit dem Ersuchen, „zum Schutze des Mittelstandes"[1]) auf den den Behörden bisher gewährten Ausnahmerabatt zu verzichten?

Auf diese Rundfragen waren, wie der Vorsitzende des Verbandes der Orts- und Kreisvereine in der Sitzung berichtete, von 30 Vereinen Antworten eingelaufen. Von diesen versicherten 11, in ihren Bezirken überhaupt keine Ausnahmebestimmungen zu haben; die andern 19 hatten mit Ausnahme von Berlin und Leipzig die Beseitigung für wünschenswert erklärt; die meisten hielten sie auch für möglich, ausgenommen Berlin, Leipzig und München.

Zur Frage 2 hatten drei Vereine Eingaben an die Behörden und drei weitere die völlige Abschaffung allen Kundenrabatts vorgeschlagen.

Über Punkt 3 waren die Meinungen geteilt. Die österreichischen Buchhändler gewähren an Bibliotheken und an Private bei einer Kaufsumme von 100 Kr. an 10%, sonst aber 5% Kundenrabatt. Auf die Frage, ob solchen Verkaufsbestimmungen die Genehmigung des Börsenvereins zu versagen sei, hatten Lübeck und Leipzig mit Nein geantwortet; vier Vereine hatten sich des Votums enthalten, und die übrigen hatten sie bejaht.

Auf die vierte Frage, ob man für zweckmäßig halte,

---

1) Diese vier Worte stehen auch im Original zwischen Anführungszeichen

daß der Börsenvereins=Vorstand sich mit direkten Ein=
gaben an die Ministerien wende, waren sehr merkwürdige
Antworten eingelaufen. Aus Ost= und Westpreußen, dem
Nordseegebiet und Braunschweig waren Mahnungen zur
Vorsicht gekommen; der württembergische Buchhändlerverein
hatte geschrieben: „Nicht in Württemberg!", der badisch=
pfälzische Verband: „Nicht in Baden!" Auch die Sachsen
„wünschten absolut nicht, daß man sich mit einer Eingabe
an das Ministerium wende, weil die sächsischen Behörden
schon so wie so keinen Ausnahmerabatt bekämen". Man
darf sich über diese Haltung nicht wundern: bei einer
früheren Gelegenheit hatte der Vorstand des Börsen=
vereins eine ähnliche Eingabe drucken lassen und an die
Ministerien versandt. Die Wirkung schildert der Kreis=
verein mecklenburgischer Buchhändler mit folgenden Worten:
„Hier im Lande waren von seiten öffentlicher Bibliotheken
keinerlei Forderungen von Rabatt an die Buchhandlungen
gestellt worden, bis zu dem Zeitpunkt, als der Börsen=
verein, ohne vorher Fühlung mit unserm Kreisverein zu
nehmen, ein Anschreiben an das mecklenburgische Finanz=
ministerium richtete, welches Schreiben für uns zur Folge
hatte, daß der Rabatt von 5% zwangsweise hier ein=
geführt wurde. Diese unangenehme Erfahrung zwingt
uns, den dringenden Wunsch auszusprechen, der Börsen=
verein möge in Zukunft die Behörden unseres Landes
mit Anschreiben dieser Art ohne unsere Mitwirkung ver=
schonen."

Es verlohnt nicht, auf den weiteren Inhalt des
Berichtes einzugehen. Nur eine kleine Episode[1]), die sich

---

1) a. a. O., S. 38 f.

auch auf Punkt 4 bezieht, verdient wörtlich aus dem Stenogramm ausgehoben zu werden:

Berichterstatter B. Hartmann (Elberfeld): „Merkwürdig ist es, meine Herren, zweimal kommt es wieder vor, daß Vereine den Wunsch ausdrücken, es möchten in die Eingabe die von uns in Gänsefüßchen angeführten vier Worte: »zum Schutze des Mittelstandes« nicht aufgenommen werden. Der eine Verein ist der Ortsverein in Elberfeld-Barmen, der meint, man hätte doch die Pflicht, seinen Beruf nicht bloß als einen Durchschnittsberuf, als einen mittelständigen zu betrachten; der wäre ein viel höherer. Der andere Verein ist der Provinzialverein der schlesischen Buchhändler, der in seiner Beantwortung die Beanstandung des Wortes Mittelstand nicht motiviert. Ich betone das ausdrücklich, weil von Herrn Brockhaus in seiner Rede Wert darauf gelegt ist, daß in der Eingabe an die Ministerien (Brockhaus: »Nur gegenüber den sächsischen Ministern!«) diesen Worten: »zum Schutze des Mittelstandes« Ausdruck gegeben wird. Ich glaube, das ist nicht bloß gegenüber den sächsischen Ministern der Fall, sondern wird für eine ganze Reihe von Ministern von großer Wichtigkeit sein. Ich betone das, weil ich mich für verpflichtet halte, hier die betreffenden Vereine — selbst gegen meine persönliche Ansicht — zu Worte kommen zu lassen."

Aus den weiteren Verhandlungen wäre nur noch zu erwähnen, daß eine längere Aussprache über die Sonderstellung Berlins und Leipzigs stattfand. In beiden Städten schien zunächst wenig Geneigtheit zu sein, auf den Rabatt von 10% zu verzichten, ja es wurde von beiden Berliner Sachverständigen betont, daß doch auch in den Provinzen sehr viel häufiger 10% gegeben würden, als man zugeben wolle. Einer fügte hinzu, daß in Berlin „eine ganze Masse Buchhändler ganz ruhig 15% gäben". Es seien das hauptsächlich Handlungen, die auf Studentenkundschaft angewiesen seien. Darauf wurde der Vereinsausschuß beauftragt, ein Gutachten über die ganze Frage zu erstatten.

Auch dieses Gutachten liegt mir vor. Es ist erstaunlich inhaltsarm und bewegt sich fast nur in Allgemeinheiten; aber es kommt zu dem Schlusse, „dem Börsenvereins=Vorstand sei anheim zu geben, daß er seine Tätigkeit in der Rabattangelegenheit vor der Hand richten möge

1. auf Berlin und Leipzig, um dort einen gangbaren Weg vorzubereiten,

2. auf alle übrigen Vereine und Städte, wo Ausnahmebestimmungen vorhanden sind,

3. auf Unterhandlungen — schriftlich oder mündlich — jedoch nur im Einverständnis mit den betr. Kreis= und Ortsvereinen."

In den nächsten Monaten machte sich eine lebhafte Bewegung in den Orts= und Kreisvereinen geltend, wesentlich gefördert durch Agitationsreisen, die der Leiter des Börsenvereins=Vorstandes machte. Auf einer Versammlung zu Köln beschloß in seinem Beisein der Kreisverein der rheinisch=westfälischen Buchhändler, am 1. April 1902 alle Ausnahmebestimmungen über Gewährung eines höheren Rabatts an Bibliotheken und Behörden aufzuheben und jeden Übertreter mit schweren Strafen zu bedrohen.[1]) Am 16. März faßten der Verein Dresdner Buchhändler und der Buchhändler=Verband für das Königreich Sachsen den Beschluß: „Vom 1. Juli 1902, bez. 1. Januar 1903 an darf an Private auf Bücher, Zeitschriften oder andere Artikel des Buchhandels keinerlei

---

1) Börsenbl. 1902, S. 1309.

8*

Rabatt oder Skonto gewährt werden."[1] An demselben Tage beschloß der Kreis Norden und der Hamburg-Altonaer Buchhändlerverein, an Private künftig nur noch bei Verkäufen von 5 Mark an aufwärts einen Skonto von 2%, an Behörden und Bibliotheken 5% zu gewähren.[2] „Es weht ein frischer Wind durch den Wald des deutschen Buchhandels" — konnte man im Börsenblatt vom 4. März 1902 lesen — „und weckt die Ahnung, daß man sich einmal wieder aufraffen wolle zu neuem Ringen und Kämpfen ... Scharf geprägt muß die Parole für die neue Ära lauten: Fort mit dem Rabatt allerwärts! Fort mit den Reservatrechten; ein einheitlich ausnahmslos Gesetz bestehe für Süd und Nord, in Ost und West!"

In diesen Jubel fiel ein bitterer Tropfen durch den Jahresbericht des Vereins der Buchhändler zu Leipzig für 1901.[3] Mit aller Entschiedenheit wurde hier der Standpunkt vertreten, daß man in Leipzig bei aller Treue gegen die Satzungen des Börsenvereins sich das Recht der eigenen Meinung wahre:

„Wenn die Verkaufsbestimmungen unseres Vereins einen Kundenrabatt von 10% zulassen, so ist das an und für sich eine rein innere Angelegenheit unseres Vereins. Da nach auswärts nur mit dem am Empfangsorte üblichen Rabatt geliefert werden darf, so kann niemand außerhalb Leipzigs durch die in Leipzig gültigen Verkaufsbestimmungen benachteiligt werden. Die Strafbestimmungen

---

1) Börsenbl. 1902, S. 2449 f.
2) Börsenbl. 1902, S. 2633.
3) Bericht über das Vereinsjahr 1901, der ordentlichen Hauptversammlung des Vereins der Buchhändler zu Leipzig am 28. Januar 1902 erstattet vom Vorsteher Hermann Credner. Auch abgedruckt im Börsenbl. 1902, Nr. 41.

des Börsenvereins würden im stande sein, die geschäftliche Existenz des dagegen Verstoßenden zu vernichten."

Und nun folgte eine Erörterung der ganzen Frage von einer Gedankenschärfe und einer Weite der geschäftlichen Gesichtspunkte, wie sie seit Jahren in buchhändlerischen Interessentenkreisen nicht mehr vernommen worden war. Da wurde von einem der besten Kenner des deutschen Buchhandelsbetriebs die ganze ökonomische Rückständigkeit des Sortimentswesens mit schneidenden Worten dargelegt, gezeigt, wie die vielen kleinen Betriebe den leistungsfähigen Unternehmungen die Lebenskraft rauben, wie das Sortiment wegen seiner Unzulänglichkeit durch den Reisebuchhandel aus den lohnendsten Gebieten des Vertriebs schon heute ausgeschaltet ist, wie es zum Erfolge gerade der kostspieligsten Verlagsunternehmungen nur in sehr geringem Maße beiträgt. Der jetzt diesem Sortiment zugedachte Mehrverdienst sei gleichbedeutend mit einem Verluste des Verlags von annähernd gleicher Höhe, der durch Verminderung des Konsums herbeigeführt würde. Immer dringender mache sich die Notwendigkeit eines schöpferischen Vorgehens geltend an Stelle von nur den augenblicklichen Notstand ins Auge fassenden Versuchen, den gegenwärtigen Verhältnissen nicht mehr gewachsene Einrichtungen aufrecht zu erhalten. „Es müssen neue Wege begangen werden, wenn die alten das Ziel nicht mehr erreichen lassen."

Einen Erfolg hatten natürlich diese Mahnungen nicht; als am 26. April 1902 die 24. ordentliche Abgeordnetenversammlung des Verbandes der Kreis= und Ortsvereine in Leipzig zusammentrat, stand es bereits fest, daß Aufhebung des gewöhnlichen Kundenrabatts unter Belassung eines „Skonto" von 2% und Herabsetzung des Rabatts für Bibliotheken und Behörden auf 5% beschlossen werden würde.[1]) Unter dem Eindruck dieser Stimmung hatte acht Tage vorher Berlin beschlossen, den Rabatt für Privatkunden auf 5 und den für Bibliotheken auf 10% herabzusetzen. Am 22. September folgte diesem Vorgehen der Verein der Buchhändler zu Leipzig mit ähnlichen Beschlüssen. Nachdem die meisten Orts= und Kreisvereine ihre Verkaufsbestimmungen entsprechend den neuen Normen geändert hatten, konnte sie der Vorstand des Börsen= vereins zum erstenmal am 21. November 1902 im Börsenblatt veröffentlichen. Die Bekanntmachung wird nachstehend in der definitiven Form wiedergegeben, die sie erst gewonnen hat, als alle Vereine ihre Beschlüsse gefaßt hatten.[2])

„Wir haben die Freude, den Mitgliedern des Börsen= vereins hierdurch mitteilen zu können, daß im ganzen Deutschen Reiche neue Verkaufsbestimmungen, vom 1. Januar 1903 an (in Schlesien vom 1. Juli 1903 an), Geltung erlangt haben, deren Grundsätze die folgenden sind:

§ 1. Auf Zeitschriften, Schulbücher im Einzelverkauf und Lehrmittel, sowie auf alle Verkäufe bis zum Gesamtbetrage von 10 Mark, darf keinerlei Skonto gewährt werden, weder gegen bar, noch in Rech= nung.

Anmerkung. Im Königreich Sachsen sind »Bücher bis zu 3 Mark Ladenpreis« skontofrei; in Schlesien

---

1) Auf die endlosen Debatten über die einzelnen Vorschläge lohnt nicht einzugehen. Man findet sie im Börsenblatt für 1902, Nr. 126—128.

2) Börsenbl. 1903, Nr. 65.

»Verkäufe bis zu einem Ladenpreis von 5 Mark«; in Berlin und Leipzig »Verkäufe bis zu einem Ladenpreis von 3 Mark«; im Gebiet des Bayrischen Buchhändlervereins darf überhaupt kein Skonto gewährt werden.

§ 2. Bei Verkäufen, die nicht unter § 1 fallen, darf bei Barzahlung oder längstens halbjähriger Begleichung ein Skonto von 2% gewährt werden.

Anmerkung. In Brandenburg, Berlin und Leipzig darf bei solchen Verkäufen ein Skonto bis zu 5%, im Gebiet des Bayrischen Buchhändlervereins überhaupt kein Skonto gewährt werden.

§ 3. Ein Skonto bis zu 5% darf künftig gewährt werden an Behörden, öffentliche und Anstalts-Bibliotheken, mit Ausnahme der unter § 1 fallenden Verkäufe. Einzelne besondere Ausnahmen können übergangsweise zwischen dem Orts- und Kreisvereine und dem Vorstand des Börsenvereins vereinbart werden. Bezüge von Schulbüchern jeder Art und zu jedem Ladenpreise in Partien können an Behörden und Lehranstalten mit 5% rabattiert werden.

Anmerkung. In Brandenburg und Berlin darf an Behörden, öffentliche und Anstaltsbibliotheken, deren Rechnungen aus staatlichen oder städtischen Kassen bezahlt werden, mit Ausnahme der unter § 1 fallenden Verkäufe, mit 10% geliefert werden.

Die in Österreich-Ungarn und in der Schweiz geltenden Verkaufsbestimmungen sind noch günstiger für den Buchhandel.

Auch für Musikalien sind vom 1. Januar 1903 an neue, wesentlich vorteilhaftere, vom Verein der Deutschen Musikalienhändler beschlossene Verkaufsbestimmungen in Kraft getreten.

Alle Verkaufsbestimmungen, welche von Orts= und Kreisvereinen beschlossen worden sind, sind bei Verkäufen in und nach den genannten Gebieten einzuhalten (Satzungen § 3, Ziffer 5).

So ist denn durch das einmütige Zusammenwirken aller Beteiligten ein hocherfreulicher Erfolg unserer gemeinsamen Bestrebungen zur Hebung der wirtschaftlichen Lage und dadurch mittelbar auch zur Förderung der dem Sortimentsbuchhandel obliegenden Kulturaufgaben zu verzeichnen.

Von der Ehrenhaftigkeit aller Buchhändler erwarten wir volle Unterstützung unserer, auf unbedingte Aufrechterhaltung dieser Bestimmungen gerichteten Bemühungen. Bei der Durchsichtigkeit und Klarheit der neuen Verkaufsbestimmungen dürfen wir hoffen, daß Irrtümer und Verstöße gegen sie immer seltener vorkommen werden."

So war diese von dem ersten Vorsteher des Börsenvereins mit unermüdlicher Agitation betriebene Herabsetzung, bez. Beseitigung des Kundenrabatts wenigstens auf dem Papier durchgebracht. Alles war in größter Heimlichkeit ins Werk gesetzt worden; der Vorstand hatte den an ihn ergangenen Aufforderungen, es möchte „eine den Bücherkäufern die Notwendigkeit der beabsichtigten Einschränkungen des Kundenrabatts darlegende Ansprache veröffentlicht" und durch die Sortimenter an das Publikum verteilt werden[1]), entschieden widerstanden. Was hätte denn aber auch zur Begründung einer solchen Ansprache gesagt werden können? Hatten doch die gewichtigsten Vertreter des Provinzial=Sortiments erklärt (vgl. S. 110 f.),

---

1) Bezeichnend den Aufsatz von Th. Ackermann im Börsenbl. 1902, Nr. 138 mit einer redaktionellen Anmerkung.

daß sie bei den seitherigen 5% Rabatt wohl bestehen könnten; war doch so und so oft in den Buchhändler= Zeitschriften ausgeführt worden, daß die Leipziger und Berliner Handlungen, weil sie ohne Kommissionsspesen arbeiten, mit Leichtigkeit 10 % zu ertragen vermöchten. „Der seitherige Leipziger Rabattzustand im Verkehr mit dem Publikum war wohl geordnet und konnte als gesund bezeichnet werden", heißt es noch im Jahresbericht des Vereins der Buchhändler zu Leipzig für 1902 (S. 10). Lediglich damit der kleine Sortimenter draußen im Reiche von Stallupönen bis Friedrichshafen sein schläfriges Dasein ohne Besorgnis vor fremder Konkurrenz weiter führen könne, hatte eine $2\frac{1}{3}$ Millionen betragende Be= völkerung zweier Großstädte sich eine Erhöhung der Bücherpreise um $5\frac{1}{2}$ % gefallen zu lassen, wie dem ge= samten deutschen Volke eine Steuer von mehreren Millionen zu Gunsten eines einzelnen Standes auferlegt werden sollte, dessen Mitglieder gegen die Annahme protestierten, daß sie zum Mittelstande gehörten.

Das Publikum mußte überrumpelt werden, damit eine Abwehr der drohenden Maßregel, eine Alarmierung der öffentlichen Meinung in der Presse ausgeschlossen wäre. Es bleibt leider nichts übrig, als diese Tatsache festzustellen. Nur aus ihr erklärt es sich, daß mehrere Vereine schon im Laufe des Jahres 1902 (Berlin z. B. am 1. Juli) mit der Einführung der neuen Bezugs= bedingungen vorgegangen sind, während andere den 1. Januar 1903 abwarteten und die Sortimenter Schle= siens die Sache auf den 1. Juli 1903 verschoben. In Leipzig haben einzelne Sortimentsgeschäfte bis heute nicht den Mut gefunden, ihren Kunden Mitteilung von der eingetretenen Veränderung zu machen; die andern legten ihren Ansichtssendungen eine kurze gedruckte Mitteilung bei, die sicher von vielen Empfängern gar nicht gelesen oder nicht verstanden worden ist.

Unter diesen Umständen rückt eine Maßregel, welche s. Z. in den beteiligten Kreisen das peinlichste Befremden erregt hat, in eine sehr eigentümliche Beleuchtung: die Sperrung des Börsenblatts gegenüber den Bibliotheken, welche es seither mit (und z. T. auch ohne) Genehmigung des Börsenvereins-Vorstandes bezogen hatten. Die noch im Dezember 1901 verhängte Maßregel hatte angeblich den Zweck, den sämtlichen Nichtbuchhändlern es unmöglich zu machen, die Bezugsbedingungen der Sortimenter zu erfahren, weil darin ein fortgesetzter Anreiz liege, Rabatt zu verlangen. Kein Geschäftsmann — so führte der Vorstand des Börsenvereins in einem Antwortschreiben an den Verein deutscher Bibliothekare aus — gebe seine Einkaufspreise dem Publikum preis; das seien Geschäftsgeheimnisse. Nun sind die Großhandelspreise von Kaffee und Zucker, Reis und Petroleum und zahllosen andern im Kleinhandel befindlichen Waren alle Tage in den Börsentelegrammen der Zeitungen zu lesen, und über die Höhe des gewöhnlichen Buchhändlerrabatts kann sich jeder, dem daran liegt, aus der für jedermann käuflichen buchhändlerischen Fachliteratur genau unterrichten. Dennoch ist Wochen und Monate lang unter diesem Gesichtspunkte die Frage (u. a. auch von einem Mitgliede des Vorstandes des Börsenvereins) im Börsenblatt besprochen worden.[1]

---

1) Der künftige Kulturhistoriker wird die betreffenden Artikel als wertvolle Quelle für die Erkenntnis des „öffentlichen Geistes"

Aber die Sperre hatte nicht diesen Grund. Sie war von dem Vorsitzenden des Verbandes der Orts= und Kreisvereine in der Sitzung des Vereinsausschusses vom 5. September 1901 angeregt worden, eingestandenermaßen zu dem Zwecke, daß die Bibliotheken von dem geplanten Vorgehen in der Rabattfrage nicht Kenntnis nehmen könnten.[1])

unter den Erwerbsständen am Anfang des 20. Jahrhunderts benutzen können; aber vielleicht ist es gestattet, schon hier aus einer ganzen Blütenlese folgendes Pröbchen anmerkungsweise mitzuteilen: „Es muß doch ein Unterschied gemacht werden zwischen einer Bibliothek als Käufer und einem Privatmann als Käufer. Eine Bibliothek hat die Pflicht, für einen bestimmten jährlichen Betrag Bücher und Zeitschriften anzuschaffen; diese Anschaffungen werden auf allgemeine Kosten sämtlicher Steuerzahler gemacht. Welchen Anlaß wir da haben, besondere Rücksichten gegenüber dem Bibliotheksvorstand zu nehmen, der eine von seiner vorgesetzten Behörde vorgeschriebene Pflicht erfüllt, kann ich nicht einsehen. Ganz anders würde die Sache z. B. bei einem Privatkäufer liegen. Wenn meinetwegen Herr Rockefeller und Herr Carnegie oder sonst ein reicher Privatmann eine größere Summe zum Ankauf von Bibliotheken nur unter der bestimmten Bedingung hergeben würde, daß er oder die von ihm beauftragten Personen auch in die Lage gesetzt würden, das sonst geheime Organ der liefernden Buchhändler zu lesen, und im entgegengesetzten Fall drohen würde, von jeder größeren Anschaffung Abstand zu nehmen, so dürfte das wohl ein triftiger Grund sein, um von der Geheimhaltung Abstand zu nehmen, da in diesem Falle die Allgemeinheit der Buchhändler Schaden erleiden würde. Ganz anders liegt die Sache gegenwärtig: alle in Betracht kommenden Bibliotheken müssen für den ihnen zur Verfügung stehenden Betrag Bücher kaufen; es steht ihnen nur vollkommen frei, diese dort zu kaufen, wo es ihnen beliebt. Und wenn heute der Börsenverein den Bibliotheken sein Organ entzieht, so kann in keinem Falle irgend eine allgemeine Schädigung entstehen." So zu lesen im Börsenbl. von 1903, S. 1556 f. Unterzeichnet ist: Hugo Bloch i. Fa. S. Calvary & Co.

1) Es geht dies unwiderleglich aus dem Protokoll hervor: „Warenhausfrage und Kundenrabattfrage", S. 58 f. — Über die

Zwei Teilnehmer der Versammlung hatten sofort wider=
sprochen, weil sie meinten, daß „die Bibliotheken das
Börsenblatt brauchen", und auch der erste Vorsteher des
Börsenvereins hielt damals „ein Rütteln an den bis=
herigen Bestimmungen über die Ausgabe des Börsen=
blattes nicht für opportun", versprach aber, daß der Vor=
stand die Sache in Erwägung ziehen werde. Diese Er=
wägung führte zu dem Beschlusse, „die Geheimhaltung
des Börsenblattes durchzuführen".

Der Widerspruch, den die Bibliotheksverwaltungen
diesem Vorgehen entgegensetzten, führte zu längeren Ver=
handlungen, zunächst zwischen den Vorständen des Börsen=
und des Bibliothekarvereins; später haben auch der Präsi=
dent des Reichsgerichts und der Rektor der Universität
Leipzig beim Vorstand des Börsenvereins zu Gunsten
der beiderseitigen Bibliotheken Schritte getan, und schließ=
lich hat das Reichsjustizamt Veranlassung genommen, sich
mit der Frage zu beschäftigen, ob die durch § 57 des Ur=
heberrechtsgesetzes vorgeschriebenen öffentlichen Bekannt=
machungen noch ferner in dem der allgemeinen Benutzung
entzogenen Börsenblatt erfolgen könnten. Wie dieselben
ausfielen, ergibt sich aus folgender im Reichsgesetzblatt
(1903, S. 211) erlassenen

Bekanntmachung, betreffend die vom Stadtrate
zu Leipzig geführte Eintragsrolle.

Auf Grund des § 57 Abf. 2 und des § 64 des
Gesetzes, betreffend das Urheberrecht an Werken der Lite=

Verhandlungen der Frage in der Jahresversammlung des Vereins
deutscher Bibliothekare vgl. Centralblatt für Bibliothekswesen XIX
(1902), S. 410 f. Endlich hat der Vorstand des Börsenvereins ein
in dieser Angelegenheit an die Kreis= und Ortsvereine erlassenes

ratur und der Tonkunst, vom 19. Juni 1901 (Reichs=
gesetzblatt S. 227), sowie des § 16 des Gesetzes, betref=
fend das Urheberrecht an Werken der bildenden Künste,
vom 9. Januar 1876 (Reichsgesetzblatt S. 4) bestimme
ich Folgendes:

Eintragungen in die vom Stadtrate zu Leip=
zig geführte Eintragsrolle werden fortan im
Deutschen Reichsanzeiger öffentlich bekannt ge=
macht.

Berlin, 28. April 1903.

Der Reichskanzler: J. V. Nieberding.

Ob der Schlag, der damit der buchhändlerischen
Vorortstellung Leipzigs durch Verschulden des Börsen=
vereins=Vorstandes zugefügt war, zur Besonnenheit mahnte,
ob die eindringlichen Vorstellungen hervorragender Ver=
treter des Buchhandels Eindruck gemacht hatten, der
Vorstand lenkte ein, und auf der Cantateversammlung des
Jahres 1903 wurde beschlossen, „den Bezug des Börsen=
blatts in einzelnen Fällen solchen Nichtbuchhändlern zu
gestatten, welche sich dem Vorstand gegenüber verpflichten
würden, das Börsenblatt nur für die eigene Verwaltung
zu benutzen und es nur in Ausnahmefällen einzelnen
Personen mitzuteilen, welche es für wissenschaftliche oder
amtliche Zwecke gebrauchen, allen andern Nichtbuchhänd=
lern gegenüber unbedingt geheim zu halten." Daß der
Vorstand eine Maßnahme fallen ließ, für die er in der
entschiedensten Weise sich eingesetzt hatte, braucht nicht

Schreiben, sowie eine darauf bezügliche Sammlung von Aktenstücken
drucken lassen unter dem Titel: „Der Schutz des Ladenpreises. Ver=
trauliches Rundschreiben an die Herren Vorstände der Kreis= und
Ortsvereine. 15. März 1903." 8°. 72 Seiten.

wunderzunehmen: die Sperre hatte ihre Schuldigkeit getan, nachdem neue Vorschriften über die Herabminderung des Kundenrabatts überall in Kraft getreten waren. Dennoch bedeutete der Ausgang für ihn eine empfindliche Niederlage. Er hatte die Aufhebung der Sperre den Bibliotheksvorständen gegenüber benutzen wollen, um von ihnen für diese Konzession einen Verzicht auf den an vielen Orten ihnen noch zustehenden Ausnahmerabatt einzutauschen.[1]) Dieser Versuch ist an der Festigkeit des Vorstandes des Vereins deutscher Bibliothekare gescheitert, der es ablehnte, sich in Verhandlungen über die Rabatt-

---

1) Dies ergibt sich aus folgender Frage in dem Schreiben vom 15. März an die Kreis- und Ortsvereine (a. a. O., S. 12): „Erscheint es angezeigt, dem Vorstand des Börsenvereins anheim zu geben, um ein Abbröckeln der neuerdings errungenen Vorteile im Behördenverkehr und auch im Ladenverkehr zu verhindern, in einzelnen Fällen solchen Nichtbuchhändlern den Bezug des Börsenblattes zu genehmigen, welche sich verpflichten, sich von einem festzusetzenden Zeitpunkt an mit dem unter 2 genannten Rabatt (außerhalb Leipzigs, Berlins und Österreichs 5 %) zu begnügen?" — Wie sich übrigens der Vorstand des B.-V. das gegenseitige Verhältnis zwischen dem Börsenverein und den Oberbibliothekaren der Universitäts- und anderer großer Bibliotheken denkt, geht aus folgender Stelle eines Briefes an den Oberbibliothekar Dr. Schnorr von Carolsfeld in München hervor: „Gestatten Sie mir für unser gegenseitiges Verhältnis ein Gleichnis zu gebrauchen: Ein Schloßherr hat bis auf Widerruf dem Publikum gestattet, sich in seinem Park ergehen zu dürfen. Aus irgend welchen Gründen zieht er diese Erlaubnis zurück. Ich habe bisher noch nicht gehört, daß ihm diese (so!) in einem öffentlichen Blatte als Rücksichtslosigkeit gegenüber einem ihm freundlich gesinnten Stande ausgelegt worden wäre." (a. a. O., S. 57.) — Bei der Statutenrevision von 1887 hatte der Vertreter einer der ersten Firmen, Herr Dr. E. Brockhaus, schon an der Bestimmung Anstoß genommen, daß das Börsenblatt Nichtmitgliedern des B.-V. nur ausnahmsweise mit Genehmigung des Vorstandes zugänglich sein

frage im Zusammenhang mit dem Börsenblatte einzu-
lassen.

Es wird für praktische Zwecke nützlich sein, zum
Schlusse dieses Abschnittes noch nach einer Zusammenstellung des Vorstandes des Börsenvereins die von diesem
genehmigten Ausnahme-Rabatte für eine Reihe deutscher
Bibliotheken abdrucken zu lassen.

Genehmigte Ausnahmebestimmungen für öffentliche
und Anstaltsbibliotheken.

Es existieren:	Österreich	Schweiz	Deutsches Reich	Im Deutschen Reiche genehmigte Ausnahme-bestimmungen (excl. Berlin und Leipzig).
38 Universitätsbibliotheken...........	10	6	22	9
131 andere Staatsbibliotheken.........	35	11	85	5
54 andere öffentliche Bibliotheken	4	5	45	4
27 Anstaltsbibliotheken..............	19	2	6	0
250 Bibliotheken..................	68	24	158	18

Genehmigt wurden:		Zeit-schriften	neue deutsche Bücher
Berlin.	Öffentliche Anstaltsbibliotheken...	0 %	10 %
	Magistrat..................	5 %	10 %
Bonn.	Universitätsbibliothek..........	5 %	10 %
Frankfurt a. M.	Volksbibliothek...............	0 %	10 %
	Rothschildsche öffentliche Bibliothek	0 %	10 %
Freiburg i. Br.	Universitätsbibliothek..........	0 %	10 %
Gotha.	Herzogl. Bibliothek: mehr als 12mal erscheinende Zeitschriften ...	0 %	$7\frac{1}{2}$ %
	12mal und seltener erscheinende Zeitschriften	$7\frac{1}{2}$ %	—

sollte. Er befürchtete, was nun geschehen ist, daß ein anderes Blatt
als offizielles Publikationsorgan gewählt werden könne. Außerdem
fand er „es nicht gerecht, daß man es einem Nichtmitglied unmöglich machen will, das Börsenblatt zu lesen und zu halten, sowie
es als Insertionsorgan zu benutzen." Börsenbl. v. 1887, S. 6537.

Genehmigt wurden:		Zeit-schriften	neue deutsche Bücher
Göttingen.	Universitätsbibliothek: 12 mal und		
	öfter erscheinende Zeitschr.,		
	wenn Verlegerrabatt 25 %	5 %	—
	seltener erscheinende Zeitschr.		
	wenn Verlegerrabatt 25 %.	10 %	—
	wenn Verlegerrabatt unter 25 %	—	0 %
	wenn Verlegerrabatt 25 % ...	—	10 %
Greifswald.	Universitätsbibliothek	10 %	10 %
Halle a. S.	Universitätsbibliothek: seltener als		
	12 mal erscheinende Zeitschr.	10 %	10 %
Kiel.	Universitätsbibliothek und In-		
	stitute: mehr als 4 mal i. J. er-		
	scheinende Zeitschriften	0 %	—
	4 mal und seltener erscheinende		
	Zeitschriften	10 %	10 %
Köln.	Städtische Handelshochschule (bis		
	1. Januar 1904)	0 %	$7\frac{1}{2}$ %
Königsberg.	Universitätsbibliothek	0 %	10 %
Leipzig.	Staats- und städt. Behörden	5 %	10 %
München.	Hof- und Staatsbibliothek	0 %	—
	Werke unter 20 Mark	—	5 %
	Werke von 20—30 Mark	—	$7\frac{1}{2}$ %
	Werke über 30 Mark ..	—	10 %
	Universitätsbibliothek	do.	do.
	Technische Hochschule	do.	do.
	Bayerische Landtagsbibliothek ...	5 %	5 %
	Magistralbibliothek	5 %	5 %
Münster.	Universitätsbibliothek	5 %	10 %
Österreich-Ungarn		0 %	—
	unter 100 K.	—	5 %
	von 100 K. an	—	10 %
Weimar.	Großherzogliche Bibliothek	—	10 %

Bei einigen Behörden, öffentlichen und Anstaltsbibliotheken schweben
die Verhandlungen noch.

Hieraus ergibt sich, daß von 158 deutschen öffentlichen und
Anstaltsbibliotheken (exkl. Berlin und Leipzig) nur für 18 Biblio-

theken höherer Rabatt als auf Bücher 5%, auf Zeitschriften 0% bisher seitens der Orts= und Kreisvereine vereinbart und seitens des Vorstandes des Börsenvereins genehmigt werden mußte. (Soviel bekannt, genießen auch in Berlin und Leipzig nur 8 Bibliotheken(?) den höheren Rabatt.)

Die statistischen Angaben dieser Zusammenstellung wird man mit größter Vorsicht aufzunehmen haben. Außerdem wird im Auge behalten werden müssen, daß neben den genehmigten Ausnahmen auch eine Reihe von nicht genehmigten aus früherer Zeit fortdauert. Über diesen nähere Nachweise zu geben unterlasse ich aus leicht begreiflichen Gründen. Dagegen kann ich nicht unterlassen, auf die Willkür aufmerksam zu machen, mit der in der gleichen Stadt befindliche Bibliotheken ungleich behandelt werden. In Frankfurt a. M. z. B. erhält die Stadtbibliothek seit 1896 nur 5% Rabatt, während zwei andere Bibliotheken die Ausnahmevergünstigung von 10% genießen; der gleiche Unterschied findet sich bei den Münchener Bibliotheken, bei den Berlinern mindestens für die Zeitschriften.

VII.

Mindestrabatt oder Aufhebung des Ladenpreises?

Daß mit der Abschaffung des Kundenrabatts, wie sie jetzt für den größten Teil des deutschen Buchhandelsgebiets eingetreten und für den Rest noch geplant ist, die Sortimenter zufriedenzustellen seien, haben unter den einsichtigen Verlegern, welche die ganze seitherige Bewegung nur widerwillig mitgemacht haben, gewiß nur wenige geglaubt. Der Buchhändlerrabatt ist wie ein Tuch, dessen eines Ende der Bücherkäufer, das andere der Verleger hält, während die breite Mitte vom Sortimenter erfaßt ist. Als man an dem Zipfel der Bücherkäufer riß, da haben die Verleger kräftig mit gezogen. Nun man diesen herübergebracht zu haben glaubt, kann der Kampf um den Rest zwischen den beiden noch übrigen Parteien beginnen. Und er hat bereits begonnen, noch ehe die letzte Kundenrabattkürzung völlig in Sicherheit war.

Es geschah dies zunächst durch einen von Dresden ausgegangenen Antrag, der die Hauptversammlung des Börsenvereins im Jahre 1901 beschäftigte. Derselbe lautete in der Hauptsache dahin:

„Der Verleger ist verpflichtet, dem Sortimenter bei allen auf feste Bestellung gelieferten Werken oder Zeitschriften einen Rabatt von mindestens 25% zu gewähren."

Die Zahl der Artikel, die dem Sortimenter mit weniger als 25% Rabatt geliefert werden, ist zwar relativ nicht groß; der Unterschied zwischen ihrem und dem Viertelsrabatt wurde selbst von dem Antragsteller (Heinze aus Dresden) nur auf $1\frac{3}{4}$% berechnet, und die Gründe, welche ihn meist veranlassen, sind oft so zwingender Natur, daß dem Urheber des Antrags in der Debatte nachgewiesen werden konnte, er habe ein Adreßbuch verlegt, das er auch nicht mit 25% an den Buchhändler abgebe. Aber es ist doch außerordentlich charakteristisch für den Geist, der diese Dinge beherrscht, daß der offizielle Vertreter des Börsenvereins-Vorstandes, der den Antrag in der Hauptversammlung zu bekämpfen hatte, Wilh. Müller aus Wien, den Sortimentern allen Ernstes empfahl, in solchen Fällen, wo ihnen der vom Verleger bewilligte Rabatt ungenügend erscheine, den Käufern mehr als den Ladenpreis in Rechnung zu stellen.[1]) Wörtlich:

„Herr Heinze beruft sich hauptsächlich auf § 4a (der buchh. Verkehrsordnung), worin es heißt: »Der Ladenpreis wird von dem Verleger festgesetzt.« Das ist unter jenen Voraussetzungen geschehen, als es sich darum handelte, die Schleuderei zu bekämpfen. Da wurde gesagt: Der Verleger hat den Ladenpreis allein festzusetzen und das Recht, den Leuten zu untersagen, unter dem Ladenpreis Bücher anzubieten; aber immer nur in dem Sinne, daß der Preis nicht unterboten würde. Ich bin fest überzeugt, niemand, insbesondere kein Verleger, hat daran gedacht, es sei einem Sortimenter verboten „hinaufzuschleudern“, nämlich auf die Bücher, die ihm nicht mit genügendem Rabatt geliefert werden, einen Aufschlag zu machen... Ich weiß natürlich, was Sie sofort einwenden werden, daß das nicht in allen Fällen geht, und so ist es auch. Es geht nicht bei Schulbüchern, überhaupt bei allen Büchern, wo der Preis

---

1) Börsenbl. von 1901, Nr. 112 (S. 3976 f.).

aufgedruckt ist; aber es geht in sehr vielen Fällen... Uns fällt es in Wien nicht ein, Bücher, bei denen wir nicht 25% Rabatt haben, so zu verkaufen, wie der Verleger es vorschreibt... Wir haben ja in Österreich ein sehr bequemes Mittel, indem wir in vielen Fällen einen »Zollaufschlag« in Ansatz bringen. Das können Sie natürlich nicht; aber Sie können sich bei dem Käufer in anderer Weise rechtfertigen, indem Sie sagen: es seien da außergewöhnliche Spesen gewesen, man müsse das Porto aufschlagen 2c. Kurz und gut, es geht, die Kreisvereine brauchen nur unter sich einig zu sein."

Das ist also der „Schutz des Ladenpreises", wie ihn das Publikum unter dem neuen Regime des Börsenvereins genießt. Tatsächlich ist bei einer andern Gelegenheit konstatiert worden, daß in rheinisch-westfälischen Städten die Sortimenter durch Preisverabredungen selbst auf Schulbücher solche Aufschläge auf den Ladenpreis durchsetzen. Der Antrag Heinze ist schließlich von der Hauptversammlung abgelehnt worden, weil sie fürchtete, daß seine Annahme die Verleger zum Austritt aus dem Börsenverein veranlassen könnte. Später hat sich aber noch der Vorstand des Börsenvereins mit demselben beschäftigt und eine Umfrage veranstaltet, die zu dem Ergebnis führte, „daß ein weiteres Verfolgen der Sache aussichtslos erscheine". [1]

Aber er sollte bald in viel gefährlicherer Gestalt wieder aufleben. Kaum waren die neuen Rabattvorschriften für ganz Deutschland sechs Wochen in Kraft gewesen, so wurde dem Vorstande des Börsenvereins für die Hauptversammlung von 1903 folgender Antrag von fünf Danziger Sortimentsfirmen (an der Spitze Dr. B. Lehmann) zugestellt:

---

1) Geschäftsbericht des Vorstandes für 1901/2 (Beilage zu Nr. 83 des Börsenbl. für 1902), S. 6.

„Der § 4 der buchhändlerischen Verkehrsordnung erhält zu seinem Absatz a) folgenden Zusatz:

Bei denjenigen Verlagsartikeln jedoch, welche vom Verleger mit einem geringeren als dem Minimalrabatt von 25 % in Rechnung oder 30 % bar verkauft werden, bleibt den Sortimentern die Festsetzung des Ladenpreises in das eigene Ermessen gestellt. Bei Artikeln unter 60 Pf. Ordinärpreis steigt der Minimalrabatt auf 35, resp. 40 %.

Solche Verlagsartikel, deren Verkaufspreis den Sortimentern überlassen wird, erscheinen in sämtlichen Publikationen des Börsenvereins ohne Angabe von Netto- oder Ordinärpreisen."[1]

Der Vorschlag, mit dem der Versuch gemacht wurde, das Palladium des vollen Ladenpreises, unter dem man seither gekämpft hatte, nicht mehr versteckt durch heimliche Zuschläge, sondern in voller Öffentlichkeit von der Zinne des Leipziger Buchhändlerhauses herunter zu holen, führte zu einer nicht uninteressanten Diskussion im Börsenblatte. Bedingungslose Zustimmung fand er zwar nur bei relativ wenigen; die meisten aber wollten doch den festen Ladenpreis nicht missen. Dem Sortiment, meinten sie, sei nicht anders zu helfen, als wenn die Verleger doch noch genötigt würden, einen nicht zu niedrig gegriffenen Minimalrabatt zu gewähren. Verschiedene Wege wurden dafür vorgeschlagen. Ein Bayreuther Sortimenter schrieb:

„Mein Vorschlag ginge dahin, eine »Rabatt-Tabelle« zu veröffentlichen, auf der die Verleger nach der Skala ihrer Bezugsbedingungen aufgeführt sind. Die rechnenden Sortimenter werden dann schon wissen, für welche Verlagsartikel sie sich zu verwenden haben. So lange nicht in Rechnung mit mindestens 30 % und bar mit 40 % geliefert wird, hat der Sortimentsbuchhandel keine Aussicht auf eine bessere Zukunft. Er muß zu Grunde gehen."[2]

---

1) Börsenbl. 1903, S. 1378 f.
2) Börsenbl. 1903, S. 1523.

Ein anderer wollte sich zwar mit dem Mindestrabatt von 25, bez. 30% und bei Büchern bis 1.50 Mk. 35% begnügen, verlangte aber, daß Verleger, die diese Grenze unterschritten, aus dem Börsenverein ausgeschlossen und behandelt würden, wie Sortimenter, die den Ladenpreis nicht einhalten — also den Boykott:

„Die Verkaufspreise für deren Verlagsartikel sind entweder für jedermann frei, oder die Bücher dürfen — entsprechend der über den schleudernden Sortimenter verhängten Sperre — von den Sortimentern des Börsenvereins nicht geführt werden. Ist der Sortimenter gezwungen, den Ladenpreis einzuhalten, kraft der Macht des Börsenvereins, so hat der Börsenverein auch die Pflicht und Schuldigkeit, einen tatsächlichen Nutzen zu garantieren. Das bisher Erreichte ist der erste Schritt zum Guten. Der Ordnung des Kundenrabatts muß die Ordnung des Verlegerrabatts folgen."[1]

Die Verleger waren von diesem Tone nicht gerade angenehm überrascht; man sprach von „Vergewaltigung", und die Deutsche Verlegerkammer erließ im Börsenblatt[2] eine Erklärung, in der sie vor derartigen weitgehenden Forderungen warnte, „von dem Wunsche geleitet, ein gedeihliches Zusammengehen beider Teile zum gemeinsamen Wohl auch weiterhin zu ermöglichen". Ein Stuttgarter Verleger suchte den Sortimentern klar zu machen, daß durch den Antrag Lehmann die Verleger zum Selbstvertrieb gezwungen würden, und machte dabei folgende für uns wertvolle Ausführung[3]:

„Es geschieht nicht aus Neid gegen das Sortiment wenn der Verleger einen Artikel mit weniger als 25

1) Börsenbl. 1903, S. 2032.
2) Börsenbl. 1903, S. 3487.
3) Börsenbl. 1903, S. 2251.

bez. 30 Prozent rabattiert, sondern aus Konkurrenzzwang; er konnte dabei auch bisher nicht auf die Tätigkeit des Sortiments rechnen, er übernahm den Vertrieb selbst und war nicht so ganz im Unrecht, wenn er dem Sortiment für gelegentliche Ausführung von Bestellungen, die er selbst angeregt hatte, statt des Rabatts eine angemessene Provision bewilligte, wie sie neben Deckung der Spesen als Vergütung für die rein mechanische Arbeit ausreichte. Die Handlungen an Kommissionsplätzen, bei denen die Spesen ganz oder zum Teil wegfallen, werden sich auch in Zukunft mit 20, 15, ja mit 10 Prozent begnügen können; tun sie es nicht, so arbeitet eben der Verleger direkt."

Über diesem nicht immer leidenschaftslosen Meinungsaustausch zwischen Sortimentern und Verlegern war der Cantatesonntag herbeigekommen und mit ihm die Hauptversammlung. Wer aber erregte Debatten über den Antrag des Dr. Lehmann und seiner 45 Genossen erwartet hatte, sah sich getäuscht. Der Antrag wurde von seinem Urheber zurückgezogen, „unter Hinweis auf die eingehenden Vorberatungen in der Delegiertenversammlung des Verbands der Kreis- und Ortsvereine, in deren Folge der neugewählte Verbandsvorstand die Aufgabe übernommen hatte, den unleugbaren Mißständen, die den Anlaß zu diesem Antrag gegeben hatten, nachzugehen und über ihre Abstellung im Schoß der Kreis- und Ortsvereine Beratung zu pflegen".

Der Antragsteller wird mit diesem Ergebnis nicht unzufrieden sein. In den Kreis- und Ortsvereinen haben die kleinen Sortimenter das große Wort, und diese drängen schon seit einiger Zeit auf reinliche Scheidung der Sortimenterinteressen von den Verlegerinteressen. „Diese kleinen und kleinsten Sortimenter, denen es so schlecht geht, wird man zur Messe in Leipzig selten vertreten finden; denn einmal fehlt ihnen das Reisegeld, zum andern genieren sie sich, ihrem Kommissionär, dessen Barkontokredit sie einzig und allein bisher über Wasser hielt, unter die Augen zu treten.[1] So müssen wir Sortimenter getrennt kämpfen, und wenn es in Leipzig zur Abstimmung kommt, so fallen wir vereint durch, weil uns gerade die bedrängten Sortimenterkollegen aus den eingangs erwähnten Gründen nicht unterstützen können."[2]

Sie wünschen deshalb eine eigne Organisation ihrer Interessen, einen Sortimenterbund oder eine Sortimenterkammer nach dem Muster der Sonderorganisationen von Verlegern und Kommissionären. Diese Sondervereinigung soll zunächst gegen die Konkurrenz der Buchbinder, Schreibwarenhändler, Lehrer und Pfarrer vorgehen — kurz der sog. Wiederverkäufer, die nicht mehr von Leipzig zu Buchhändlerkonditionen sollen beziehen dürfen. Sodann gegen den Eisenbahnbuchhandel, dessen Betrieb den örtlichen Sortimentern vorbehalten bleiben soll und welchem Buch- und Zeitungsverleger keine Extrarabattsätze mehr sollen bewilligen dürfen.[3] Aber weiter träumt man auch von einer Zeit, in der die vereinigten Sortimenter den Verlegern den Rabatt vorschreiben können, um den sie für ihre Verlagsartikel zu haben sein werden:

„Wir verlangen, daß alle Verleger uns gewisse Mindestrabatte garantieren: Normalrabatte von 40—50%, Rechnungsrabatte von 25—33%. Wir verlangen ferner,

---

1) Börsenbl. 1903, S. 3711.

2) Daselbst, S. 2532.

3) Dem Buchhändlerverein Hannover-Braunschweig ist es bereits gelungen, die Absicht der Eisenbahndirektion Hannover, den Eisenbahnbuchhandel ihres Bezirks an einen Berliner Unternehmer zu vergeben, zu durchkreuzen. Börsenbl. 1903, S. 2291.

daß sie dem Sortimenter einen angemessenen Kredit geben. Dazu muß das alte Kreditsystem ganz neu organisiert werden; es taugt nichts, es ist vollständig überlebt und der Willkür von Ignoranten, von Schreibern und andern niederen Organen des Verlagsbuchhandels anheim gegeben. Endlich verlangen wir die Abschaffung der mancherlei kleinen Mißstände, die den Verkehr erschweren und zur Verfeindung ehemaliger Geschäftsfreunde geeignet sind. Wo man sich diesen Forderungen hartnäckig verschließt, beabsichtigen wir ohne weiteres zu boykottieren.

„Ein stiller Boykott, hervorgerufen durch maßlose Selbstsucht, Rigorosität und Gehässigkeit gewisser Firmen, findet ja auch jetzt schon statt, sowohl zwischen einzelnen Sortimentern einer Stadt untereinander, als auch zwischen Sortimentern und Verlegern. Er ist im letzteren Falle einfach die Antwort und Gegenmaßregel auf die Streichung von der Auslieferungsliste. Der Boykott kann sich sowohl als Spezialboykott gegen einzelne schlecht rabattierte Werke eines Verlegers richten, wie auch als Generalboykott gegen alles, was ein Verleger auf den Markt bringt. Jeder Sortimenter mache es sich zur Ehren= und Standespflicht, von solchen Verlegern nichts zu beziehen und nichts in seiner Auslage zu halten, ihre Offerten und Anzeigen völlig zu ignorieren, sein Interesse aber jenen Verlegern desto aufmerksamer zuzuwenden, die dem Sortimenter einen anständigen Gewinnanteil gewähren, für ihre Bücher sich energisch zu verwenden, sie jederzeit vorzulegen und zu empfehlen ... Eine Sanierung ist dringend nötig, aber nicht so, wie die Verleger wollen, nicht so, wie der Börsenverein es beabsichtigt. Diese wollen uns in Schlummer wiegen und mit ihrer ewigen Kundenrabattfrage unsere Aufmerksamkeit auf Kleinigkeiten ablenken, damit sie sich ungestört weiter mästen mögen und wir unter tönenden Reden die Hauptsache, die Lebensfrage, die uns jetzt bewegt, vergessen sollen: die Rentabilitätsfrage für mittlere und kleinere Sortimenter ... Auf, ihr Pioniere der Wissenschaft — denn auch wir wollen dazu zählen, die wir unsere Arbeit, unsere Hand= und Spanndienste dabei leisten — tretet dem Sortimenterbunde bei, wenn ihr die von uns angestrebten Reformen in ihren Grundzügen für recht und

billig haltet! . . . Es werde jeder in seiner Stadt Ge=
sinnungsgenossen und schlage sich selbst oder einen andern
Kollegen als Vertrauensmann vor; dagegen trete er schleunigst
aus dem Börsenvereine aus, der sich ja schon durch Nicht=
beförderung von Drucksachen, die den Bund betreffen, als
Feind jeder Reform erwiesen hat."[1]

Der Verfasser dieser merkwürdigen Tiraden führt am
Schlusse die „Rechts= und Kampfmittel" an, die dem
Bunde zur Verfügung stünden: 1. ein Schiedsmann in
Leipzig und Vertrauensmänner des Bundes an den andern
Kommissionsplätzen, 2. stiller und einfacher Boykott oder
Verruf, 3. verschärfter Verruf und schwarze Liste (der
renitenten Verleger). Man sieht, die Saat, welche der
Vorstand des Börsenvereins ausgestreut hat, beginnt in
die Halme zu schießen. Die Begehrlichkeit ist einmal
entfesselt, und bald wird man vielleicht erleben, daß noch
viel energischer am andern Zipfel des Rabatts gerissen
werden wird.

---

1) Severinus, Der Sortimenterbund (Akademische Buch=
handlung in Königsberg i. Pr.), S. 3 ff. — Derselbe, Der Katalog
des Sortimenterbundes, S. 4 gibt an, daß der Bund in Ost= und
Westpreußen, Posen, Schlesien, Westfalen, Hessen=Nassau, Sachsen,
Bayern, Württemberg, Baden Mitglieder zähle.

VIII.

Bücherkäufer, Autoren und Verleger.

Die Rabattfrage ist bis jetzt vom Börsenverein deutscher Buchhändler und seinen „Organen" so behandelt worden, als wären Sortimenter, Kommissionäre und Verleger die einzigen Menschen auf der Welt, die an der Bücher= verbreitung ein Interesse hätten. Der Autoren ist nicht gedacht worden, als hätten sie zur Sache „nix to seggen", und der Bücherkonsumenten nur dann, wenn es sich um Mittel fragte, wie man am ungestörtesten aus ihrer Haut Riemen schneiden könne.

Wer ist Konsument? Die Frage ist nicht un= gefährlich. Ein berühmter deutscher Statistiker, der sie zur Unzeit aufwarf, hat darüber schon vor 24 Jahren seine Stelle verloren, und Dinge, über welche man nicht einmal in Ziffern reden darf, sind für die öffentliche Meinung wie heißes Eisen. Auf den Tribünen der Parlamente, in den Denkschriften der Staatsmänner, in Broschüren und Zeitungen spielt der Konsument nicht mehr mit: da gibt es nur noch Produzenten, und zwar durchweg notleidende. Notleidende Gutsbesitzer, notleidende Handwerker, notleidende Fabrikanten, notleidende Klein= händler, und alle strecken die Hand aus und verlangen, daß der Staat sie aus den Taschen der Konsumenten mit Almosen fülle, daß er wenigstens die Augen zu= drücke, wenn sie durch Kartelle und Preisverabredungen sich diese selber nehmen. Noch vor 50 Jahren war's anders. Da war der Konsument der Angelpunkt der gesamten Wirtschaftspolitik; ihn zu erleichtern, seine Lebenshaltung auf die Höhe eines kulturgemäßen Daseins zu erheben, das schien das schönste Ziel, welches Staat und Gesellschaft der Verwirklichung näher zu führen hätten.

Wir wollen wieder vom Konsumenten reden, wie einst im Mai des bürgerlichen Liberalismus, und zwar vom Konsumenten eines der edelsten Menschenwerke, des deutschen Buches. Wer ist sein Konsument? Alles, was die deutsche Zunge redet, d. h. in Europa gegen 70 Millionen Menschen, außerhalb desselben die durch Auswanderung von unserem Volkskörper abgetrennten Glieder und überdies Gebildete aller Nationen, die sich in erfreulich steigendem Maße an den Früchten unseres Geisteslebens zu beteiligen streben. Wer deutsche Bücher verteuert, hindert die Ausbreitung des deutschen Geistes, erschwert die Jugendbildung, verkümmert einem großen Teile der Nation den weihevollsten Genuß, den das Leben bietet.

In einem Volke mit allgemeiner Schulpflicht ist schlechthin jeder Bücherkonsument, vom Kinde, das stolz die erste Fibel zur Schule trägt, bis zum Greise, der im gedruckten Worte des Lebens wechselvolles Bild an seinem Geiste vorübergleiten läßt. Welch einen Posten im Haushaltungsbudget des Armen die Beschaffung der Lehrmittel für die Kinder ausmacht, wie erheblich der Bücherbedarf für die Kosten der Ausbildung an Mittel- und Hochschulen ins Gewicht fällt, braucht kaum gesagt zu werden. Und dieser Bedarf ist fortgesetzt im Steigen begriffen. Je mehr sich die Methoden des Unterrichts vervollkommnen,

um so mehr und um so kostspieligere literarische Hilfs=
mittel werden nötig. In der Schweiz hat man vielfach
die Einrichtung getroffen, Bücher und andere Lehrmittel
für die Volksschulen auf Gemeindekosten zu beschaffen
und sie unentgeltlich an alle Schüler abzugeben. Man
hat damit eine einfache Konsequenz der allgemeinen Schul=
pflicht gezogen. In mehreren deutschen Staaten wurde
früher der Volksschulbücherbedarf in einem staatlichen
Verlag hergestellt und den Schülern gegen bloße Erstattung
der Herstellungskosten unmittelbar zugeführt. Darin liegt
an sich schon eine Anerkennung der Tatsache, daß breite
Schichten der Bevölkerung nicht genügend wirtschaftliche
Kraft besitzen, um den Unternehmergewinn des Verlegers
und Sortimenters, den schon bei freier Konkurrenz der
Bücherpreis einschließt, mit aufzubringen. Wie viel
weniger werden sie bei künstlicher Verteuerung dazu im
stande sein.

Allgemein bekannt ist die Klage über die Anforde=
rungen, welche die Mittelschulen in Betreff der Lehrmittel
stellen. Ältere Auflagen, andere Klassikerausgaben als die
von der Schule vorgeschriebenen dürfen nicht gebraucht
werden; öfter findet auch ein Wechsel der Lehrbücher statt.[1]
Für eine Beamtenfamilie mit mehreren Söhnen erreicht
dieser Aufwand nicht selten eine wahrhaft drückende
Höhe. Und dies gilt noch mehr von den literarischen
Hilfsmitteln der Studierenden, deren ganze wissenschaft=

---

1) Es kann hier nicht die ganze Schulbücherfrage aufgerollt
werden; die Aufsichtsbehörden haben schon mancherlei getan, um
das spekulative Element bei Autoren und Verlegern in seine
Schranken zu weisen — wie die neuerdings wieder auftretenden
Klagen zeigen, noch immer nicht genug.

liche Ausbildung davon abhängt, daß sich ihr Bücher=
besitz nicht bloß auf die gangbarsten Lehrbücher beschränkt,
sondern daß sie schon auf der Universität die Grundlage
zu einer wohl ausgewählten Fachbibliothek legen, die sie
vor rein handwerksmäßigem Betrieb ihrer Berufsarbeit
bewahrt.

Die wissenschaftliche Bücherproduktion muß darauf
rechnen, daß ihre Erzeugnisse nicht bloß in den Händen
der eigentlichen Gelehrten, die ihr Leben ausschließlich
der Forschertätigkeit gewidmet haben, verbleiben, sondern
daß sie auch in die Hände derer übergehen, welche im
praktischen Leben die Wissenschaft anwenden und diese auf
der durch den zeitigen Stand ihrer Disziplin ermöglichten
Höhe der Leistungsfähigkeit halten. Darin liegt ja eben
die große geistige Gemeinschaft, welche unsere Hochschulen
mit den Männern der liberalen Berufsarten verbindet,
daß durch Buch und Zeitschrift jede neue Errungenschaft
der Forschung der Praxis vermittelt wird. Der Geistliche
und der Jurist, der Arzt, der Gymnasiallehrer, der Forst=
mann und der Landwirt, wie der Ingenieur und Fabrik=
chemiker müssen von der wissenschaftlichen Literatur fort=
gesetzt erneute Anregung empfangen, wenn sie nicht der
beruflichen Verknöcherung anheimfallen wollen.

Mit geringen Ausnahmen sind die Angehörigen der
liberalen Berufsarten in Deutschland auf ein fixes Ein=
kommen angewiesen, soweit sie Beamte sind, unbedingt.
Sie können eine Verteuerung ihres wissenschaftlichen Werk=
zeuges nicht auf den Preis ihrer Leistungen schlagen, wie
ein Handwerker oder Fabrikant. Sie sind auch nach der
Höhe ihres Einkommens meist nicht in der Lage, andern
Verwendungszwecken das zu entziehen, was man ihnen

für Bücher mehr abfordert. Die Erhöhung der Bücher=
preise durch Entziehung des Kundenrabatts um 5 oder
10% wird demnach von ihnen nur dadurch wettgemacht
werden können, daß sie um eben soviel Prozent weniger
Bücher kaufen.

Noch in höherem Maße gilt dies von der sogenannten
schönen Literatur. Es sind — leider muß man es ein=
gestehen — gerade die schwächeren Einkommensklassen,
auf welche der Absatz dieser wie der populärwissenschaft=
lichen Werke vorzusweise angewiesen ist. Diejenigen
Klassen dagegen, welche durch die neuere wirtschaftliche
Entwicklung emporgebracht sind, haben dem Buche als
Element eines höheren standard of life bis jetzt ihre
Anerkennung versagt. Privatbibliotheken von einem der
Vermögenslage entsprechenden Umfange sind in diesen
Kreisen außerordentlich selten. Fallen doch z. B. die
großen Industriestädte Rheinlands und Westfalens, wie
die Versendungslisten eines großen Verlagsunternehmens
mich belehrt haben, für den Bücherabsatz weniger ins
Gewicht als viele Mittelstädte mit geringerer durchschnitt=
licher Wohlhabenheit in anderen Gegenden Deutschlands.
Bei den gebildeten Schichten der Nation, die für die
Verbreitung wissenschaftlich=gemeinverständlicher und schön=
geistiger Bücher den Ausschlag geben, dürfte somit eben
wegen ihrer durchschnittlich sehr bescheidenen Einkommens=
lage ebenfalls eine Verminderung der Bücheranschaffungen
die notwendige Folge der preisverteuernden Maßnahmen
des Börsenvereins sein.

Bleiben noch die Bibliotheken, auf deren Ankäufe
die Verleger wissenschaftlicher Werke bei uns vorzugs=
weise rechnen. Es braucht kaum gesagt zu werden, daß

diese, soweit sie aus Staats=, Gemeinde=, Stiftungs= oder Vereinsmitteln dotiert sind, die ganze Schwere der neuen Maßregeln zu tragen haben werden. Das ist denn auch in den Erörterungen über die Sperrung des Börsen= blattes aus den Kreisen des Börsenvereins offen anerkannt worden, indem man den Verwaltungen den Rat gab, Erhöhung ihres Etats zu fordern. Und das gleiche gilt von den Behörden, deren Bezüge seither unter gleichen Bedingungen erfolgten, wie die der Bibliotheken.

Daß eine allgemeine Abnahme des Konsums die Folge der Beseitigung des Kundenrabatts sein wird, ist auch von buchhändlerischer Seite — allerdings nur sehr vereinzelt — anerkannt worden. Im Jahresbericht des Vereins der Buchhändler zu Leipzig für 1901 schreibt H. Credner:

„Wenn man die wachsende Flut von Romanen und Dichtungen und Überbrettl=Literatur, von unterhaltenden und belehrenden Werken auf allen Gebieten des Wissens, die der deutsche Verlag alljährlich auf den Markt bringt, be= obachtet, so liegt der Gedanke nahe, daß im Vordergrunde aller buchhändlerischen Interessen die Frage stehen müßte, wie der riesigen Produktion oder vielmehr Überproduktion gegenüber die Aufnahmefähigkeit des Publikums gehoben werden könnte. In der Beschränkung oder gar völligen Abschaffung des bisher zu= lässigen Rabatts kann aber eine Verminderung der Auf= nahmefähigkeit gefunden werden; es braucht nur auf Behörden, Bibliotheken, überhaupt alle diejenigen, die durch einen fixierten Etat, der nicht überschritten werden kann, festgelegt sind, hingewiesen zu werden. Man hat die Be= hauptung aufgestellt, daß, wenn die Beschränkung oder Ab= schaffung des Kundenrabatts bei den Behörden 2c. zur Tat= sache würde, dies für das Sortiment einen jährlichen Mehr= verdienst von einigen Hunderttausenden bedeute. Es ist dagegen nicht zu bestreiten, daß dieser Mehrverdienst

des Sortiments einem Verlust des Verlags in annähernd gleicher Höhe entsprechen würde, ohne daß
diesem dafür eine Gegenleistung geboten würde."

Aber die Verleger sollen uns hier nicht weiter
kümmern: sie haben, was sie gewollt haben. Dagegen
wollen wir noch ein Wort von den Autoren sagen,
welche diese Sache doch auch angeht. Der Verfasser eines
Buches, der es ernst nimmt mit seiner Aufgabe, muß
ihm die weitestmögliche Verbreitung wünschen. „Gehet hin,
und lehret alle Völker!" — das ist der Segenswunsch, mit
dem er seine geistigen Kinder entläßt, und er erwartet
vom Verleger, daß dieser alles aufbietet, was die Technik
seines Berufs ihm an die Hand gibt, um diesen Wunsch
zu verwirklichen. Darin liegt doch die ethische Grundlage
des von beiden eingegangenen Vertragsverhältnisses. Von
der richtigen Verbreitung eines Buches hängt oft die
ganze Entwicklung einer wissenschaftlichen oder dichterischen
Individualität ab, und manches Gelehrtendasein ist dadurch geknickt worden, daß ein Erstlingswerk in die Hände
eines gleichgültigen oder ungeschickten Verlegers fiel. In
Deutschland, wo die akademische Laufbahn mit der Veröffentlichung wissenschaftlicher Arbeit so eng verknüpft ist,
wird das nicht weiterer Ausführung bedürfen.

Nun liegt es doch offenbar in der Natur des Ver-
lagsvertrages, daß der Verleger nicht einseitig Schritte
tun oder sich an solchen beteiligen darf, welche die Verbreitung eines Verlagswerkes hemmen. Denn er schädigt
dadurch nicht bloß ideell, sondern auch materiell seinen
Mitkontrahenten, den Autor. Durch die mit der Abschaffung des Kundenrabatts verbundene Veränderung der
Absatzbedingungen sind aber sämtliche aus früherer Zeit

vorhandenen Verlagsverträge in dieser die Autoren schä=
digenden Weise abgeändert worden. Die Verleger haben
sich an dieser Handlung beteiligt, indem sie freiwillig sich
zu Vollstreckern der Strafurteile des Börsenvereins=Vor=
standes gemacht haben. Als mildernder Umstand mag
für sie in Betracht kommen, daß sie unter einem äußeren
Drucke gehandelt haben, der von seiten einer ihnen nahe=
stehenden Interessentengruppe ausgeübt wurde, und daß
sie des guten Glaubens sein konnten, dem Frieden im
Gesamtbuchhandel ein Opfer bringen zu müssen, das sie
materiell ebenso trifft wie die Autoren. Erschwerend aber
muß für sie ins Gewicht fallen, daß nach den in der
deutschen Bücherproduktion zur Zeit herrschenden Ver=
hältnissen ein großer Teil der Autoren wissenschaftlicher
Werke für seine Arbeit keinen anderen Lohn findet, als
das Bewußtsein, in freier Hingabe an den idealen Beruf
des Schriftstellers seinem Volke einen Dienst geleistet zu
haben. Mag der Verleger vielleicht in der Aufrecht=
erhaltung der altgewohnten Organisation des deutschen
Buchhandels einen Ersatz zu finden meinen für den aus
dem Minderabsatz seiner Verlagswerke ihm erwachsenden
Gewinnausfall, dem Autor kann dieses Moment nicht
hinweghelfen über die Erschwerung oder doch wesentliche
Verlangsamung des Absatzes seiner literarischen Arbeiten,
mit der doch auch überall für ihn eine materielle Schädigung
verbunden sein wird, wo er am Risiko des Unternehmens
beteiligt ist, oder wo sein Honorar vom Erscheinen neuer
Auflagen abhängt.

Darüber wird noch ein weiteres Wort von nöten
sein. Die Verhältnisse im deutschen Bücherverlage sind
zweifellos in einer für die Autoren und für unser ge=

samtes wissenschaftliches Leben nicht günstigen Umwand=
lung begriffen. Mit der Ausbreitung der reinen Verlags=
unternehmung, im Gegensatze zum Sortiment mit Verlag
als Nebenbetrieb, hat das kapitalistische Prinzip auch in
der Bücherproduktion an Boden gewonnen. Schon ist
eine Reihe von Erwerbsgesellschaften (Aktiengesellschaften
und Gesellschaften mit beschränkter Haftung) meist durch
„Gründung" früherer Privatunternehmungen im Verlags=
buchhandel entstanden. Bei diesen schwinden natürlich
jene für beide Teile fruchtbaren persönlichen Beziehungen
zwischen Autor und Verleger, welche die möglichen Härten
des Vertragsverhältnisses für beide Teile abzumindern
pflegten, und an ihre Stelle tritt das kalt berechnende
selbstsüchtige Unternehmerprinzip, das aus dem Verhält=
nisse den höchstmöglichen Gelderfrag zu ziehen sucht. Noch
häufiger zeigt sich diejenige Art der Konzentration, bei
der kleinere Geschäfte durch Ankauf ihrer Verlagsrechte
von größeren aufgesogen werden. Das Ganze wird dann
noch eine Zeit lang als Doppelfirma weitergeführt. Endlich
ist nicht zu verkennen, daß manche Verlagsgeschäfte aus
eigener innerer Kraft über den früheren Normalumfang
weit hinausgewachsen sind. In der Regel finden es solche
Unternehmungen bald vorteilhaft, sich die der Herstellung
des Buches gewidmeten gewerblichen Betriebe anzugliedern:
Druckerei, Schriftgießerei, Schriftschneiderei, Lithographie,
Xylographie, Stereotypie, Stahl= und Kupferdruck, Buch=
binderei. Es entstehen aus dieser Kombination große
Buchfabriken, in denen die Verlagstätigkeit ununter=
brochen fortgesetzt werden muß, um das bedeutende stehende
Kapital nicht müßig zu lassen. Während der Verleger
alten Stils, wenn er mit seinem Autor einen Verlags=

10*

vertrag zu stande gebracht hatte, den Druckvertrag mit einer beliebigen Druckerei abschloß, um nach Vollendung der Arbeit wieder völlig Herr seiner weiteren Entschließungen zu werden, darf der Inhaber einer jener Buchfabriken seine Schnellpressen nicht müßig stehen, sein Setzerpersonal nicht sich verlaufen lassen. So entsteht ein ökonomischer Zwang zu verlegen und eine Gefahr der überhasteten Produktion literarischer Dutzendware.

Zwei Fälle sind dann denkbar. Auf der einen Seite sehen wir Spezialbetriebe entstehen, je für ein besonderes wissenschaftliches Fach, die alles an sich zu ziehen suchen, was auf dem betreffenden Gebiete Bedeutung zu gewinnen verspricht, und dadurch eine Art Monopol gewinnen, das den Autoren kaum noch eine Wahl läßt, ob sie sich ihnen zuwenden sollen oder nicht. Spezialbetriebe für theologischen, juristischen, medizinischen, staatswissenschaftlichen, naturwissenschaftlichen Verlag erlangen so eine Stellung, die dem Autor es schon als halben Erfolg kann erscheinen lassen, unter der Firma dieses oder jenes Hauses ein Buch in die Welt schicken zu können. Da die Herausgabe der wissenschaftlichen Fachzeitschriften sich zweckmäßig mit dem Buchverlag der gleichen Disziplin verbindet, so verfügen jene Firmen in der Regel auch über die Organe der öffentlichen Kritik, und wenn wir auch annehmen wollen, daß sie diese Machtstellung nicht mißbrauchen, so können wir doch die Bedenken nicht völlig unterdrücken, die mit dieser Tatsache verknüpft sind. Es gibt ja auch schwache literarische Machwerke, die sich mit dem Scheine der Wissenschaftlichkeit schmücken, und dem Autor eines solchen mag es bei seinem tadelnswerten Unterfangen eine gewisse Beruhigung bieten, daß ihm wenigstens in der Zeitschrift

seines Verlegers die Kritik nichts anhaben kann. Ich
habe eine zu hohe Meinung von der Unabhängigkeit
unserer Wissenschaft, als daß ich annehmen dürfte, einer
ihrer Vertreter könne als Herausgeber einer Fachzeitschrift
sich durch Rücksicht auf das Geldinteresse des Verlegers
bestimmen lassen, bei dessen Verlagswerken ungünstige Besprechungen zu unterdrücken oder günstige wider besseres
Wissen aufzunehmen. Aber wenn noch vor kurzem im
„Börsenblatt für den deutschen Buchhandel“ ein Verleger
öffentlich anfragte, ob er verpflichtet sei, die Aufnahme
einer ungünstigen Kritik gegen ein Buch eignen Verlags
in eine von ihm verlegte Zeitschrift zu dulden, und wenn
ihm ein anderer darauf antwortete, es lasse sich dagegen
„leider“ nichts machen, so zeigt dies doch, daß derartige
Zumutungen gestellt werden. Und wenn weiter in einem
Verlage zu derselben Zeit, wo die Veröffentlichung einer
dreißigbändigen Sammlung von Handbüchern einer Disziplin beginnt, eine Zeitschrift des gleichen Faches unter
Leitung eines sehr jugendlichen Herausgebers begründet
wird, so muß dies dem Argwohn Raum geben, es bilde
eine solche Zeitschrift nur ein Vehikel für den Verlag,
und das liegt denn doch nicht im Interesse der Wissenschaft, die auch den Schein der Befangenheit oder Abhängigkeit vermeiden muß.

Auf der anderen Seite bilden sich Riesenunter-
nehmungen, die alles Druckbare nebeneinander verlegen,
Brotartikel und wissenschaftliche Arbeiten aus den verschiedensten Disziplinen, die also das Prinzip der Selbstversicherung auf die Verlagstätigkeit anwenden wollen.
Natürlich verzichten sie damit auf die liebevolle Durch-
arbeitung und Ausgestaltung der einzelnen Verlags-

projekte, wie sie nur aus intensivster Beschäftigung mit
bestimmten engbegrenzten Fachgebieten und ihren Be=
dürfnissen hervorgehen kann, leisten vielmehr einer ober=
flächlichen handwerksmäßigen Buchmacherei Vorschub, bei
der man ein Buch bei einem dazu passend scheinenden
Autor bestellt, wie man ein paar Stiefel bei einem
Schuster bestellt. Ein kluger Antiquar hat in einer vor=
trefflich geschriebenen Fachschrift[1]) einmal den Ausspruch
getan, es sei niemand zum Verlegen befähigter als der
Spezialantiquar. „Er kennt sein Gebiet, er weiß, wo
Lücken auszufüllen sind, wo Wackeliges und Schlechtes
auszubessern ist. Er kennt die inländischen und aus=
ländischen Gelehrten seines Faches fast alle; er verfolgt
sie von ihrer Doktordissertation an; er kennt nicht nur
ihre Bücher, sondern auch ihre einzelnen in Zeitschriften
verstreuten Aufsätze; er kennt infolge seiner geschäftlichen
Erfahrung den Wert jedes einzelnen Schriftstellers und
die Begehrtheit der Schriften eines jeden. Zugleich be=
herrscht er aber auch den Absatz. Seine ausgebreiteten
persönlichen Beziehungen zu allen Gelehrten seines Faches
erleichtern ihm die Vertriebsmanipulationen; seine Kataloge
gewähren ihm dauernde und kostenlose Gelegenheit zum
Anzeigen seines Verlags. Er kann die Sortimenter völlig
entbehren und die Bücher um den Sortimenterrabatt
billiger liefern… Das Spezialantiquariat wird seine Axt
an den stolzen Baum des »reinen Verlags« legen, und es
wird ihn fällen. Es wird den »reinen Verlag« über=

---

1) Max Weg, Das wissenschaftliche deutsche Antiquariat
(Einzelabdruck aus Starke, Wie ich den Buchhandel erlernte,
Leipzig 1884) S. 16 f. — Schürmann, Buchh. der Neuzeit, S. 49 ff.
will dagegen den Sortimenter zum Träger des Verlags machen.

flügeln, weil es die Absatzfähigkeit besser schätzen kann und den Absatz besser zu leiten vermag. In der Neubildung unserer buchhändlerischen Verhältnisse wird das wissenschaftliche Spezialantiquariat in seiner oben geschilderten Weiterbildung eine hervorragende Rolle spielen. Ihm gehört die Zukunft."

Mag man über diese vielleicht etwas zu kühnen Gedanken lächeln, sicher liegt in ihnen die Wahrheit, daß im Verlagsbetrieb bloße geschäftliche Routine nicht ausreicht, daß vielmehr eine Vertiefung in die ganze geschichtliche Entwicklung bestimmter Fachliteraturen erforderlich ist, wie sie nur aus einem steten Verkehr mit Männern des Faches und einem lebendigen Interesse auch an dem Inhalt ihrer Arbeiten entspringt. Aber freilich unser guter Antiquar hat verzweifelt altmodische Ansichten. In einem neueren „Handbuch der Theorie und Praxis des Verlagsbuchhandels"[1]) steht zu lesen: „Die meisten Bücher arbeitet der Schriftsteller auf Bestellung, gerade so wie der Baumeister ein Haus nach Wunsch und Auftrag und der Schneider einen Anzug macht. Nicht der Schriftsteller, sondern der Verleger gibt in den meisten Fällen die Anregung zu den Büchern... Es ist also in erster Linie nötig, daß der Verleger Ideen hat" u. s. w. Der Schriftsteller scheint darnach die Ideen entbehren zu können; er ist bloßer Handlanger.

Wohin eine solche Auffassung führen muß, lehrt der gegenwärtige Zustand im Verlage. Eine planlose, der Bedarfsgestaltung nicht mehr Rechnung tragende Bücherfabrikation und damit eine Überproduktion ist eingerissen,

---

1) G. A. Müller, Die Arbeiten des Verlegers, Leipzig o. J., S. 69.

die bis tief in die wissenschaftliche Literatur hineinreicht und schon jetzt vielfach ungesunde Verhältnisse erzeugt hat. Konkurrenzunternehmungen sind an der Tagesordnung; wo eine Fachzeitschrift genügen würde, besteht gleich ein halbes Dutzend mit natürlich entsprechend geringerer Leistungsfähigkeit; auf die Qualität der Publikationen wird immer weniger Gewicht gelegt, während die Quantität in einem Maße steigt, daß auf vielen Gebieten es auch dem Fachmanne nicht mehr möglich ist, den neuen Erscheinungen des Büchermarktes zu folgen.

Schon gehört es bei manchen jener fachlich spezialisierten Verlagsunternehmungen zu den Seltenheiten, daß streng wissenschaftliche Werke, insbesondere solche von jüngeren Autoren, verlegt werden, ohne daß der Verfasser sich dazu verstehen muß, einen Zuschuß zu den Druckkosten zu leisten oder diese dem Verleger für den Fall zu garantieren, daß der Absatz dieselben nicht erreicht. Wertlose Machwerke begüterter Autoren erscheinen unter angesehener Verlagsfirma mit Rücksicht nicht auf die wissenschaftliche, sondern auf die finanzielle Leistungsfähigkeit ihrer Urheber. Das Publikum nimmt an, daß der Verleger auch in solchen Fällen seine eigene Haut zu Marke trägt, daß er nicht ohne fachmännisches Gutachten oder sonstige sichere Gewähr das Manuskript eines unbekannten Verfassers vervielfältigen läßt und ans Licht der Öffentlichkeit befördert. Bis die Kritik ihr Urteil spricht, sind so und so viele Käufer ein Opfer ihrer Leichtgläubigkeit geworden, die sie wähnen ließ, das Wort „Verlag" auf dem Titel bedeute, daß die dahinter stehende Firma die Herstellungskosten einschließlich eines angemessenen Honorars wirklich vorgelegt habe. Eine

Verlagshandlung, die auf ihren Ruf hält, sollte auf Kosten des Autors hergestellte Bücher nur in Kommissions=verlag nehmen oder das wirkliche Sachverhältnis in anderer Weise klar auf dem Titel kundgeben.

Während so die zahlungsfähige Mittelmäßigkeit be=quem zu literarischer Existenz, vielleicht gar noch in Zeit=schriften und Zeitungen, die des Verlegers „Waschzettel" um ein „Rezensionsexemplar" zum Abdruck bringen, zu billigem Ruhme gelangt, müssen oft hervorragend tüchtige Gelehrte ihr Erstlingswerk von Verlag zu Verlag hausieren tragen; am Ende schließen sie unter Bedingungen einen Vertrag, bei denen aller etwa mögliche Vorteil auf seiten des Verlegers ist, aller Nachteil auf seiten des Autors. Erweist sich nachher das Buch als gangbare Ware, so fällt es dem Verleger nicht ein, den Autor an seinem vielleicht unerwarteten Gewinne zu beteiligen[1]); er recht=fertigt sich vor sich selbst damit, daß er ja den Vertrag einhalte und daß die wenigen Treffer seiner Verlags=tätigkeit die vielen Nieten wett machen müßten. Sehr viele Verlagsverträge enthalten Bedingungen, die ein Mann von einiger Geschäftskenntnis nicht eingehen würde, deren Tragweite aber in der Regel der Gelehrte über=haupt sich nicht klar macht, manche sogar solche, die den guten Sitten widerstreiten.

Unsere Hochschulen bilden in allen gelehrten Berufen reichlich Kräfte aus, die im stande und willens sind, der Wissenschaft und ihrem Volke mit der Feder zu dienen. Der Verlagsunternehmer modernen Stils weiß diese Kräfte, die am Wege stehen um Arbeit, für seine Zwecke

---

1) Bacmeister, Warum? Mensch und Buchhändler (Wies=baden 1898), S. 195.

nur zu gut auszunutzen, und wenn er seine Sache ver=
steht, so braucht er noch gar nicht bis auf das Mittelgut
herunterzugehen, um seine Pläne zu verwirklichen. Für
Sammelwerke und ähnliche Unternehmungen, die auf ein
größeres Publikum rechnen, sind selbst Dozenten von
Universitäten und Technischen Hochschulen um einen be=
scheidenen Lohn zu haben, wenn er ihnen in sichere Aus=
sicht gestellt wird. Sagen sie sich doch, daß mit der
durch solche Unternehmungen ermöglichten Ausbreitung
der Wissenschaft auf die weitesten Kreise ein ideales Ziel
verwirklicht werden kann, dem der akademische Unterricht
und die gelehrte Schriftstellerei sonst kaum nahe zu kommen
im stande ist. Man sollte meinen, daß für solche kaum
noch einem Risiko unterworfenen Unternehmungen die
Normen genügen könnten, welche das Verlagsgesetz in
billiger Abwägung der beiderseitigen Interessen festgesetzt
hat. Weit gefehlt! Da diese Normen bloße Dispositiv=
bestimmungen sind, also nur in Ermangelung anderweitiger
vertragsmäßiger Festsetzungen gelten, so kann der Ver=
leger nach seinem Belieben die Bedingungen diktieren.
Der Autor ist in der gleichen Lage, wie der Lohnarbeiter,
der sich auf eine Fabrikordnung verpflichtet: es wird ihm
ein gedrucktes Vertragsschema vorgelegt; so und so viele
Mitarbeiter haben dasselbe bereits unterschrieben; warum
sollte er allein Bedingungen verfänglich finden, an denen
andere sich haben genügen lassen?

Vor kurzem ist mir ein solches gedrucktes Vertrags=
schema von einem mir befreundeten Gelehrten mit der
Bitte um Rat vorgelegt worden, ob er sich auf dasselbe
einlassen dürfe. Es handelt sich um eine Serie populär=
wissenschaftlicher Darstellungen aus den verschiedensten

Disziplinen, die für den gebildeten Laien bestimmt sind. In dem Prospekt derselben heißt es: „Die Sammlung bietet in engem Rahmen, auf streng wissenschaftlicher Grundlage und den neuesten Forschungen und Fortschritten beruhend, aber doch in einer jedermann leicht verständlichen Form zuverlässige Belehrung.... Dem Fachmann sind die Bändchen praktische Repetitorien und Nachschlagebücher, die in übersichtlicher, alle Meinungen und Richtungen zusammenfassender, völlig objektiver Weise den modernsten allgemeinen Stand der betreffenden Wissenschaft wiedergeben und somit auch ihm von Nutzen sind." Gewiß ein großartiges Programm. Wer seinen Forderungen genügen will, muß sein Fach aufs gründlichste beherrschen, und in der Tat befindet sich unter den Bearbeitern der einzelnen Disziplinen eine Reihe von ordentlichen Professoren an Universitäten und Technischen Hochschulen.

Und was mutet ihnen der Vertrag zu? Die Abfassung eines auf der Höhe strenger Wissenschaftlichkeit stehenden Leitfadens nach vorgeschriebenem Plane und in vorausbestimmter Frist, unter Umständen Lieferung von Original-Zeichnungen oder -Aufnahmen dazu, Unterwerfung dieser Arbeit unter das Urteil eines ihnen nicht bekannten Begutachters, Berücksichtigung von Abänderungsvorschlägen dieser Person, Abtretung des vollen Urheberrechtes, das Versprechen keine in Inhalt, Darstellungsweise, Form oder Preis ähnliche Arbeit in anderem Verlage zu veröffentlichen. Für das alles übernimmt die Verlagsfirma nicht etwa die Verpflichtung, das Werk auch wirklich herauszugeben, selbst dann nicht, wenn es den Vertragsbedingungen durchaus entspricht. Vielmehr kann sie mit dem an-

gekauften Manuskript schalten und walten, wie es ihr
beliebt; hat sie das Honorar bezahlt, so kann sie es ruhig
verbrennen; sie kann es aber auch in beliebig hoher Auf=
lage unter das Publikum bringen, und wenn es dort
Anklang findet, so kann sie eine neue Auflage durch einen
beliebigen Dritten besorgen lassen; ist sie so gnädig, den
Autor damit zu betrauen, so hat er etwaige Änderungen
nach ihren Weisungen zu vollziehen, erhält aber dafür
kein Verlagshonorar, sondern nur eine noch zu verein=
barende Vergütung für die „Revision“. Um das Maß
der Erniedrigung voll zu machen, wird dem Autor noch
zugemutet, zur Förderung des Vertriebs (vielleicht durch
Reklame in der Presse) nach Kräften beizutragen und
keine der getroffenen Vertragsbestimmungen einem Dritten
zu verlautbaren, offenbar auch nicht etwa einem Rechts=
anwalte, dessen Rat ihn vor Schaden bewahren könnte.

Es handelt sich dabei nicht etwa um eine Aktien=
gesellschaft oder sonst eine Neugründung ohne Namen.
Die Verlagshandlung trägt eine bekannte Firma, die seit
mehr als einem Jahrhundert besteht. Sie bietet für eir
Bändchen von 8—10 Druckbogen, wie mir aus einem
anderen Falle bekannt geworden ist, ganze 450 Mark und
pflegt die erste Auflage in 10 000 Exemplaren herzustellen.

Der Freund hat natürlich auf meinen Rat jeden
Gedanken an eine derartige Geschäftsverbindung auf=
gegeben. Er hat mir aber eine Abschrift des Vertrages
für diese Denkschrift zur Verfügung gestellt, und ich würde
meinen, eine hohe Pflicht zu versäumen, wenn ich den
Bedenken, welche einer Veröffentlichung entgegenstehen,
Raum gewährte. Wir waren und sind beide der Ansicht,
daß eine solche dem gesamten deutschen Gelehrtenstande

zugefügte Schmach der ganzen Nation offenbart werden muß, damit sie die Klinke der Gesetzgebung ergreife, um durch zwingende Normen des öffentlichen Rechtes den Schutz der wirtschaftlich Schwachen auch auf die Autoren auszudehnen. Die bloß civilrechtliche Regelung des Ver=lagsverhältnisses kann ferner nicht genügen. Wir be=dürfen eines Schutzgesetzes auch für die geistige Arbeit. Und nun mag der Vertrag hier folgen.

Zwischen Herrn . . . . und der . . . . schen Verlagshandlung in . . . . . . ist heute folgender

Vertrag

abgeschlossen worden.

§ 1. Herr . . . . übernimmt im Auftrage der . . . . schen Verlagshandlung für die von dieser Firma veranstaltete „Sammlung . . . . die Bearbeitung eines Bändchens.

§ 2. Die für die Bearbeitung wie für die äußere Form des Manuskriptes geltenden Grundsätze gehen aus den dem Herrn Bearbeiter mitgeteilten „Leitsätzen" hervor und sind im einzelnen zwischen den Vertragschließenden noch brief=lich vereinbart worden; mit beidem erklärt sich der Herr Bearbeiter hiermit einverstanden.

§ 3. Zahl und Art der dem Bändchen einzufügenden Illustrationen bleiben besonderer Vereinbarung vorbehalten.

Der Herr Bearbeiter liefert die zur Reproduktion un=mittelbar geeigneten Originalblätter kostenfrei; diese gehen in den Alleinbesitz der . . . . . . schen Verlagshandlung über.

§ 4. Die Ablieferung des druckfertigen Manuskripts, das mit dem genauen Titel und Inhaltsverzeichnis versehen sein und einen breiten Rand haben muß, sowie sämtlicher Originalvorlagen soll bis zum . . . . erfolgen. Zur Annahme des Manuskripts und der Vorlagen nach dem . . . . ist die Verlagshandlung nicht verpflichtet.

§ 5. Die Verlagshandlung behält sich das Recht vor, das eingelieferte Manuskript durch die Leitung der Sammlung daraufhin prüfen zu lassen, ob dasselbe in Form, Schreibart und Behandlung dem festgelegten Plane der Sammlung entspricht. Diesbezügliche Änderungsvorschläge sind von dem Herrn Bearbeiter vor der Drucklegung zu berücksichtigen.

Unselbständige oder unwissenschaftliche Arbeiten, Auszüge oder Bearbeitungen veröffentlichter Werke ist die Verlagshandlung befugt von vornherein zurückzuweisen.

§ 6. Der Umfang des Werkes soll . . . Bogen betragen. Für den diese Bogenzahl überschreitenden Teil des Werkes hat der Herr Bearbeiter keinen Anspruch auf Honorar; vielmehr hat er auf Verlangen den Umfang vertragsmäßig zu verringern.

§ 7. Erwachsen aus der Unleserlichkeit des Manuskriptes oder beträchtlichen Textänderungen und Einschaltungen seitens des Herrn Bearbeiters während der Satzlegung, insbesondere nach erfolgtem Umbrechen des Satzes für die zweite Korrektur, außerordentliche Mehrkosten, so ist die Verlagshandlung befugt, dieselben dem Herrn Bearbeiter in Rechnung zu stellen.

§ 8. Als Honorar erhält der Herr Bearbeiter Mk. . . . . . . in Worten . . . ., einmaliges Honorar, zahlbar bei Ausgabe der ersten Exemplare im Buchhandel, sowie zehn Freiexemplare.

§ 9. Die gelieferte Arbeit begründet für den Herrn Bearbeiter kein Urheberrecht, sondern geht käuflich in das alleinige Eigentum der . . . . schen Verlagshandlung und ihrer Rechtsnachfolger über. Die Verlagshandlung ist daher zur Vervielfältigung und Verbreitung berechtigt, nicht verpflichtet.

§ 10. Der Herr Bearbeiter verpflichtet sich, in einem andern Verlag kein Buch erscheinen zu lassen, welches durch Inhalt, Darstellungsweise, Form oder Preis dem obengenannten Werke Konkurrenz bereiten könnte, und wird von jeder größeren literarischen Arbeit aus dem einschlägigen Gebiet, welche er vor Ablieferung des mit . . . . vereinbarten Manuskriptes zu veröffentlichen gedenkt, der Verlagshandlung Kenntnis geben.

§ 11. Kommt der Herr Bearbeiter den vertragsmäßig übernommenen Verpflichtungen seinerseits nicht nach, ohne durch höhere Gewalt, wie längere Erkrankung u. dergl., daran gehindert zu sein, so steht der Verlagshandlung ein Entschädigungsanspruch bis zur Hälfte der vereinbarten Honorarsumme zu.

§ 12. Verzichtet die Verlagshandlung auf die Heraus= gabe einer Arbeit, obwohl dieselbe den vertragsmäßigen Be= stimmungen entspricht, so ist das festgesetzte Honorar binnen Jahresfrist nach erfolgter Ablieferung des druckfertigen Manuskriptes an den Herrn Bearbeiter auszubezahlen.

§ 13. Die Entscheidung über das Maß etwaiger bei Neudrucken wünschenswert erscheinenden Änderungen und Erweiterungen, sowie die Wahl des betreffenden Neubearbeiters steht der Verlagshandlung zu. Sofern nicht besondere Gründe vorliegen, wird sich dieselbe zu diesem Zweck an den ersten Herrn Bearbeiter wenden und mit demselben Maß und Art der Revision, sowie das hierfür zu gewährende Honorar vereinbaren.

§ 14. Der Herr Bearbeiter übernimmt die Verpflich= tung, zur Förderung des Vertriebes seines Bändchens nach besten Kräften beizutragen.

§ 15. Sämtliche Vertragsbestimmungen sind als ver= trauliche Abmachung zwischen den Vertragschließenden zu betrachten und demgemäß Dritten gegenüber geheim zu halten.

Vorstehender Vertrag ist in zwei gleichlautenden Exemp= laren ausgefertigt und von beiden Vertragschließenden für sich und ihre Rechtsnachfolger genehmigt und unterschrieben worden.

........, den ....

Vielleicht wird man meinen, daß die großen Härten dieses Vertrages durch eine milde Praxis erheblich ab= geschwächt werden könnten. Auch ich war dieser Ansicht, bis mir folgender Brief zu Händen kam, der von einem ordentlichen Professor an einer deutschen Universität an einen Kollegen, der an einer andern Universität wirkt, gerichtet ist und der sich auf ein Werkchen der gleichen

Sammlung bezieht. Er dürfte zeigen, daß die Verlags=
handlung tatsächlich ihr Machtverhältnis noch über die in
dem obigen Vertrage festgelegten Punkte hinaus ausdehnt,
indem sie einen Autor verhindert, einer einfachen, wissen=
schaftlichen Anstandspflicht zu genügen, die ihm die Nam=
haftmachung seiner Quellen anbefiehlt. Der Brief lautet:

......., den 21. Juni 01.

Sehr geehrter Herr Kollege!

Ich erlaube mir, Ihnen anbei einen kleinen Versuch
von mir zu schicken, für den ich um sehr große Nachsicht
bitten muß. Es war wirklich nicht leicht, bei dem heutigen
Stande unserer Wissenschaft auf so knappem Raum einen
Abriß zu geben, und niemand kann die Mängel der Arbeit
stärker empfinden als ich selbst.

Der erste Blick auf das Inhaltsverzeichnis wird Ihnen
zeigen, wie sehr dieser Grundriß auf Ihrer [folgt der Titel
eines Buches des Empfängers] fußt. Der Verleger hat
mir leider das Vorwort gestrichen, in dem ich dies
ausdrücklich hervorgehoben hatte, und ich kann Ihnen daher
leider nur auf diesem Wege meinen Dank aussprechen. Ohne
Ihre grundlegenden Arbeiten wäre es heute überhaupt noch
nicht möglich gewesen, einen solchen Versuch zu machen.
Ob er wenigstens einigermaßen gelungen ist, kann ich nicht
beurteilen; ich wäre Ihnen sehr dankbar, wenn Sie mir
darüber offen Ihre Meinung sagen würden.

Mit vorzüglicher Hochachtung

Ihr

ergebener

....

Man sollte annehmen, daß eine tiefere Herabdrückung,
eine ärgere Mißachtung der geistigen Arbeit gar nicht
denkbar sei, daß ein Verleger, welcher derartiges sich
herausnimmt, unter seinen Standesgenossen eine seltene
Ausnahme bilden müsse. Und doch gibt es noch Ärgeres,
wenn nicht im Buchverlag, so doch im Musikalienverlag.
Der Verein der deutschen Musikalienhändler zu Leipzig,

welcher 153 ordentliche, 13 korporative und 210 außer=
ordentliche Mitglieder in ganz Deutschland besitzt, hat
einen „Verlagsschein" aufgestellt, der zur Vermeidung von
Mißverständnissen gleich mit der Überschrift: „Abtretung
des Urheberrechtes" versehen ist und so beginnt:

„Hierdurch übertrage ich der Firma . . . . und
deren Rechtsnachfolger das unbeschränkte und übertragbare
Urheberrecht an meinem Werke: . . . . mit der Be=
fugnis der ausschließlichen Vervielfältigung und gewerbs=
mäßigen Verbreitung für alle Zeiten, für alle Auflagen und
für alle Länder, gleichviel, ob mit denselben literarische
Verträge bestehen oder nicht, kurz mit allen Rechten, die das
Gesetz dem Urheber eines solchen Werkes einräumt oder vor=
behält, auch in Zukunft einräumen oder vorbehalten wird.

Ich erkläre, daß ich allein über das Urheberrecht an
dem Werke zu verfügen berechtigt bin und daß ich jenes
weder ganz noch teilweise anderweitig übertragen habe. Ich
gestatte der Verlagsfirma sachgemäße Zusätze, Kürzungen und
Änderungen; auch ist dieselbe allein berechtigt, die üblichen
Bearbeitungen, Auszüge und Einrichtungen für einzelne oder
mehrere Instrumente oder Stimmen, sowie Übertragungen
in andere Tonarten, Übersetzungen in andere Sprachen und
Umarbeitungen in dramatischer oder erzählender Form heraus=
zugeben; ich überlasse ihr die Bestimmung über die Zeit der
Herausgabe, die Festsetzung und spätere Veränderung des
Verkaufspreises und verzichte auf das Recht, Melodien er=
kennbar dem Werke zu entnehmen und einer neuen Arbeit
zu Grunde zu legen. Das Aufführungsrecht ist in dem
abgetretenen Urheberrecht inbegriffen.

Wird die Schutzfrist des Urheberrechtes gesetzlich ver=
längert, so bleibt dieser Vertrag für die Dauer der Ver=
längerung in Kraft.

Die Niederschrift des Werkes verbleibt im Besitze der
Verlagshandlung als deren Eigentum."

Eine Honorarsumme wird in dem Vertrage nicht
genannt; der Komponist bestätigt bloß „den Empfang
des für die Abtretung des Urheberrechts vereinbarten

Honorars". Unter dem Schriftstück steht „Nachdruck ver=
boten". Man begreift das. Der Zweck des Vereins der
deutschen Musikalienhändler ist: „Wahrung von Ehre und
Recht unter den Berufsgenossen des Musikalienhandels
und Förderung der besonderen musikalienhändlerischen
Angelegenheiten."[1]) Der „Verlagsschein" wird wohl unter
den letzten Teil dieser Zweckbestimmung fallen. Weiter
ist nicht darüber zu reden. Wer einen solchen Vertrag
unterzeichnet — und schwerlich wird ein junger Komponist
in Deutschland anders einen Verleger finden —, der ver=
kauft seine Seele und seine ökonomische Zukunft. Ist er
ein Künstler, der Erfolg hat, dann mag er sich freuen:
die dankbare Nation wird künftig einen „Ehrensold" für
ihn sammeln, und sein Verleger wird durch sotanen Ver=
trag in den Stand gesetzt sein, dazu beizusteuern.

Wir haben im Deutschen Reiche ein Gesetz, betreffend
des Urheberrecht an Werken der Literatur und der Ton=
kunst. Es trägt das Datum des 19. Juni 1901 und
beginnt mit folgenden Worten: „Nach Maßgabe dieses
Gesetzes werden geschützt: 1. die Urheber von Schrift=
werken, 2. die Urheber von Werken der Tonkunst."
Werden sie geschützt?

Gewiß müssen und wollen wir uns hüten, diese Fälle
zu sehr zu verallgemeinern. Es gibt glücklicherweise
noch genug Verleger, welche des Glaubens leben, daß
ein Buch nur dann der Vervielfältigung und Verbreitung
würdig ist, wenn es ihnen als Erzeugnis frei schaffenden
Geistes dargeboten wird, und die darnach auch ihre ge=
schäftlichen Beziehungen zu den Schriftstellern regeln. Aber

---

1) Offiz. Adreßbuch f. d. d. Buchh. II, S. 362.

sie sind doch zusehends in der Abnahme begriffen, und in dem Maße, als die Jagd nach dem höchstmöglichen Gewinn mehr zum Leitmotiv des Verlagsgeschäftes wird, als die bestellte nach dem Grundsatze „billig und schlecht" gearbeitete Ware überhand nimmt, sinkt auch die Schätzung des Buches in der öffentlichen Meinung, und es wird auf das Niveau der bloß für das Tagesbedürfnis berechneten Zeitungsliteratur heruntergedrückt. Das letztere auch insofern, als beim Verlegen mehr auf das aktuelle Interesse als auf den dauernden Wert gesehen wird. Dies hat wieder für das geschäftliche Verhalten seine eigentümlichen Konsequenzen, von denen hier nur die eine erwähnt sein mag, daß ein Buch, das nicht sofort nach dem Erscheinen zur Geltung gelangt, für die meisten Verleger ein totes Kapital ist, das weitere Bemühungen nicht lohnt, während ihm doch oft nur die richtige Vertriebsweise gefehlt hat.

Bei der gewöhnlichen Art der Verlagsverträge verliert der Autor mit der Vollendung des Druckes jeden weiteren Einfluß auf das Schicksal seines Geisteskindes. Alle Vertriebsmanipulationen sind Sache des Verlegers; nur in wenigen Fällen steht dem Autor noch eine Ein- oder Mitwirkung zu. Zu diesen gehört auch die Erhöhung des Preises (nicht „Ladenpreises" Verl.-Ges. § 21), welche nicht ohne Zustimmung des Verfassers erfolgen darf. Ob die Gerichte diese Bestimmung auf die allgemeine durch die Maßnahmen des Buchhändlerkartells hervorgerufene Preissteigerung anwenden würden, mag dahingestellt bleiben. Unter den Verlegern scheint im Laufe der letzten beiden Jahrzehnte alle Empfindung dafür verloren gegangen zu sein, daß sie mit ihrer Be-

11*

teiligung an jenen Maßnahmen gegen ihre Autoren ein Unrecht begehen.¹) Unter solchen Umständen bleibt letzteren nur der gegenseitige Zusammenschluß zur Wahrung ihrer Interessen, wie ihn jüngst die lyrischen Autoren bereits vollzogen haben.²)

1) Das war früher nicht so. Als im Jahre 1879 die oben S. 71 erwähnte Erklärung erlassen worden war, schrieb der Lübecker Buchhändler W. Gläser in einer Broschüre („Der Ladenpreis der deutschen Bücher"): „Die Verfasser werden sich durch Bestimmungen in den Verlagskontrakten zu schützen wissen, in denen sie zur Bedingung machen, daß ihr Verleger sich aller Grundsätze, welche die Verbreitung ihrer Geisteswerke hemmen, enthalte und namentlich die öffentliche Ankündigung derselben (unter dem Ladenpreise) nicht verhindere."

2) Vergl. „Das Kartell lyrischer Autoren" im Börsenblatt v. 1903, S. 1629.

IX.
Die Lage des Sortiments.

Man sollte meinen, daß eine so viele Kreise berührende Sache wie die Rabattpolitik des Börsenvereins nicht unternommen worden wäre, ohne daß gründliche Tatsachenfeststellungen vorausgegangen wären über die Lage nicht sowohl derjenigen sozialen Gruppen, welche durch die ergriffenen gewaltsamen und einschneidenden Maßregeln benachteiligt werden mußten, sondern derjenigen, welche durch sie gehoben und gefördert werden sollten. Man wird aber nach beglaubigten Tatsachen über die ökonomische Lage der Sortimenter in der ganzen einschlägigen Literatur, insbesondere im Börsenblatt vergeblich suchen. Selbst die Frage, in welcher Weise und in welchem Maßstabe sich die Zahl der Sortimenter im Gebiete des deutschen Buchhandels innerhalb der letzten fünfzig Jahre vermehrt hat, ist nicht genügend aufgehellt. Und doch muß an dieser Stelle eine der Hauptursachen der in diesem Stande herrschenden Unzufriedenheit gesucht werden. Die Zahl der Betriebe im Sortiment ist für den Bedarf, der durch sie gedeckt wird, zu groß; der durchschnittliche Absatz, welcher auf jeden einzelnen entfällt, reicht nicht aus, um ein Einkommen abzuwerfen, wie es der einzelne nach den Anschauungen seines Standes glaubt beanspruchen zu dürfen.

Es gibt ja allerlei Ziffernwerk darüber; aber dasselbe geht durchweg zurück auf die aus dem offiziellen
Adreßbuch des deutschen Buchhandels gewonnenen Daten.
Aber dieses geschäftliche Hilfsmittel umfaßt nicht bloß die
verschiedenen Zweige des Buchhandels, sondern daneben
allerlei andere Betriebe (Leihbibliotheken, Musikalien-
leihanstalten, Lesezirkel, Briefmarken- und Schreibmaterialien-
handlungen, Zeitungsverlag, neuerdings selbst Warenhäuser 2c.), und der eigentliche Buchhandel wird von ihm
zu verschiedenen Zeiten in verschiedenem Maße erfaßt.
Im allgemeinen hat sich der Kreis der Betriebe, den es
umschließt, im Laufe der Zeit erweitert, und so haben
die aus seinen Angaben ermittelten Zahlen über die tatsächlich stattgehabte Vermehrung hinaus, bloß infolge seiner
größer gewordenen Genauigkeit, wachsen müssen.[1]) Dazu
kommt, daß das territoriale Gebiet, das es umschließt,
ein unbestimmtes ist, insbesondere soweit es Buchhandlungen des Auslandes umfaßt.

Man wird sich also nach anderem Zahlenmaterial
umsehen müssen, und hier bieten wenigstens für das
Deutsche Reich die verschiedenen Berufs- und Gewerbe-
zählungen zuverlässige und exakt festgestellte Zahlen.
Allerdings haben sie den Mangel, daß zwischen Verlags-,
Sortiments- und Kommissionsbuchhandel nicht geschieden
und daß der Kunst- und Musikalienhandel einbegriffen
ist. Es hat dies indessen so viel nicht zu sagen, da auch
in den einzelnen Betrieben diese Geschäftszweige nicht
selten miteinander vereinigt sind. Was aber besonders

---

1) Zusammenstellungen aus dieser Quelle für eine größere Zahl
von Jahren findet man bei Woldemar Köhler, Zur Entwicklungs-
geschichte der buchgewerblichen Betriebsformen, S. 157 ff.

ins Gewicht fällt, wir besitzen solche Zahlen aus drei, einen Zeitraum von 20 Jahren umschließenden Erhebungen, und wir vermögen mit ihnen eine Probe auf die Rabattpolitik des Börsenvereins zu machen, wie sie schlagender nicht gedacht werden kann.

Es gab im Buch-, Kunst- und Musikalienhandel des Deutschen Reiches:

nach den Gewerbezählungen	Hauptbetriebe	in diesen beschäftigte Personen	Zunahme der Hauptbetriebe %	Personen %
vom 1. Dezember 1875	3220	10590		
„ 5. Juni 1882	4426	14481	37.4	36.7
„ 14. Juni 1895	8425	24692	90.3	70.5

Die Bevölkerung des Deutschen Reiches hat von 1875—1882 um 7.5%, von 1882—1895 um 13.7% zugenommen. Daraus ergibt sich, daß die Zahl der Buchhandlungen in der ersten (siebenjährigen) Periode fünfmal rascher gewachsen ist als die Bevölkerung, in der zweiten (dreizehnjährigen) Periode hat sie gar um das siebenfache stärker sich vermehrt als die Zahl derjenigen, welche als Bücherkäufer im weitesten Sinne in Betracht kommen können. Also gerade in der Zeit, wo die Wirkungen der durch Verminderung des Kundenrabatts hervorgerufenen Steigerung der Bücherpreise sich offenbaren mußten, ist eine wesentliche Beschleunigung in der Zunahme der Buchhandlungen eingetreten.

Allerdings haben zwischen 1882 und 1895 die im Buchhandel beschäftigten Personen nicht ganz so rasch zugenommen wie die Betriebe. Darnach muß sich die Größe der Betriebe vermindert haben. Auf je 100 Betriebe entfielen im Durchschnitt:

im Jahre	Personen
1875	329
1882	327
1895	293.

Man ersieht daraus, daß zwischen 1875 und 1882 die Vermehrung der Betriebe mit einer Veränderung ihrer durchschnittlichen Personenzahl kaum verbunden gewesen ist, während letztere zwischen 1882 und 1895 erheblich abgenommen hat. Wer sich jedoch damit trösten möchte, daß auch 1895 immer noch fast drei Personen auf einen Betrieb entfallen, der kennt nicht die trügerisch dunkle Natur der Durchschnittszahlen. Gruppieren wir die Buchhandlungen nach der Zahl der in jeder beschäftigten Personen, so entschleiert sich das Ziffernbild. Es waren vorhanden:

Betriebe	Personen		Zunahme	
	1882	1895	überhaupt	auf je 100 Betriebe
ohne jede Hilfsperson	1771	4587	2816	159.0
mit 2—5 Personen	2251	2813	562	24.5
mit mehr als 5 Personen	404	1025	621	153.7
Zusammen:	4426	8425	3999	90.3

Zwar haben alle drei Gruppen von Betrieben von 1882 bis 1895 zugenommen, aber doch mit sehr verschiedener Schnelligkeit. Am stärksten gewachsen ist bezeichnenderweise die Zahl der allerkleinsten Betriebe, die von dem Geschäftsinhaber allein, ohne Hilfspersonen besorgt werden (Alleinbetriebe) und unter denen wir uns fast ausschließlich Sortimente denken müssen. Fast ebenso stark haben sich aber auch die großen Betriebe vermehrt, während die Mittelbetriebe mit je 1—4 Gehilfen weit dahinter zurückgeblieben sind. Es zeigt sich also, daß die

Tendenz zu kapitalistischer Konzentration auch dem Buch=
handel nicht fremd ist. Unter je 100 Betrieben gab es:

	1882	1895
Alleinbetriebe	40.0	54.3
Betriebe mit je 2—5 Personen	50.9	32.0
„ „ mehr als 5 Personen	9.1	13.7

Also Zwergbetriebe und Großbetriebe; was dazwischen
ist, schwindet zusehends dahin. Und diese Entwicklung ist
aller Wahrscheinlichkeit nach in den letzten acht Jahren
weiter fortgeschritten. Schon 1895 gab es unter den
Großbetrieben 70 mit je 21—50 Personen, 10 mit je
51—100 und 3 mit 101—200 Personen.

Jenes ungesunde Überwuchern der kleinsten Betriebe,
die schon 1895 mehr als die Hälfte aller Betriebe aus=
machten, während sie dreizehn Jahre vorher nur zwei
Fünftel bildeten, hat sicherlich durch die Rabattmaßnahmen
des Kartells gewaltig an Nahrung gewonnen, wenn es
nicht geradezu deren Folge ist. Die in letzter Zeit von
ihm verhängte weitere Erhöhung der Bücherpreise, bez.
des Bruttonutzens der Sortimenter wird zweifellos keine
anderen Wirkungen haben, als daß neue Zwergbetriebe
von absolut ungenügender Leistungs= und Lebensfähigkeit
entstehen. Als am 9. Mai 1903 in der XXV. ord. Ab=
geordnetenversammlung des Verbands der Kreis= und
Ortsvereine ein Antrag beraten wurde, der die Verleger
zur Gewährung höheren Rabatts für gewisse Artikel
zwingen wollte, bemerkte bereits der Berliner Buchhändler
R. L. Prager:

„Daß der Verdienst des Sortimenters ein ungenügender
ist, ... liegt einfach daran, daß sich, wie der ganze Klein=
handel, so auch der Sortimentsbuchhandel in einer Weise
vermehrt hat, die in gar keinem Verhältnis steht zu der

Zunahme der Käufer oder zu der Zunahme des Wohl-
standes. Ich habe früher die Befürchtung ausgesprochen:
wenn die Rabattregelung durchgeführt ist, dann werden sich
wieder einige hundert Leute auf den so ungeheuer lukrativen
Buchhandel werfen, der jetzt wieder so fürchterlich viel ein-
bringt, ganze 5% mehr. Meine Herren, Sie können nicht
für sich besondere wirtschaftliche Verhältnisse, besondere wirtschaftliche Formen verlangen. Im ganzen Handel wird der
Kleinhandel und Zwischenhandel mehr oder weniger ausgeschaltet; im ganzen Handel wird der Einzelverdienst beschränkt. Der Verdienst muß dadurch erhöht werden, daß ein
erhöhter Umsatz erzielt wird. Für Sie, meine Herren, wird
kein besonderes Brot gebacken; Sie müssen sich den Bedingungen fügen oder untergehen."[1]

Man begreift nach diesen Worten kaum, warum der
Redner den neuesten Maßnahmen des Börsenvereins, die
das Übel nur verschlimmern müssen, nicht entschiedenen
Widerstand geleistet hat. Aber das ist eben das Ver-
hängnisvolle dieser ganzen Bewegung, daß unter dem
Druck einer demagogischen Agitation die Einsichtigen
schweigend hinnehmen, was sie nicht glauben hindern zu
können.

Noch eine andere Betrachtung führt auf das gleiche
Ergebnis: die der jährlichen Bücherproduktion. Die Zahl
der Verlagsartikel im deutschen Buchhandel betrug

im Jahre 1875   12 843
  "   "   1882   15 045
  "   "   1895   23 607.

Von 1875—1882 ist somit die Zahl der Novitäten um
17.1% gewachsen, während die Zahl der Buchhandlungen
um 37.4% sich vermehrt hat; von 1882—1895 steht
einer Vermehrung der Druckschriften um 56.9% eine

---

1) Börsenblatt vom 6. Juni 1903, S. 4510.

Vermehrung der Buchhandlungen um 90.3% gegenüber. Von 1895—1901 wuchs die Zahl der Druckschriften um weitere 7.3%; um wie viel mag in dieser Zeit die Zahl der Buchhändler gestiegen sein? Und dabei klagen schon seit Jahren die Verleger über eine erdrückende „Überproduktion".

Um für die Beurteilung der gegenwärtigen Lage des Sortimentsbuchhandels wenigstens einige Anhaltspunkte zu gewinnen, habe ich aus dem letzten Jahrgange des Börsenblatts eine große Zahl von Verkaufsanträgen über bestimmte Geschäfte gesammelt und aus ihnen diejenigen ausgeschieden, für welche ziffermäßige Angaben über die Höhe des Umsatzes und des Reingewinns, sowie über den geforderten Kaufpreis gemacht waren. Der Ertrag dieser etwas mühseligen Arbeit ist in Tabelle IV niedergelegt. Natürlich wird, wer einen Käufer sucht, seine Verhältnisse in günstigem Lichte darstellen; aber seine Angaben sind doch recht verantwortlicher Natur: wenn sie sich später als falsch erweisen, wird ihn der Käufer vor Gericht bringen. Dazu kommt, daß ein erheblicher Teil der Fälle (sie sind in der Tabelle mit * kenntlich gemacht) durch ein Berliner Bureau für Vermittlung buchhändlerischer Geschäfts-An- und Verkäufe ausgeboten wird, dessen Inhaber (Alfred Scholz) versichert, „die Objekte bezüglich ihrer Rentabilität eingehend geprüft" zu haben.

In Beziehung auf den vom Umsatz gewonnenen Reinertrag weichen die Betriebe der Tabelle ziemlich stark voneinander ab; zwischen 12% und 25% finden sich die verschiedensten Abstufungen. Es hängt das natürlich von der Höhe ihrer Spesen, insbesondere der Mieten und

Tabelle IV.

Verhältnisse der zum Verkauf ausgebotenen Sortiments=
buchhandlungen.

Sitz des Geschäfts	Jahres= umsatz Mk.	Reingewinn		Wert des Lagers Mk.	Ge= forderter Kauf= preis Mk.	Die betr. An= zeige steht im Börsenblatt von
		absolut Mk.	in % des Jahres= umsatzes Mk.			
1. Norbd. Gymna= sialstadt	13 000	2500	19.2	.	9 000	1902, S.6071
2. Hansestadt	27 000	5000	17.9	13 000	18 000	„ „ 5785
3. Kl. Stadt in West= preußen*	14 000	3500	25.0	.	10 000	„ „ 1696
4. Pommern*	24 000	3000	12.5	7 000	.	„ „ 1696
5. Vorpommersche Mittelstadt	31 500	4000	12.7	.	19 000	„ „ 1696
6. Nordwestdeutsche Industriestadt ..	30 000	6—7000	20—23.3	.	.	„ „ 8662
7. Oberschlesische In= dustriestadt* ...	25 000	3000	12.0	.	15 000	„ „ 1696
8. Großstadt Sachsens	45—50000	6—8000	13.3—16.0	6 000	35 000	„ „ 3412
9. Gr. Industriestadt Sachsens	28—29000	4000	13.8—14.3	.	20 000	„ „ 6124
10. Mittl. Stadt Sachsens	22 000	4500	20.5	.	16 000	„ „ 7945
11. Mittelstadt an d. sächs.=böhmischen Grenze*	24 000	3900	16.2	9 000	15 000	„ „ 1696
12. Kleinere Stadt am Niederrhein....	19 960	c. 5000	25.1	.	15 000	„ „ 5559
13. Kleine Stadt Westdeutschlands	17 300	4000	23.1	.	14 000	„ „ 5417
14. Große Stadt i. d. Nähe d. Rheins	14 000	2500	17.8	11 000	18 000	„ „ 7159
15. Mittelstadt der Rheinprovinz ..	30 000	5500	18.3	6 500	.	„ „ 2813
16. Südwestdeutschld	55 000	8000	14.5	.	30 000	„ „ 5945
17. Großstadt Württembergs*	51 762	6000	11.6	.	36 000	„ „ 1696
18. Bayerische Pfalz*	45 000	6800	15.1	.	25 000	„ „ 1696
19. Elsaß-Lothringen*	60 000	8333	13.9	20 000	40000¹)	„ „ 1696
20. Süddeutschland ..	25 000	4700	18.8	11 000	18 000	„ „ 7159
21. Großstadt in Bayern	16 000	4000	25.0	.	9 500	1903, „ 2257
22. Stadt in Bayern*	53 000	8500	16.0	.	52 000	1902, „ 1696
23. nicht angegeben ..	15 000	3000	20.0	.	11 000	1903, „ 1070

1) Später (S. 5642) 30 000 Mk.

von den Rabattsätzen der vorzugsweise vertriebenen Literaturgattungen ab. Im Durchschnitt aller Betriebe beläuft sich der Reinertrag auf 16.4% des Umsatzes. Wenn wir oben den durchschnittlichen Buchhändlerrabatt auf mindestens 30% annehmen konnten (S. 62) und wenn von interessierter Seite die gesamten Vertriebs= kosten gewiß nicht zu niedrig auf 15% angegeben sind (S. 106), so stimmen alle Zahlen recht gut zusammen. Wer aber behaupten wollte, daß sie auf schlechten Ver= dienst hinweisen, würde von jedem erfahrenen Kaufmann Lügen gestraft werden. 16.4% Reinertrag vom Umsatz ist ein ganz außerordentlich seltenes Verhältnis. Wenn trotzdem das Gesamteinkommen bei einer Reihe von Be= trieben nur bescheiden ist, so liegt das an der Gering= fügigkeit des Umsatzes, sei es infolge geringer Regsamkeit des Inhabers, sei es wegen der Kleinheit des Absatz= gebietes. Fast alle 23 Betriebe sind Kleinbetriebe, in denen stehendes Kapital und Arbeitskraft nicht genügend ausgenutzt werden können. Wir dürfen und müssen darum annehmen, daß bei größeren Betrieben die Gewinnrate sich erheblich höher stellt, da die relativen Vertriebskosten mit der Höhe des Umsatzes selbstverständlich abnehmen.

Für zwanzig Handlungen ist auch der geforderte Preis angegeben. Natürlich wird der wirklich gezahlte Preis bei etwaigen Verkäufen niedriger sein. Schlagen wir nun 15% zu dem geforderten Gesamtpreis dieser 20 Geschäfte als bare Betriebsmittel hinzu, so ergibt sich, daß der versprochene jährliche Reinertrag von dieser Summe 20% beträgt. Gewiß ein sehr anständiger Ge= winnsatz, der sich bei genügender Regsamkeit und be= schleunigtem Umsatz noch erheblich höher stellen dürfte.

Denn er entspricht nur einem $^5/_4$ fachen jährlichen Kapital-
umschlag, was mir nur für Betriebe mit sehr geringem
Barbezug zutreffen zu können scheint.

Es ist eine sehr oft betonte Tatsache, daß viele der
Kleinbetriebe (ein Sachkundiger meint: mehr als die
Hälfte) bei Kommissionären schwer verschuldet sind. Natürlich ist dies ein sehr teurer Kredit; Zinsen und Pro-
visionen lassen ihn rasch auflaufen, und wenn schließlich
die Lage unhaltbar geworden ist, so wird der Kommissionär
die Liquidation, wenn irgend möglich, zu vermeiden und
einen Verkauf anzubahnen suchen. Der neue Erwerber
gerät natürlich, wenn er nicht genügend Mittel hat, sofort in die gleiche drückende Abhängigkeit, kann vom vor-
teilhafteren Barbezug oder direkten Rechnungsverkehr kaum
Gebrauch machen und verfällt, nachdem er sich eine Reihe
von Jahren elend durchgewürgt hat, dem gleichen Schicksal
wie sein Vorgänger. Es wäre aber durchaus unzulässig,
wenn man von solchen in ihrer Anlage kranken Betrieben
auf den ganzen Handelszweig schließen wollte.¹)

Die Zahl der Konkurse im Buchhandel ist verhältnismäßig gering. Im Deutschen Reiche wurden eröffnet:

im Jahre	Konkurse	im Jahre	Konkurse
1891	31	1898	58
1892	35	1899	46
1895	40	1900	61
1896	32	1901	89
1897	49		

---

1) Natürlich gehören in diese Kategorie auch viele unüber-
legte Neugründungen. „Bei der Konkurrenz, die heute unter den
Verlegern herrscht und die erheblich größer ist als die Konkurrenz
unter den Sortimentern, ist es für den Anfänger noch leichter als
früher, Kredit zu erlangen und die Versuchung, auf Grund des
Kredits ein Geschäft zu begründen, noch größer als früher.“
Prager im Börsenbl. v. 1903, S. 183.

Leider sind für 1893 und 1894 die Zahlen[1]) nicht veröffentlicht. Ziehen wir den Durchschnitt der fünf Jahre 1891, 1892 und 1895—1897, und vergleichen ihn mit den Ergebnissen der Betriebsstatistik von 1895, so entfielen auf je 1000 Betriebe Konkurse:

im Buch=, Kunst= und Musikalienhandel . . 3.61

in Waren= und Produktenhandel 5.83

Gewiß liegen in der überkommenen Organisation des Buchhandels betriebsverteuernde Momente; aber die vielberufenen Leipziger Kommissionsspesen spielen doch entfernt nicht die Rolle, die gewöhnlich vorausgesetzt wird. Es ist mir ermöglicht worden, auch dafür ziffermäßige Anhaltspunkte zu gewinnen.[2]) Ein Kommissionär ermittelte die gesamten Spesen in seinem Verkehr mit vier verschiedenen Sortimenten, deren jährlicher Umsatz sich zwischen den Grenzen von 25 000 und 70 000 Mk. bewegte: sie schwankten im Jahresdurchschnitt zwischen 1.8 und 2.8%. Eine Sortimentsfirma in der Provinz Sachsen hatte 1902 an ihren Kommissionär für Barprovision, Verpackungs= und Gewichtsspesen 1.9% des Umsatzes zu zahlen; sie bezieht aber ihre Waren in Körben und hat darum nur halbe Verpackungskosten zu zahlen. Bei Ballenverpackung würden sich obige Spesen auf 2.33% stellen. Ihre Frachtkosten von Leipzig ab beliefen sich auf 1.5% (halb Fracht= und halb Eilgut). Ein Sorti-

---

1) Sie sind entnommen dem Statist. Jahrbuch des Deutschen Reichs 1893—1902. Die vorläufigen Angaben in den Vierteljahrsheften zur Stat. d. D. R. weichen davon in Kleinigkeiten ab.

2) Es liegen mir Angaben von zwei Kommissionären und vier Sortimentern aus Königr. und Prov. Sachsen, Prov. Posen und aus Österreich vor. Auf das Detail der Berechnung kann hier nicht eingegangen werden.

menter aus der Provinz Posen mit 20 000 Mk. Umsatz gibt die Kommissionsspesen auf 1.5, die Kosten für Post- und Eisenbahnfracht nebst Verpackungsgebühren auf 5% an. Natürlich ist der Verkehr durch den Kommissionär teurer als der direkte Verkehr mit dem Verleger. Setzen wir Postsendung voraus, so kostet ein Fünfkilopaket durch den Kommissionär 85 bis 105 Pfennige (Verpackungs- gebühr 6—10 Pfg.[1]), Centnergeld 1 Pfg. das Kilo), vom Verleger 50 Pfg.

Ein Sortimenter aus dem Königreich Sachsen, dessen Zuverlässigkeit mir verbürgt ist, stellt folgende Berechnung auf. Bei einem Jahresumsatz von 30 000 Mk. (Bücher, Musikalien und sonstige Nebenbranchen) lassen sich un- bedenklich 30% als Bruttoertrag annehmen, also 9000 Mk. Von diesen sind insgesamt 4000 Mk. Betriebskosten ab- zurechnen — alles einbegriffen: Miete, Gehälter, selbst die Steuern, natürlich aber auch Frachten und Kommissions- spesen. Der reine Geschäftsgewinn von 5000 Mk. beträgt also $16\frac{2}{3}\%$ des Umsatzes und die Vertriebsspesen $13\frac{1}{3}$. Nun dürfen aber die Steuern nicht zu den Betriebskosten gerechnet werden. Es dürfte also richtig sein, wenn der Geschäfts- inhaber selbst die Gesamtspesen auf $12\frac{1}{2}\%$ berechnet. Die Kommissionsspesen bemißt er auf 6—700 Mk. = $2—2\frac{1}{3}\%$. In diesen ist aber auch das vom Kommissionär ausgelegte Porto für Postpakete (der Betrieb liegt in der ersten Zone) einbegriffen. Bei größerer Entfernung von Leipzig würde infolge höherer Porto- und Bahnsätze, besserer

---

1) Die Verpackungsgebühr ist nicht bloß Vergütung für Pack- material und die Arbeit des Packens, sondern begreift auch die Kosten des Kommissionärs für Lokalmiete, Heizung, Beleuchtung und Mühewaltung des kaufmännischen Personals.

Verpackung und dadurch erhöhter Verpackungsgebühren das Spesenkonto mit 150—200 Mk. mehr belastet werden; das ergäbe $\frac{1}{2}$—$\frac{2}{3}\%$ mehr.

Da mir auch von anderer Seite die gesamten Vertriebskosten der Sortimenter auf durchschnittlich $12\frac{1}{2}\%$ angegeben werden, so wird man diesen Satz als den normalen ansehen dürfen. Der reine Nutzen kann darnach unbedenklich auf $17\frac{1}{2}\%$ vom Umsatze angenommen werden. Auch dieser schon sehr ansehnliche Betrag läßt sich durch Wahrnehmung aller der Vorteile, welche die Rabattbedingungen des Verlegers bieten, noch etwas steigern, vorausgesetzt daß der Sortimenter über genügendes Betriebskapital verfügt. Die Spesen des Kommissionärs können durch direkten Verkehr mit den Verlegern oder mit dem Barsortiment (vergl. den nächsten Abschnitt) zu einem großen Teile erspart werden. Alles in allem aber werden die obigen Darlegungen gezeigt haben, daß der Sortiments-Buchhandel an sich ein in sehr hohem Maße lohnender Handelszweig ist und daß er auch seinen Mann nährt; man muß ihn nur nicht an unmöglichen Orten und nicht ohne ausreichende Zutat von Kapital und Arbeit treiben wollen.

Was eine große Zahl von kapitalschwachen Sortimentsbuchhandlungen in schwierige Lage bringt, das ist die Gewährung unvernünftig langen Kredits an das Publikum. Es gibt wohl keinen Zweig des Kleinhandels, der ein solches Lotterwesen in diesem Punkte hat einreißen lassen, wie es im Sortiment gang und gäbe ist, zumal einer Kundschaft gegenüber, die zahlen kann und auch meist gern früher zahlen würde, wenn nur rechtzeitig die Rechnung vorgelegt würde, keinen auch, dessen Buchführung so viel zu wünschen übrig läßt. Hätten hier die Orts- und Kreisvereine die bessernde Hand angelegt, sie würden gewiß das ganze ordnungliebende Publikum auf ihrer Seite gehabt haben. Oder ist es wirklich so schwer einzusehen, daß die Einräumung eines Kundenkredits, der sich über ein oder mehrere Jahre hin erstreckt, der Gewährung von verbotenem Rabatt gleichkommt, daß damit ein Kapital in den Geschäftsbüchern festgelegt wird, das anderwärts im Betriebe fehlt und diesen darum in zweifacher Weise verteuert?

X.
Das Barsortiment.

Durch die Begründung des Barsortiments ist für den deutschen Buchhandel das geschaffen worden, was für andere auf stark spezialisierter Produktion beruhende Handelszweige überall besteht (oben S. 19): ein Grosso=geschäft als gemeinsame Ablagestelle für die Produzenten und gemeinsame Bezugsquelle für die Detailhändler. Seine ersten Anfänge gehen bis auf die Mitte des 19. Jahrhunderts zurück, wo in Leipzig L. Zander ein Lager gangbarer Bücher errichtete, die vom Publikum gern gebunden gekauft werden. Dadurch, daß er dieses Einbinden im großen besorgen ließ[1]), konnte er den Sortimentern eine gern benutzte Erleichterung für ihren Absatz bieten; dem Publikum war es doch endlich lästig geworden, die Bücher bloß broschiert und oft nicht ein=mal geheftet kaufen zu sollen, wie es der herrschende Handelsbrauch verlangte.

Die weitere Ausbildung und Ausbreitung dieses Geschäftsbetriebes hängt aufs engste mit der Entwicklung der mechanischen Großbuchbinderei zusammen. Dadurch,

---

1) Über die Anfänge des Handels mit gebundenen Büchern in Leipzig habe ich in den Schriften des Vereins für Sozialpolitik, LXVI, S. 281, Mitteilung gemacht; sie gehen bis ins 16. Jahr=hundert zurück.

12*

daß diese einen gefälligen und haltbaren Einband durch umfassende Anwendung von Maschinen bei großen Bestellungen sehr billig herzustellen vermochte, wurde es ökonomisch zweckmäßig, das Einbinden des Buches möglichst nahe an seine Produktion heranzurücken und die teure Handarbeit zu vermeiden, welche beim Einzelband auch heute noch nicht zu umgehen ist.

Während der erste Begründer des Barsortiments in Leipzig der Sache bald überdrüssig wurde, sind die später entstandenen Unternehmungen von F. Volckmar, L. Staackmann und K. F. Koehler rasch emporgekommen.[1]) Heute zählt das Offizielle Adreßbuch unter der Rubrik „Barsortimentshandel" zwar 42 Firmen auf, von denen 28 in Leipzig, 4 in Wien, je 2 in Stuttgart, Berlin, Riga und je 1 in Hamburg, Frankfurt a. M., Konstanz und Olten sich befinden. Größere Bedeutung für den Buchhandel hat aber außer den drei genannten nur noch ein Stuttgarter Unternehmen (A. Koch & Co.). Daneben macht sich schon eine gewisse Spezialisation bemerkbar: in Leipzig gibt es allein 16 Musikalien-Barsortimente und je eines für Lieferungswerke und Zeitschriften, für Kolportageliteratur, für herabgesetzte Werke, für homöopathische Literatur und für Malvorlagen.

---

1) Die Literatur über das Barsortiment ist spärlich. Benutzt wurden: Schürmann, Der Buchh. der Neuzeit, S. 39 ff.; Ruprecht, Die Barsortimente, Göttingen 1891; Allgemeine Buchhändlerzeitung 1894, Nr. 2 und 1900, Nr. 51 f. F. Luckhardt, Der deutsche Buchhandel an der Jahrhundertwende, Berlin und Leipzig 1901; Derselbe, Wie es im Buchhandel aussieht, Heft II (1899). Ferner verschiedene Rundschreiben aus dem Jahre 1900, betr. die Gründung eines Verlegersortiments und die für den Buchhandel bestimmten Lagerverzeichnisse von K. F. Koehler und F. Volckmar.

Seine jetzige Ausbildung verdankt das Barsortiment einem Manne von genialer kaufmännischer Veranlagung, K. F. Koehler, der im Jahre 1888 zuerst die wissenschaft= liche Literatur in das Barsortiment einführte und auch für die Betriebsorganisation manche Verbesserungen schuf.[1]) Die anderen sind ihm bald darin nachgefolgt.

Heute enthalten die Lagerverzeichnisse der großen Firmen 25—40 000 Büchertitel: in erster Linie die schöne und Geschenkliteratur, Schulbücher und andere Lehrmittel, wissenschaftliche und praktische Handbücher. Ein solcher Katalog ist ein kleines Wunder. Neben dem Titel des Buches und dessen Verlag findet man das Gewicht des= selben in Grammen angegeben und zugleich seinen „Tele= grammtitel". Der letztere ist ein beliebiges Stichwort; alle Stichwörter stehen ebenso in alphabetischer Folge wie die Autornamen und sonstigen Kennwörter der Bücher= titel. Vermittels dieser Stichwörter kann der Sortimenter bis zu 6 oder 7 verschiedenen Werken in einem Telegramm für 50 Pfennige bestellen. Zugleich kann er im voraus das Gewicht der Sendung und damit die zweckmäßigste Beförderungsart bestimmen. Jede Bestellung wird am Tage des Eingangs erledigt.

Ferner enthält der Katalog den Ladenpreis und den Buchhändler=Barpreis für gebundene und in neuerer Zeit auch für ungebundene Exemplare, sowie die Partiepreise. Der Sortimenter bezieht also genau so billig vom Bar= sortimenter, wie er bei Barbezug vom Verleger beziehen würde. Er erspart die Kommissionsspesen (speziell auch diejenigen für die Verpackung), wird viel rascher und oft

---

1) Vgl. „Das neue Geschäftshaus der Firma K. F. Koehler in Leipzig" 1894.

auch besser bedient als auf dem gewöhnlichen Wege und erlangt in dem Lagerverzeichnis des Barsortimenters ein so bequemes Hilfsmittel für den Betrieb, daß er andere umständlichere und kostspieligere Hilfsmittel, ja selbst jede umfassendere Bücherkenntnis entbehren kann. Neben den Hauptkatalogen, die durch wöchentliche Neuaufnahme= Verzeichnisse fortgesetzt auf dem Laufenden erhalten werden, geben die Barsortimente noch für das Publikum illustrierte Weihnachtskataloge, Fachkataloge von wissenschaftlichen Handbüchern, Verzeichnisse von Geschenkwerken, Atlanten, Musikalien, Lehrmitteln u. s. w., sowie periodisch erscheinende „Literarische Neuigkeiten", „Blätter für Bücherfreunde" (Besprechungen und Anzeigen) heraus, in denen der Sortimenter wirksame Vertriebsmittel gewinnt. Kurz, sie bieten so viele Vorteile und Erleichterungen, daß sie damit dem Sortimentsbetrieb in kleinen und mittleren Städten geradezu die Richtung anweisen und ihn auch Leuten ohne Fachbildung ermöglichen.

Selbst Bestellungen auf Bücher, die nicht in ihren Katalogen stehen, werden angenommen, aber zur Aus= führung dem Kommissionär des Bestellers mit Angabe des Verlegers überwiesen, so daß das Verlangte ohne Verzögerung vom Kommissionär besorgt werden kann. Dabei ist zu beachten, daß die großen Leipziger Bar= sortimente alle auch das Kommissionsgeschäft in großem Umfang betreiben. K. F. Koehler hat 804, F. Volckmar 763 und L. Staackmann 154 Kommittenten. Für letztere ist dadurch das Geschäft noch mehr vereinfacht. In neuerer Zeit sind die Barsortimente sogar dazu übergegangen, auf Dreimonatskredit zu verkaufen, der besonders zur Weihnachts= und Schulbücherzeit viel benutzt wird. So haben sie selbst im Lokalverkehr ihres Geschäftssitzes immer mehr Boden gewonnen; namentlich werden Bücher, deren Verleger dort keine Auslieferungslager unterhalten, fast nur noch von ihnen entnommen.

Die Barsortimente arbeiten mit minimalem Nutzen am einzelnen Buche; der Gewinn läuft aber durch den gewaltigen Umschlag zu sehr bedeutenden Summen auf. Er beruht in der Hauptsache auf den Freiexemplaren beim Partiebezug, deren Preis natürlich ganz den Barsortimentern bleibt, wo die Sortimenter ein Buch nur in einzelnen Exemplaren verlangen. Außerdem genießen sie von manchen Verlegern Extrarabatte (5—10%) und, wenn sie noch die Bücher binden lassen, den Gewinn am Einband. Seitdem jedoch die Verleger selbst dazu über= gegangen sind, ihre gangbaren Sachen gleich in Original= einbänden zu liefern, um sich den Gewinn aus diesem Geschäfte nicht entgehen zu lassen, ist dieser Teil ihres Verdienstes stark zurückgegangen.

Überhaupt hat sich der Verlag nicht durchweg freund= lich zu dem neuen Zwischenglied im Buchhandel gestellt. Allerdings wußte er den Vorteil zu schätzen, daß er vom Barsortimenter für ein neues Verlagswerk sofort große Summen einnimmt, die den Produktionsaufwand zu einem erheblichen Teile decken, statt daß er früher den Betrag erst spät von vielen Sortimentern zusammenbrachte. Auch ließ sich nicht verkennen, daß die Kataloge fördernd auf den Absatz einwirkten, namentlich bei wissenschaftlichen Handbüchern. Dennoch weigerten sich manche Verleger, den Barsortimentern irgend welche Vorteile zu bewilligen. Sie meinten, daß die ganze Einrichtung auf ihre Kosten lebe; die Freiexemplare bei Partiebezug, welche zur An=

spornung des Eifers der Sortimenter erdacht seien, die aber jetzt der Barsortimenter schlucke, seien ein zu teurer Preis für die Katalogreklame. Auch verliere der Verleger auf diesem Wege die Fühlung mit den Sortimentern und den Überblick über sein Absatzgebiet, könne vor Veranstaltung von neuen Auflagen nicht richtig über die noch vorhandenen Restbestände (speziell bei Schulbüchern) disponieren, bei „Schleuderei" den Winkelhandlungen den Bezug nicht abschneiden. Schließlich fürchtete man, daß die Barsortimente so mächtig werden könnten, daß sie den Verlegern die Bezugsbedingungen diktierten, zumal die Gefahr einer Fusion bei der geringen Zahl der Betriebe nicht ausgeschlossen sei. Das Provinzialsortiment verliere durch sie immer mehr an Leistungsfähigkeit; sein Bildungsgrad sinke; schließlich werde „seine wirtschaftliche Berechtigung auch in den Augen derjenigen gefährdet werden, welche von dieser Berechtigung jetzt noch überzeugt seien".

Man glaubte darnach die Verleger zum Kampf gegen die Barsortimente aufrufen zu müssen. Anfangs dachte man an ein in Leipzig zu errichtendes gemeinsames Auslieferungslager der Verleger, die dort keine besondere Auslieferung unterhalten. Im Jahre 1900 wurde der Plan eines Verleger-Barsortiments entworfen, das als Gesellschaft mit beschränkter Haftung von den Verlegern errichtet werden, ein Monopol für die Verlagsartikel der Gesellschafter besitzen und den Verlegern selbst den Unternehmergewinn, der jetzt den Barsortimentern zufließt, erhalten sollte. Der Prospekt war von 17 der größten Verlagsfirmen unterzeichnet, ist aber schließlich doch nicht zur Verwirklichung gelangt, da die vier großen Barsortimente sich lebhaft zur Wehr setzten und die Anhänger zum großen Teile abwendig zu machen wußten.

Schon darin liegt ein Zeichen des gewaltigen Einflusses, den sie im deutschen Buchhandel gewonnen haben. Kapitalschwache Verleger sind schon heute mehr oder minder in ihrer Macht, bewilligen den Barsortimentern — ganz im Widerspruch mit ihrem Namen — den Bezug à condition und auf langen Kredit, wogegen diese selbst die Kreditgewährung gegenüber dem Sortiment immer mehr ausdehnen. Durch das Eindringen des Konditionsgeschäfts fällt der sehr erhebliche Teil des Vertriebsrisikos, den sie seither übernommen hatten, wieder auf die Verleger zurück, und wenn in dieser Richtung weiter fortgegangen wird, so muß das große Verdienst, das die Barsortimente als Bahnbrecher einer wirklich kaufmännischen Behandlung des Bücherverschleißes ohne Zweifel sich erworben haben, zum guten Teile wieder verloren gehen.

So ist es heute schwerer als je, zu einem gerechten Urteile über die Barsortimente zu gelangen. Wer die alte Organisation des Buchhandels für die denkbar vollkommenste hält, wird sie bekämpfen. Sie erschüttern die Stellung des Verlegers zum Sortiment; sie graben den Kommissionären das Wasser ab; sie leisten einer schrankenlosen Vermehrung der Kleinbetriebe im Sortiment und damit einer Proletarisierung des ganzen Sortimenterstandes Vorschub. Darüber braucht nicht übersehen zu werden, daß sie den Bücherbezug des Publikums beschleunigt, den Bücherabsatz gefördert und in ihren Kompendienkatalogen ebenso dem Publikum willkommene Orientierungsmittel geschaffen haben, wie sie durch ihre Lagerverzeichnisse dem Sortiment eine wesentliche Arbeitsersparnis ermöglicht haben. Für die wissenschaftliche Bücherproduktion können sie noch große Bedeutung gewinnen, wenn man einmal zum genossenschaftlichen Fachverlag übergehen wird, wie sie denn auch jetzt schon den unter der alten buchhändlerischen Organisation fast hoffnungslosen Selbstverlag wesentlich erleichtert haben.

Beseitigen lassen sie sich allem Anscheine nach nicht mehr. Sie sind eine Macht geworden, mit der bei einer künftigen Reform des deutschen Buchhandels gerechnet werden muß. Wenn einmal die beiden größten Unternehmungen, die schon als Kommissionsfirmen mit ihren 1567 Kommittenten mehr als den vierten Teil des ganzen deutschen Buchhandels repräsentieren, sich vereinigen sollten, so werden sie nicht nur eine ganz bedeutende Kostenersparnis für ihren Betrieb erzielen, sie werden auch eine Kapitalmacht bilden, gegen die keine Konkurrenz mehr aufkommen kann. Die Hoffnung, der ein Teil der Verleger sich hingegeben hat, daß immer mehr Barsortimente entstehen und sich durch gegenseitige Konkurrenz schließlich selbst vernichten würden[1]), war eine Selbsttäuschung. Nicht in der Vernichtung, sondern in der Überführung der bestehenden Barsortimente aus der privaten in die genossenschaftliche Unternehmungsform wird das Heil der Zukunft zu suchen sein.

1) G. A. Müller, Die Arbeiten des Verlegers, S. 59.

XI.
Reisebuchhandel und Ratengeschäft.

Wer den wissenschaftlichen Büchermarkt der letzten zwanzig Jahre mit einiger Aufmerksamkeit beobachtet hat, dem muß die große Reihe encyklopädischer Sammelwerke aufgefallen sein, die bald in lexikographischer Form, bald in Gestalt von kooperativen, durch zahlreiche Spezialisten unter Oberleitung eines „Herausgebers" hergestellten Hand-büchern veröffentlicht wurden. Die Betriebsamkeit in solchen Unternehmungen war zeitweise eine so umfassende, daß in einzelnen Zweigen der Wissenschaft alles, was an deutschen Hochschulen die Feder führen konnte, eingespannt war und die eigentliche Forschertätigkeit darunter litt, wie sich deutlich an der Abnahme der monographischen Literatur in dieser Zeit erkennen ließ. Ja selbst ausländische Spezialisten — Franzosen, Italiener, Engländer, Russen, Dänen, Schweden, Amerikaner — wurden in den Dienst dieser Unternehmungen gestellt. Mit fieberhafter Eile arbeiteten die Setzer, die Korrektoren, die Pressen; in unglaublich kurzer Zeit wurden Bände von je 70—80 Bogen hergestellt; das deutsche Buchgewerbe offenbarte eine grandiose Leistungsfähigkeit. Sogar an der Ausstattung war nicht gespart; die Werke kamen gleich in soliden Halbfranzbänden auf den Markt, und selbst das Mit-arbeiterhonorar war für deutsche Verhältnisse ungewöhn-lich reichlich bemessen.

Ob diese Werke für die Wissenschaft ein Segen sind, mag dahin gestellt bleiben. Ein wissenschaftliches Bedürfnis für sie liegt wohl nur da vor, wo nach einer Periode spezialistischer Kleinarbeit die Notwendigkeit geordneter Zusammenfassung der Ergebnisse empfunden wird, und auch hier vermögen bei stark auseinandergehenden Richtungen in einer Disziplin jene Sammelwerke den Mangel einheitlicher Grundauffassung nur äußerlich zu verdecken. Tatsächlich verdanken sie denn auch viel häufiger der Unternehmungslust findiger Verleger oder der Initiative betriebsamer „Herausgeber" ihre Entstehung als dem freien Entschlusse originaler Forscher und weite Wissensgebiete beherrschender Denker. Ist aber einmal der Plan entworfen, dann lassen sich meist die zuletzt genannten durch die lange Liste der Mitarbeiter oder durch die Beredsamkeit des Entrepreneurs überzeugen, daß sie nicht fern bleiben dürfen. Die Fachgenossen könnten aus dem Fehlen ihres Namens an einer Stelle, wo sie sich als Autoritäten zu betrachten gewöhnt haben, unliebsame Schlüsse ziehen. Es ist wie bei einer Industrieausstellung, an der sich so mancher anfangs widerwillige Fabrikant schließlich doch beteiligt, um der Konkurrenz nicht das Feld allein zu überlassen.

Vom Standpunkte der buchgewerblichen Technik bedeuten jene gewaltigen Wälzer von tausend und mehr Seiten Lexikon-Oktav und zwei oder mehr Kilo Gewicht[1]) nicht gerade einen Fortschritt. Sind es doch nicht durchweg reine Nachschlagewerke, sondern vielfach auch Bücher,

---

1) Die 7 Bände des Handwörterbuchs der Staatswissenschaften, 2. Aufl. (Jena, Fischer) wiegen zusammen 19.6 kg; jeder Band des Lexikons der ges. Technik, herausgegeben von O. Lueger 2½ kg;

die anhaltend durchstudiert und bequem gelesen sein wollen, und hier dürfte auch der stärkste Arm ermüden, wenn er nur eine halbe Stunde einen solchen Vierpfünder handhaben soll.

Aber es ist bei jenen kolossalen Werken industriöser Unternehmungslust und vielseitigen literarischen Frondienstes nicht geblieben. Der Lexikon-Oktavband hat Schule gemacht, und heute ist eine große Zahl ähnlicher Bände von einzelnen Verfassern auf dem Markte, meist reich illustriert, gut ausgestattet, hübsch gebunden und durchweg für ein größeres Publikum bestimmt. Statt vieler Beispiele sei nur auf die stattlichen Bände des Bibliographischen Instituts verwiesen aus dem Gebiete der beschreibenden Naturwissenschaften, der Erd- und Völkerkunde, der Literar-, Kunst- und Kulturgeschichte. Der Abschluß des Jahrhunderts hat eine ganze Reihe solcher Bände verschiedensten Verlags hervorgerufen, meist reine Buchhändlerspekulationen: was die meisten an innerem Gehalt vermissen lassen, ersetzen sie durch Reichtum des Bilderschmucks. Werden sie auch von den Fachleuten gar nicht, von dem weiteren gebildeten Publikum wenig gelesen, so werden sie doch von vielen gekauft, die sonst für literarische Bedürfnisse nur wenig übrig haben. Man legt sie auf den Tisch der guten Stube und dokumentiert damit ein wohlhäbiges Interesse für höhere Geistesbildung. Im Notfall geben sie Bilderbücher ab für die heranwachsende Jugend.

das Handbuch der politischen Ökonomie, herausgegeben von Schönberg, 3 Bände in 5 Teilen ca. 9 1/2 kg, das Handbuch der Therapie innerer Krankheiten, herausgegeben von Penzoldt und Stintzing, 7 Bände, 11.8 kg. Nach den Gewichtsangaben in K. F. Koehlers Lagerverzeichnis vom Oktober 1902.

Es ist Geschäftsprinzip der Verleger, daß keiner dieser Bände unter fünfzehn Mark kosten darf. Und doch sind viele unter ihnen in Zehntausenden von Exemplaren verbreitet worden. Nur bei mehrbändigen Werken mag der Preis für den Band bis auf zehn Mark heruntergehen. Der Preis für das ganze Werk kann dann auf hundert und mehr Mark kommen. Dennoch erleben manche von ihnen eine Auflage nach der andern. Wer sollte es für möglich halten, daß in dem mäßig begüterten Deutschland, in einem Stande, von dem uns täglich in den Zeitungen versichert wird, daß er an einem weit verbreiteten Notstand leide, ein Werk von 26 Bänden die dritte Auflage erleben konnte, das ungebunden 396, gebunden 461 Mark kostet?[1]) Oder wer hätte geglaubt, daß fast unmittelbar nach dem Abschlusse eines streng fachwissenschaftlichen Riesenwerkes, wie es das Handwörterbuch der Staatswissenschaften ist, das zur bloßen Kostendeckung bereits eines sehr starken Absatzes bedurfte, eine zweite neubearbeitete Auflage nötig werden könnte?[2])

Und immer weiter dringt das gleiche Geschäftsprinzip vor. Schiller, Goethe, Shakespeare müssen sich die Metamorphose aus dem Duodez und Kleinoktav in das Lexikonoktav („Illustrierte Prachtausgaben in Original=Prachteinband") gefallen lassen; der „Verlag der Literaturwerke Minerva" zu Leipzig hat eine ganze „Klassische Hausbibliothek" in 25 Bänden herausgegeben (Chamisso, Eichen-

---

1) Realencyklopädie der gesamten Heilkunde, herausgegeben von A. Eulenburg.

2) 6 Bände, 1890—1894 erschienen bei G. Fischer in Jena, dazu 2 Supplementbände 1895 und 1897. Die 2. Auflage, 7 Bände, erschien 1898—1901.

dorff, Goethe, Hauff, Heine, Immermann, Kleist, Lessing, Rückert, Schiller, Shakespeare, Tegnér, Tennyson, Uhland). Sie kostet im ganzen hundert Mark; dazu eine elegante Metalletagère in Silber= und Goldbronze 20 Mark. Da hat nun der Bildungsphilister der Kleinstadt oder Pomuchels= kopp auf seinem mecklenburgischen Rittergut die Quintessenz der ganzen klassischen Bildung hübsch beisammen, ohne daß ihm die schwere Qual der Wahl zugemutet worden wäre. Salchen und Malchen können sie in der Besuchs= stunde ihren Verehrern zeigen. „Die Werke sind in Pracht=Ganzleinenbände gebunden, deren jeder mit dem Porträt des betreffenden Dichters in Relief=Hochdruck auf Goldgrund geschmückt ist."

In der (nur für Buchhändler bestimmten) Ankündi= gung, der diese Worte entnommen sind, heißt es weiter: „Mit dieser billigsten illustrierten klassischen Hausbibliothek ist dem Reisebuchhandel ein Werk von unbegrenzter Absatzfähigkeit geboten. Der beste Beweis für die Leicht= verkäuflichkeit dieser einzig dastehenden Klassikerbibliothek ist der, daß ein einziger Reisender in noch nicht zwei Jahren fast 1000 Exemplare absetzte. Firmen, die sich für den Vertrieb dieses populären, außerordentlich hoch rabattierten Reiseobjektes interessieren, wollen diesbezüg= liche Offerten verlangen" u. s. w. Und damit haben wir des Rätsels Lösung: alle diese schweren Bände sind Reiseobjekte, Warenartikel des Wanderbuchhandels.[1])

---

1) Über den Gegenstand vgl.: Streißler, Der Kolportage= buchhandel, Leipzig 1887. — F. v. Biedermann, Preßfreiheit und Gewerbeordnung, Leipzig 1894. — K. Baumbach, Der Kolportagebuchhandel und seine Widersacher (Volksw. Zeitfragen, Heft 118) Berlin 1894. — Schürmann, Der Buchhandel der Neu=

Die meisten werden bei diesem Namen zunächst an die Schundliteratur und Hintertreppenromane denken, die als Lesefutter für Dienstboten und Handwerksgesellen an den Türen angeboten werden. Aber der Wanderbuch=handel oder, wie er gern sich selber nennt und mit Recht genannt werden darf: der Volksbuchhandel beschränkt sich schon lange nicht mehr auf diese billigen Lieferungs=werke, an denen meist auch nicht mehr schauerlich ist als ihr Titel. Er hat nach und nach immer mehr die ernste Literatur in sein Bereich gezogen, und heute machen jene vielberufenen Lieferungsromane vielleicht nicht mehr 5% seines gesamten Absatzes aus. Nach einer in ihren statistischen Grundlagen freilich anfechtbaren Aufstellung aus dem Jahre 1893 betrug der prozentuale Anteil am Absatz des Wanderbuchhandels

1. für Familienjournale (meist illustrierte Zeit=schriften, Modezeitungen, Witzblätter) 54.4%;

2. für Lieferungswerke und Fachzeitschriften (Klassiker, populär=wissenschaftliche Literatur, Atlanten, Konversationslexika, religiöse Schriften, gute Belle=tristik) 19.8%;

3. für sogenannte Druckschriften (Kochbücher, Lieder=bücher, Jugendschriften, Kalender u. s. w.) 9.6%;

---

zeit, S. 53ff. — K. Heinrici, Die Verhältnisse im deutschen Kolportagebuchhandel: Schriften des Vereins für Sozialpolitik LXXIX, S. 183—234. — Pfau, Der Reisebuchhandel und das Sortiment der Gegenwart, Leipzig 1900. — E. Thomas, Die Praxis des Reisebuchhandels, 2. Aufl., Leipzig 1901. — A. v. Pötters, Oster=gedanken eines Buchhandlungsreisenden über das Kartell der Reise=buchhandlungen, Stuttgart 1901. — Der Name Wanderbuch=handel ist in der Fachliteratur nicht üblich; aber er scheint mir unentbehrlich, um die verschiedenen verwandten Geschäftszweige unter einen gemeinsamen Begriff zu bringen.

4. für Volksromane in Heften à 10 Pfennige 16.2%.

In die zweite Gruppe fallen alle jene voluminösen Sammelwerke und Einzelpublikationen, die oben charakterisiert wurden. Sie dürften heute mehr als zwei Fünftel des gesamten Umschlags im Wanderhandel ausmachen. Um die verschiedenen Spezialitäten des letzteren zu verstehen, wird man sich gegenwärtig halten müssen, daß der Wanderbuchhandel ebenso seine besondere Organisation[1]) hat wie der stehende Buchhandel. An der Spitze dieser Organisation stehen die Verleger. Diese fallen nur z. T. zusammen mit den Verlegern für den stehenden Buchhandel; soweit diese für den Wandervertrieb geeignete Ware produzieren, benutzen sie ihn sogar mit Vorliebe. Daneben gibt es reine Kolportage=Verleger und solche, die Kolportage=Verlag und =Sortiment miteinander verbinden. Ferner finden sich in großer Zahl eigne Sortimenter des Wanderbuchhandels, d. h. stehende Handelsbetriebe, welche auf eigne Rechnung Schriften fremden (aber daneben oft auch eignen) Verlags vertreiben. Sie beziehen ihre Ware entweder direkt von den Verlegern, oder sie bedienen sich dazu der Kolportage=Grosso=Sortimenter, die den Barsortimentern im stehenden Buchhandel entsprechen. Es gibt deren 6—8 in Leipzig; vereinzelt kommen sie auch in Stuttgart, Berlin, Dresden und anderen großen Städten vor.

Die Sortimente des Wanderbuchhandels zerfallen wieder in Kolportage= und Reisebuchhandlungen. Die Kolportagebuchhandlung sendet an ihrem Geschäfts=

_____

1) Am besten orientiert über diese die oben angeführte Abhandlung von Heinrici, S. 184 ff.

fitze und in dessen Umgebung Abonnentensammler (Kolporteure) aus, die von Haus zu Haus gehen und überall Probehefte von Lieferungswerken oder Probenummern von Zeitschriften abgeben, auf die sie beim Wiedereinsammeln Abonnenten zu gewinnen suchen. Dabei verkaufen sie auch abgeschlossene Druckschriften kleineren Umfangs. Ihr Kundenkreis setzt sich zumeist aus Handwerkern, Arbeitern, Dienstboten u. dergl. zusammen, gehört also den minder bemittelten Kreisen an. Für jedes abonnierte Heft, das er bringt, zieht der Kolporteur den Betrag (gewöhnlich 10 Pfg.) sofort ein und ebenso den Preis für jede verkaufte „Druckschrift". Der Reisebuchhandel dagegen sendet auf größere Entfernungen Reisende aus, die für umfangreiche und teuere Werke entweder unter der ganzen wohlhabenden Bevölkerung oder in besonderen Fachkreisen auf Grund mitgeführter Probebände Abnehmer suchen. Die gewonnenen Bestellungen senden sie wöchentlich an ihre Buchhandlung ein, welche die Versendung durch die Post besorgt. Das Werk wird gewöhnlich sofort vollständig geliefert, und zwar gegen auf lange Fristen verteilte Ratenzahlungen. Während also die Kolportage grundsätzlich nur Bargeschäfte treibt, arbeitet der Reisebuchhandel mit Kredit; ja dieser ist sein Hauptanlockungs= und Verführungsmittel.

Beide, Kolportage wie Reisebuchhandel, bedürfen eines relativ zahlreichen Vertriebspersonals, unter dem sich viele unsichere Elemente, Schiffbrüchige aus allen Berufsklassen der Bevölkerung befinden, namentlich stellenlose Kaufleute. Sie erhalten Provision von dem durch sie erzielten Absatz, oft daneben auch noch feste Besoldung, die Kolporteure wohl auch freie Station. In neuerer Zeit hat man auch weibliches Personal eingestellt — nicht gerade zur Hebung des ganzen Standes. Aber die Verhältnisse scheinen sich doch zu bessern; bereits finden sich, wenigstens unter den Reisenden, ziemlich viele gelernte Buchhändler. Wo das Personal ganz auf Provision gesetzt ist, wird die Gewinnung von Abnehmern oft mit verwerflichen Mitteln betrieben. Es werden Leute zum Kaufen von Büchern verführt, die ihr Geld besser für andere Dinge verwenden würden. Die aus diesen Umständen hervorgehenden Prozesse sind schon zur wahren Landplage für die Gerichte geworden.[1])

Endlich wird auch noch der Bücherhausierer zum Wanderbuchhandel gerechnet werden müssen. Er ist ein selbständiger kleiner Unternehmer, der gegen bare Zahlung einen Posten Bücher erwirbt, um sie von Ort zu Ort (in Städten auch von Wirtshaus zu Wirtshaus) zu vertreiben. Er ist dem „Wiederverkäufer" im stehenden Buchhandel vergleichbar und treibt wie dieser oft den Bücherhandel nur als Nebengewerbe oder nur zu bestimmten Zeiten des Jahres. Briefsteller, Kalender, Liederbücher, Jugendschriften, Erzählungen, Gebet- und Gesangbücher u. dergl. bilden seinen Warenbestand. Verwandt damit ist der kleine Straßen- und Marktbuchhandel.

Es ist behauptet worden, daß der Wanderbuchhandel schon jetzt mehr Menschen beschäftige als der gesamte

---

1) Im Börsenblatt kann man Annoncen lesen wie die folgende (Jahrg. 1903, S. 893):

„Für Reisebuchhandlungen!
Junger verh. Buchhändler, mit allen Arbeiten des Sortiments, Verlags- und Reisebuchhandels, sowie Buchführung, Korrespondenz, Mahn- und Klagewesen vollständig vertraut, sucht selbständige, leitende Stellung" 2c.

stehende Buchhandel. Zuverläſſige ſtatiſtiſche Daten über die Zahl der Abonnentenſammler, Buchhandlungsreiſenden und Bücherhauſierer liegen nicht vor. Dagegen bringen die ſtatiſtiſchen Nachweiſe des Offiziellen Adreßbuchs für den deutſchen Buchhandel alljährlich auch Angaben über die Zahl der Kolportage=Verleger und =Sortimenter, aus denen die nachſtehende kleine Tabelle zuſammengeſtellt iſt.

Tabelle V.
Zahl der Betriebe im Kolportagebuchhandel.

Jahr	Kolportage=		Verlag u. Sortiment	Zuſammen
	Verlag	Sortiment		
1875	193	589	72	854
1880	152	634	70	856
1885	134	690	65	889
1890	135	988	60	1183
1895	201	966	62	1229
1900	146	823	75	1044
1901	162	748	152	1062
1902	156	743	151	1050
1903	156	810	158	1124

Bei der Betrachtung dieſer Ziffern wird man nicht außer acht laſſen dürfen, daß gerade der wichtigſte Teil des Wanderbuchhandels von ihnen nur ganz unvoll= kommen erfaßt wird. Unter den Verlegern ſind nur die Vertreter der eigentlichen Kolportageliteratur mitgezählt, während diejenigen Firmen, welche die ſchweren Werke des Reiſebuchhandels zumeiſt ans Licht fördern, ſich zum ſtehenden Buchhandel rechnen. Was will aber ein Volks= roman in Zehnpfennigheften, deſſen erſte Lieferung in der Auflage von anderthalb Millionen gedruckt wird[1]),

---

1) Vergl. Heinrici a. a. O. S. 207.

besagen gegen den Umsatz eines Geschäftes wie des Bibliographischen Instituts in Leipzig, das hauptsächlich doch mit dem Reisebuchhandel arbeitet und den größten Teil seines Verlags auf diese Betriebsweise eingerichtet hat. In den Jahren 1885—1893 hat diese Firma abgesetzt:

	durch Reisebuchhandel		durch Kolportage		Wert
	Exemplare	Wert Mill. Mk.	Exemplare	Wert Mill. Mk.	insgesamt Mill. Mk.
Meyers großes Konversationslexikon	124 000	21.28	19 000	3.23	24.51
Meyers kleines Konversationslexikon	12 000	0.28	26 000	0.62	0.90
Brehms Tierleben (große Ausgabe) ..	15 000	2.50	2 400	0.36	2.86

Von fünf weiteren Werken (Ranke, Der Mensch, Ratzel, Völkerkunde, Kerner, Pflanzenleben, Haacke, Schöpfung der Tierwelt, Neumayer, Erdgeschichte) wurden zu gleicher Zeit für 1.44 Mill. und von Meyers Klassikerausgaben für 1 Million Mark Exemplare verkauft[1]) — zusammen also für 30 710 000 Mark, mehr als 1000 Sortimenter mit je 30 000 Mark Umsatz im Jahr vertreiben. Nimmt man die anderen großen Firmen hinzu, welche einen wesentlichen Teil ihrer Verlagstätigkeit von vornherein auf den Reisevertrieb eingerichtet haben, so gewinnt die öfter geäußerte Vermutung, daß der Reisebuchhandel schon jetzt, was die Höhe der umgesetzten Werte betrifft, den stehenden Sortimentsbuchhandel weit übertrifft, sehr an Wahrscheinlichkeit.

Und die Zahl der „Reiseobjekte" wird von Jahr zu

1) Nach Baumbach a. a. O. S. 22f.

Jahr größer. Alle Sammelwerke encyklopädischen Charakters fallen ihnen jetzt zu, in erster Linie die großen Konversationslexika, Handlexika, Universallexika, ein geographisch-statistisches Weltlexikon, Gesundheitslexikon, Hauslexikon, Fünf-Sprachenlexikon, Baulexikon, ein Lexikon der gesamten Technik, der Handelskorrespondenz, Wörter- und Handwörterbücher der Tierheilkunde, der gesamten Medizin, der Chemie, der Staatswissenschaften, der Technologie, Realencyklopädien des Erziehungs- und Unterrichtswesens, der Theologie, Handbücher der Pathologie und Therapie, der Land- und Forstwirtschaft, der Ingenieurwissenschaften, Bibliotheken der Gesundheitspflege, der Naturkunde und Technik, humoristische, praktisch-gewerbliche, chemisch-technische, elektrotechnische 2c. „Bibliotheken", illustrierte Welt-, Kunst-, Kulturgeschichten, große geographische, ethnographische, naturwissenschaftliche Werke unter mehr oder minder verlockenden Titeln, Atlanten und Reisewerke, Musterbücher für Bildhauer, Gold- und Silberarbeiter, für das graphische Gewerbe, für Kunstschlosser, Möbeltischler, überhaupt allerlei technische Spezialwerke, hauswirtschaftliche Literatur, Erbauungsschriften, Klassikersammlungen.

Man sollte meinen, daß die meisten dieser hochrabattierten fabrikmäßigen Massenerzeugnisse für einen intensiven Sortimentsbetrieb wie gemacht seien; aber nirgends hat derselbe seine Energielosigkeit und Unzulänglichkeit so klar bewiesen, wie an dieser Stelle. Der Reisebuchhandel ist nicht etwa eine billigere Vertriebsart; er muß sich sehr spezialisieren; jede Kolportagebuchhandlung führt nur wenige Artikel; jeder Reisende „arbeitet" meist nur auf ein Werk; seine Spesen sind bedeutend. Es muß also hoher Rabatt gegeben werden.[1]) Wenn trotzdem die Verleger diese Vertriebsart wählten, so geschah es, weil sie zur Deckung der sehr bedeutenden Herstellungskosten unbedingt neue Absatzgebiete erschließen mußten. Für Werke allgemeineren Charakters war dies nur möglich, wenn die minder bemittelten Schichten gewonnen wurden. So paßte man nicht nur Art und Ausstattung der Werke dem Verständnis und Geschmack dieser Klassen an, sondern brachte auch durch Einführung des Ratengeschäftes die Zahlungsweise mit ihrer schwachen Kaufkraft in Einklang. Nun hat man das Sortiment damit getröstet, daß der Reise- und Kolportagebuchhandel Kreise für den Bücherkauf gewonnen hätte, die das einmal geweckte Interesse später durch Käufe beim Sortimenter betätigten. Es dürfte das aber kaum zutreffen für denjenigen Teil der technischen Fachliteratur, der sich an einen weit zerstreuten Kreis von Interessenten wendet (Landwirte, Forstleute, Ingenieure, Pfarrer, Ärzte 2c.), und schwerlich auch für die Käufer von Konversationslexika, Prachtwerken, patriotischen, historischen, naturwissenschaftlichen Werken: ihr Bedarf ist durch den Reisebuchhandel für lange Zeit gedeckt.

Mag man immerhin zugeben, daß die Volkskreise, welche die Kolportage mit ihren Zeitschriften und Liefe-

---

1) Streißler a. a. O., S. 24 f. veranschaulicht das an folgendem Beispiel. Um 100 Exemplare von Meyers Konversationslexikon, 4. Aufl., zu vertreiben, brauchte der Reisebuchhändler ein Betriebskapital von 1200 Mark. Er verdiente am Exemplar, dessen Ladenpreis damals 160 Mark war, 96 Mark; davon ging ab die Provision des Reisenden = 18 Mark pro Exemplar. Somit blieben ihm am Schlusse 4600 Mark, und der Reisende, dem 100 Exemplare drei Monate Beschäftigung gewährten, hatte 1800 Mark verdient, beide natürlich abzüglich ihrer Spesen. Inzwischen hat sich die Provision der Reisenden noch beträchtlich erhöht (30—40 Mk. pro Expl.).

rungswerken versorgt, dem gewöhnlichen Sortimenter größtenteils unereichbar geblieben wären, vom Reisebuch= handel läßt sich das gleiche nicht behaupten. Der Boden, den er „abgrast", hätte bei richtiger Bebauung auch für den Sortimenter Frucht tragen können. Unter je 100 Ab= nehmern von Meyers Konversationslexikon waren:

Verkehrsbeamte	20	Justizbeamte	3
Kaufleute	17	Künstler	3
Militärs	15	„Privatiers"	3
Lehrer	13	Wirte	2
Baubeamte, Techniker	9	Ärzte	1.5
Verwaltungsbeamte	6	Studenten	1.5
Gutsbesitzer	5	Rechtsanwälte	1.

Hat es der Sortimentsbuchhandel trotz der großen Zahl seiner Vertreter nicht verstanden, mit diesen Kreisen Fühlung zu gewinnen, wie kann man überhaupt noch immer die Dinge so hinstellen, als ob der „Schutz des Sortiments" eine der höchsten Aufgaben nicht bloß für den Verlag, sondern auch für Staat und Gesellschaft bilde?[1]) Wie kann man es wagen, zu seinen Gunsten vom Staate und dem gesamten bücherkaufenden Publikum materielle Opfer zu verlangen, nachdem der Verlag ihn in klarer Erkenntnis seiner Unzulänglichkeit schon großenteils im Stiche gelassen hat? Wenn gar die Vertreter großer Verlagsfirmen, die zwei Drittel ihrer gesamten Bücher= produktion und oft noch mehr durch den Reisebuchhandel vertreiben, im Kampfe gegen die Rabattschleuderer die Sturmfahne tragen, so befindet sich ihr öffentliches Auf= treten mit ihrer privaten Geschäftspraxis im peinlichsten

---

1) So z. B. Trübner in dem öfter erwähnten Vorwort zu seinem Verlagskatalog.

Widerstreit. Denn gerade durch die „Arbeit" des Reise=
buchhandels ist auf weiten Gebieten des Bücherbetriebs
eine Schleuderei eingerissen, die dem Sortiment mehr
Schaden zufügt, als der so blutig bekämpfte Kundenrabatt
ihm je hätte zufügen können. Viele der großen Sammel=
werke, welche durch den Reisebuchhandel abgesetzt werden,
kommen in schwache Hände, die nach Zahlung einer oder
einiger Raten sie an Antiquare veräußern, um in der
Not sich bares Geld zu verschaffen. An den Vorabenden
der großen Feiertage und Volksfeste ist der Andrang von
Leuten, welche Meyers oder Brockhaus' Konversations=
lexikon, Andrees Handatlas, das Buch der Erfindungen,
Luegers Lexikon der gesamten Technik oder ein ähnliches
Werk veräußern wollen, in den Läden der Antiquare be=
sonders groß. Man braucht heute nicht mehr seine Uhr
oder seinen Überrock ins Pfandhaus zu tragen, wenn
man Geld nötig hat; man stellt einem Buchhandlungs=
reisenden einen Verpflichtungsschein auf eines oder mehrere
der genannten Werke aus, macht die erste monatliche
Ratenzahlung von 3—5 Mark und erhält das ganze
Werk sofort geliefert, für das der Antiquar dann einige
Goldstückchen herausrückt. Es ist ein sehr teurer Kredit,
man hat das Drei= bis Vierfache in Raten für die em=
pfangene Summe zu entrichten; aber diese Zahlungen
verteilen sich über 25 bis 40 Monate, und Not kennt
kein Gebot.

Wer wird unter diesen Umständen noch eines jener
Werke beim Sortimenter kaufen? Welcher kundige und
gewissenhafte Buchhändler wird, wenn von ihm die
neueste Auflage von Brockhaus' oder Meyers Konver=
sationslexikon verlangt wird, diese beim Verleger be=

stellen und dem Kunden den vollen Ladenpreis abver=
langen? Weiß er doch, daß in Berlin eine Art Börse
für diese Werke existiert, an welcher der Preis je nach
Angebot und Nachfrage Tag für Tag schwankt. Voll=
ständige Exemplare und einzelne Bände in der neuesten
Auflage sind bei den Handlungen, die diesen Geschäfts=
zweig dort betreiben[1]), jederzeit zu haben. Sie kaufen
die Exemplare zum Durchschnittspreise von 50 Mk. und
verkaufen sie mit einem so mäßigen Nutzen, daß sie
überall unter der Hälfte des gewöhnlichen Laden=
preises im Einzelverkauf abgegeben werden können. Ähn=
lich steht es mit einer großen Zahl anderer „Reiseobjekte".
Luegers Lexikon der ges. Technik, 7 Bände, Ladenpreis
175 Mk., ist überall im Antiquariatshandel für 85 Mk.
zu haben, Eulenburgs Real=Encyklopädie der Medizin,
Ladenpreis 461 Mk., für 175—200 Mk., Geißlers Real=
Encyklopädie der Pharmacie, Ladenpreis 185 Mk., für
60 Mk. u. s. w. Es gibt fast keinen der vielen Reise=
artikel, der nicht kurze Zeit nach dem Beginn des Ver=
triebs um den Buchhändler=Nettopreis oder darunter im
Antiquariat ausgeboten würde.

Der Reisebuchhandel ist im Sinne des Börsen=
vereins durchaus korrekt; er beobachtet die Rabattvor=

---

1) Vier Berliner Firmen sind mir genannt worden, die sich
dafür spezialisiert haben. Eine davon, M. Grünberg, Antiquar,
Rosenthalerstr. 11/12 steht im Offiz. Adreßbuch des d. Buchh. I,
S. 217, mit folgendem Zusatz: Spezialität: Lexika von Meyer,
Lueger, Brockhaus, Brehms Thierleben 2c., alt und neu: stets
großes Lager. Versand nur durch Nachnahme." Eine andere
F. E. Lederer, Kurstr. 37 „kauft Geschenkliteratur, wissenschaft=
liche Werke und Encyklopädien auch in größerer Anzahl" (Adreßb.
S. 358.) Die beiden hier nicht genannten Firmen sind bekannte
Sortimente.

schriften der „Satzungen" genau; ja er kommt mit seinen gewöhnlichen Artikeln kaum einmal in Versuchung, sie zu übertreten. Er hat seine eigene „Verkehrsordnung" und seine Vereine, ähnlich den Orts= und Kreisvereinen des stehenden Buchhandels, die sich wieder in dem Zentral= verein deutscher Kolportagebuchhändler zusammengeschlossen haben. Auch ein Verein der Reisebuchhändler hat sich am 24. Februar 1901 im deutschen Buchhändlerhause zu Leipzig und im Beisein des ersten Vorstehers des Börsen= vereins konstituiert. [1]) Er bezweckt: 1. Förderung des Wohles sowie des Ansehens des Reisebuchhandels, 2. die Entfernung unredlicher Reisender aus dem Buchhandel, 3. Schutz der Vereinsmitglieder gegen diejenigen Reisenden, welche mit Hinterlassung von Schulden ihre Tätigkeit einstellen, 4. Zusammengehen mit den Verlegern zur Er= reichung der Ziele des Vereins. Unzweifelhaft geht mit dieser äußeren auch eine innere Konsolidation Hand in Hand; die unlauteren Elemente werden mehr und mehr ausgemerzt.

Aber bereits machen sich auch die Folgen des Raub= baus bemerklich, den der Wanderbuchhandel auf dem Absatzfelde unserer Literatur getrieben hat. Zwar die Kolportage wird immer ihr Publikum haben; aber der Reisebuchhandel muß auf Erschließung neuer Kundenkreise Bedacht nehmen. Konversationslexika und Verwandtes wollen trotz aller Überredungskünste nicht mehr gehen; das Publikum ist damit übersättigt; jetzt kommt die Spezialitäten= und Fachliteratur an die Reihe, und damit werden die seitherigen Hilfskräfte, wie jüngst ein Sach=

---

1) Die Statuten sind abgedruckt im Börsenbl. 1901, S. 2143.

kundiger ausführte[1]), unzulänglich. „Beim wissenschaftlich
gebildeten Publikum", schreibt er, „wird überhaupt der
gelernte Buchhändler als Reisender den Vorzug haben,
da bei diesem Verkehr manche Frage nach Büchern ge=
stellt wird, die der Reisende, wenn Nichtbuchhändler,
schwerlich korrekt beantworten kann." Wir werden uns
also darauf gefaßt zu machen haben, daß demnächst auch
wissenschaftliche Werke immer mehr in den Bereich des
Reisebuchhandels einbezogen werden.

Bereits hat derselbe unter den Studierenden festen
Fuß gefaßt. Bei den hohen Preisen der literarischen
Hilfsmittel darf man sich nicht wundern, wenn hier be=
sonders die Möglichkeit, die Bücher in Raten abzahlen
zu können, verlockend wirkte. Dem Verfasser dieser Schrift
stellte im Mai d. J. ein solcher Reisender, der im Dienste
einer großen Reisebuchhandlung in Breslau steht, das
Ansinnen, durch Anschlag in den Räumen des staats=
wissenschaftlichen Seminars sich den Studierenden em=
pfehlen zu dürfen. Der Mann reiste z. B. ausschließlich
auf das schon genannte „Handwörterbuch der Staats=
wissenschaften" und besucht, wie er erzählte, alle Uni=
versitäten und Technischen Hochschulen. Er hatte in den
letzten vier Semestern 760 Exemplare jenes schweren
Werkes abgesetzt, das er zum Ladenpreis von 142.50 Mk.
verkauft, und zwar lediglich an Studierende. Da er
sein Bestellbuch vorlegte, so ist an der Tatsache selbst
kein Zweifel. Die Abzahlung erfolgt in 28 monatlichen
Raten zu je 5 Mark. Der gesamte Umschlag des Reisenden
betrug also in kaum zwei Jahren (während der akade=

---

1) A. v. Pötters, a. a. O., S. 4.

mischen Ferien vertreibt er andere Artikel) 108 300 Mk.
Rechnen wir davon nur 40% Rabatt, so ergibt das einen
Brutto=Verdienst von 43 320 Mark.

Ich versage es mir, die Bedenken, welche bei diesem
Falle sich erheben lassen, näher auszuführen. Nur das
möchte ich noch hervorheben, daß in Leipzig und Berlin
sich bereits ein schwungvoll betriebener stehender Raten=
buchhandel entwickelt hat, der die Studierenden aller
Fakultäten mit Geschäftscircularen¹) überschwemmt und
nicht nur unter diesen, sondern auch unter den jungen
Beamten zahlreiche Kundschaft findet. Das Risiko bei
diesem Geschäft ist ein sehr geringes. Bei Zahlungs=
stockung wendet der Geschäftsmann nach fruchtloser Mah=
nung sich an die Eltern, die denn doch die Bücherschulden
ihrer Söhne immer noch lieber zahlen, als manche andere
Schulden. Auch das Ratengeschäft beeinträchtigt natürlich
den Absatz des gewöhnlichen Sortimenters, zumal es von
Berlin aus nach allen Universitätsstädten als Versand=
geschäft betrieben wird. Einzelne Firmen verbinden damit
noch die sachliche Mietbücherei, d. h. sie verleihen alle
für das Studium und für Anfertigung von Prüfungs=
arbeiten nötigen wissenschaftlichen Bücher.²) Wenn der=
artige Geschäfte sich halten und sogar blühen, so beweist
das, daß hier Bedürfnisse vorliegen, denen weder unsere
Universitätsbibliotheken noch auch die Instituts= und
Seminarbibliotheken ausreichend entsprechen.

1) Vgl. Anhang Nr. II.
2) Vgl. Anhang Nr. III.

XII.
Restbuchhandel und modernes Antiquariat.

Seitdem ein großer Teil der Verleger sich gewöhnt hat, Bücher nach eigner Idee für bloß vermuteten Bedarf zu produzieren, sind die Fälle immer häufiger geworden, in denen ein Verlagsartikel fehlschlägt und sich schon nach kurzer Zeit als unverkäuflich erweist. Nicht selten führt auch Übersetzung des Preises zu dem Ergebnis, daß von sonst guten und brauchbaren Büchern nur ein kleiner Teil der Auflage wirklich abgesetzt wird. Früher half sich in solchen Fällen der Verleger damit, daß er den Preis herabsetzte und von dieser Tatsache auch dem bücher= kaufenden Publikum durch öffentliche Bekanntmachung Mitteilung machte. Es lag darin ein Anreiz zum Kaufen, der nicht selten so stark sich erwies, daß die Auflage doch noch zu guter Letzt unter das Publikum kam.

In neuerer Zeit ist dieser löbliche Brauch in Miß= kredit gekommen. Viele Verleger halten es nicht mit ihrer Würde vereinbar, einen Fehlschuß im Verlag oder Mißgriff im Preisansatz einzugestehen; die Sortimenter vertreiben herabgesetzte Bücher nicht gern, da der rohe Nutzen an ihnen nicht groß sein kann. So griff man zu einem anderen Auswege, um das Lager von nicht mehr zugkräftigen Werken zu räumen: man verkaufte sie an Antiquare oder auch Sortimentshandlungen um einen beliebigen Preis, und diese suchten sie dann an Liebhaber oder auch an andere Buchhandlungen allmählich abzusetzen. Ähnlich hielt man es mit Remittenden oder beschmutzten und beschädigten Exemplaren, die oft schon kurze Zeit nach der auf das Erscheinen folgenden Ostermesse billig abgestoßen wurden. Nicht selten waren dann schon von neuen Büchern Exemplare zu sehr niedrigem Preise am Markte, während der Verleger fortfuhr, Bestellungen zum ursprünglichen Ladenpreise mit dem üblichen Rabatt aus= zuführen, und die gleich anfangs fest bezogenen Exemplare natürlich auch nur um den vollen Ladenpreis verkauft wurden. Man nannte dieses Geschäftsverfahren Ramsch.[1]

Ungefähr seit der Mitte der siebenziger Jahre des letzten Jahrhunderts traten eigne Unternehmer auf, die den Ramschkauf zu ihrem Hauptgeschäfte machten und natürlich auch ein eignes Vertriebsverfahren für die Ver= wertung der Ramschware ausbildeten. Der Erwerber der= selben reiste bei den Antiquariaten und Sortimentsbuch= handlungen im Lande umher oder ließ reisen und fand für seine Kollektion spottbilliger Ware reißenden Absatz, weil der relativ hohe Gewinn lockte. Man nannte diesen Geschäftsbetrieb modernes Antiquariat oder Groß= antiquariat. Sein wichtigster Grundsatz besteht, ähnlich wie beim Barsortiment, darin, fest einzukaufen und ebenso gegen bare Zahlung oder Dreimonatwechsel zu verkaufen. Durch den baren Einkauf bot es dem Verleger, der

---

1) Vgl. Luckhardt, Der deutsche Buchhandel an der Jahr= hundertwende, S. 8; Schürmann, Buchhandel der Neuzeit, S. 63 ff.; Müller, Die Arbeiten des Verlegers, S. 61 ff.; außerdem viele Artikel im Börsenblatt; zusammenfassend im Jahrgang 1903, S. 3315 (von A. Franke).

sein Kapital in Unternehmungen festgelegt hat, ein Mittel, durch Abstoßung der für ihn hoffnungslosen Lagerbestände sich flüssige Werte zu verschaffen. Durch den baren Verkauf und die Vermeidung des Konditionsgeschäfts nötigte es dem Sortimenter die Übernahme eines ihm nicht gewohnten Risikos auf, ähnlich wie es im englischen Buchhandel zur Geltung kommt.

Sehr bald zeigten sich aber als Folge dieses Geschäftsbetriebs allerlei Mißstände, die in den Kreisen der Sortimenter große Unzufriedenheit hervorriefen. Heute unterscheidet man zwischen einer unerlaubten und einer erlaubten Form des Verfahrens. Erstere nennt man allein noch Ramschhandel; sein Begriff ist da gegeben, wo ein Verleger neue Exemplare der letzten Auflage eines Buches gleichzeitig dem Sortimenter zum Verkauf um den vollen Ladenpreis und einem andern (dem Ramschhändler) weit billiger abgibt unter Freigabe des Verkaufspreises an das Publikum, wobei öfter der Vorwand gebraucht wird, daß es sich bloß um Remittenden handle. Natürlich wird dadurch das Vertrauen des Publikums zur Festigkeit der Bücherpreise erschüttert, und der Sortimenter, welcher sich fest bezogene Exemplare zum Nettopreise auf Lager gelegt hat, kommt zu Schaden. Anders ist die zweite Form zu beurteilen, die man jetzt Restbuchhandel nennt. Sie besteht in dem Verkauf der noch in den Händen der Verleger befindlichen Restbestände älterer Werke und deren Weiterverkauf durch den Erwerber. Dem Restbuchhandel wird fast allgemein Existenzberechtigung zuerkannt. „Er entlastet das Lager des Verlegers von Vorräten und gibt diesem wenigstens einen Teil des darin vergrabenen Kapitals wieder. Er verhilft dem Autor dazu, daß die in seinem Buch niedergelegten Gedanken doch noch zur Wirksamkeit gelangen. Er gibt weniger Bemittelten Gelegenheit, für verhältnismäßig geringe Beträge Bücher zu erwerben, die ihnen früher unerreichbar waren.[1])

Nachdem schon seit 1887 verschiedene Versuche gemacht worden waren, allgemeine Bestimmungen über den Restbuchhandel zu treffen, hat der Börsenverein nach langen und schwierigen Vorberatungen Ostern 1897 eine Restbuchhandels=Ordnung aufgestellt, der man deutlich anmerkt, daß sie ein Ergebnis vielfältiger Kompromisse ist. Das Wesen des Restbuchhandels findet die „Ordnung" darin, daß er sich mit Ein= und Verkauf von Schriftwerken befasse, deren Ladenpreis aufgehoben sei. Die Aufhebung kann auch bei Exemplaren der neuesten Auflage erfolgen, wenn sie durch Beschädigung als neu unverkäuflich geworden sind. Sie gilt als vollzogen, sobald der Verleger die Restauflage eines Schriftwerkes zu antiquarischem Vertriebe verkauft hat, endlich für Exemplare veralteter Auflagen. In beiden erstgenannten Fällen ist sie im Börsenblatt bekannt zu machen. „Der Verleger ist nicht berechtigt, Erlaubnis zu erteilen, Schriftwerke seines Verlags unter dem Ladenpreise zu verkaufen, während dieser dem Gesamtbuchhandel gegenüber fortbesteht"; ausgenommen sind aber ältere wissenschaftliche Werke, wenn sie dem Publikum gegenüber ausdrücklich als „antiquarisch" bezeichnet werden. „Läßt der Verleger in den ersten zwei Jahren nach dem Erscheinen eines Buches eine Aufhebung des Ladenpreises eintreten, oder

---

1) Franke a. a. O.

ergreift er Maßregeln, die einer Aufhebung des Laden=
preises gleichkommen, so ist er verpflichtet, den Sortimenter
für die auf dessen Lager nachweislich noch vorrätigen,
direkt vom Verleger fest oder bar bezogenen Exemplare
zu entschädigen."

Die unbestimmte und z. T. unklare Fassung dieser
„Ordnung" ließ es zu befriedigenden Zuständen nicht kommen.
Man wirft der heutigen Praxis des Restbuchhandels vor,
daß dem Publikum gegenüber die Herkunft der Bücher
vielfach vertuscht werde; sie würden in sog. Mischkatalogen
mit neuen zum Ordinärpreise ausgezeichneten Werken auf=
geführt, wobei der Glaube erweckt werde, daß auch letztere
billiger seien als anderswo.[1]) Die vorgeschriebene Kennt=
lichmachung der Restbücher werde manchmal unterlassen
oder in einer verfänglichen Form bewirkt. Der Börsen=
verein ist infolgedessen zu einer Neuordnung der Materie
geschritten, die sich noch in der Schwebe befindet.

Überhaupt scheint sich in neuerer Zeit, nachdem man
früher auf die Entwicklung des „modernen Antiquariats"
große Hoffnungen gesetzt hatte, eine Meinungsänderung
zu vollziehen. Nirgends hat sich nämlich die Schwäche
des Sortiments so auffallend gezeigt, als an dieser Stelle.
Ein Fachmann schreibt mir darüber:

„Vordem beschränkte sich der Absatz des Sortimenters
— von den Brotartikeln, wie Schulbüchern 2c. abgesehen —
in der Hauptsache auf den Verkauf des von den Verlegern
in ausgiebigster Weise zur Verfügung gestellten Kommissions=
warenlagers. Langes Ziel und das Recht, nicht Abgesetztes
an den Verlag zurückzuschicken, setzten den Sortimenter in

---

1) An sich kann den „Mischkatalogen" die Berechtigung gewiß
nicht abgesprochen werden, da sie für die Wissenschaft wertvolle
bibliographische Hilfsmittel abgeben.

den Stand, mit geringem Betriebskapital sein Geschäft zu führen und großenteils die von ihm kontrahierten Schulden an die Verleger erst nach Eingang seiner eigenen Außenstände zu bezahlen. Als nun das moderne Großantiquariat in den Gesichtskreis des Sortimenters trat, mußte derselbe die früher gewohnten Schranken überschreiten; er mußte vor allem auf feste Rechnung kaufen, auf sein eigenes Risiko. Die ungewöhnlich billigen Preise, langes Ziel, die Überredungsgabe der Reisenden (letztere waren eine vordem im Buchhandel überhaupt nicht bekannte Erscheinung) taten das ihre, dem Sortimenter für das anscheinend großen Gewinn bringende Geschäft Interesse einzuflößen und ihn zu Bestellungen zu veranlassen, die seine Absatzfähigkeit häufig weit überstiegen. Dazu kam, daß nicht allein populäre, sondern auch streng wissenschaftliche Werke, selbst ganze Reihen wissenschaftlicher Zeitschriften (z. B. die Zeitschrift für Handelsrecht, die Zeitschrift für Völkerpsychologie und Sprachwissenschaft, die Entscheidungen des Reichs-Oberhandelsgerichts und manche andere) durch das Großantiquariat vertrieben wurden, die vordem in einzelnen Exemplaren zwar gesucht und gut bezahlt waren, durch das an die beschränkte Interessentenzahl aber herantretende Massenangebot bald entwertet wurden.

Neben den vielen gewinnbringenden Verkäufen blieb nun ein von Jahr zu Jahr immer mehr anwachsender Bestand an Ladenhütern zurück; denn trotz der glänzendsten Außenseite und der bestechendsten Titel handelt es sich bei dem modernen Antiquariat doch hauptsächlich um solche Werke, die sich bei ihrem seinerzeitigen Erscheinen als nicht zugkräftig erwiesen hatten.

Der wenig kaufmännisch geschulte Sortimenter legte damit sein Kapital in kurzer Zeit vollkommen fest. Er stellte wohl auch die ihm verbliebenen nicht absatzfähigen Lagerbestände zu hoch in seine Inventur ein, und bei dem immer geringer werdenden Absatz dieser Ladenhüter auf der einen Seite, dem Anwachsen des Lagers auf der anderen Seite und endlich dem Mangel an Betriebsmitteln konnte der Zusammenbruch mancher Firmen nicht aufgehalten werden.

Bei den vielen Beziehungen, welche den Sortimenter mit dem Verlagsbuchhandel verbinden, konnte die Rückwirkung

14*

auch auf diesen nicht ausbleiben; denn jeder Zusammenbruch eines Sortiments führt zu mehr oder minder schweren Schädigungen des Verlags. Aber auch dadurch erfuhr der Verlag Einbußen, daß die von dem Zusammenbruch der Sortimente erschütterten Großantiquariate ihren Verpflichtungen gegenüber den Verlegern, denen sie große Posten abgekauft hatten, nicht mehr nachkommen konnten.

Geblendet durch einige Erfolge, hatten auch die Großantiquariate aufgekauft, was immer von Angeboten an sie herantrat, und dadurch immense Bücherlager geschaffen, die fast durchgängig aus schwer oder kaum absatzfähigen Werken bestanden. An letztere hatten sich in vielen Fällen Verlagsunternehmungen angeschlossen, da jene Handlungen häufig die Vorräte mit Verlagsrecht erworben und nach Verkauf des Vorhandenen neue Auflagen herausgegeben hatten. Infolge der Festlegung des Kapitals in unverkäuflichen Büchermengen und des Mangels an weiteren Betriebsmitteln traten auch hier, im Zusammenhang mit Verlusten bei Sortimenten &c., Konkurse ein.

Wie es scheint, ist die Überzeugung, daß das moderne Großantiquariat sich auf die Dauer nicht als zugkräftig erwiesen hat und erweisen kann, immer mehr zur allgemeinen Ansicht geworden. Die Zahl der Großantiquariate geht, soweit dieselben nicht in Konkurs geraten sind, von Jahr zu Jahr zurück."

In der Tat hat sich die Zahl der buchhändlerischen Konkurse (oben S. 174) in den Jahren 1900 und 1901 auffallend vermehrt; für 1902 liegt die Statistik noch nicht vor. Aber es geht doch wohl viel zu weit, wenn man schon jetzt dem „modernen Antiquariat" glaubt das Todesurteil sprechen zu können. Das Adreßbuch für den deutschen Buchhandel zählt für 1903 nicht weniger als 189 Firmen auf, welche Offerten von Restauflagen und Partieartikeln erbitten, darunter 33 in Berlin, 25 in Leipzig, 17 in Wien, je 7 in Hamburg, Frankfurt a. M. und München, 6 in Stuttgart, 5 in Dresden, 4 in Budapest, je 3 in Chemnitz, Gera, Nürnberg, Zürich; die übrigen sind weit zerstreut, z. T. an kleinen Orten; vereinzelt finden sich auch solche im Ausland (Riga, Petersburg, Amsterdam, Leiden, Oxford, Newyork, Philadelphia). Offenbar ist demnach das Geschäft sehr zersplittert; es beteiligen sich an ihm besonders viele Antiquariate. Ein Teil der Firmen beschränkt sich auf bestimmte Literaturgattungen. Ob das moderne Antiquariat nicht aber der Konzentration fähig wäre und in den Händen einer mit Auswahl verfahrenden großen kapitalkräftigen Spezialunternehmung, ähnlich den Barsortimenten, größere Aussicht auf Erfolg böte, mag dahingestellt bleiben. Freilich würde eine solche Unternehmung ein Sortiment voraussetzen, das die betreffenden Artikel offen und nach kaufmännischen Grundsätzen zu vertreiben bemüht wäre, und einen Verlag, der die Restbestände nicht so lange liegen ließe, bis sie völlig entwertet sind.

XIII.

Bücherpreise.

Es ist eine in wissenschaftlichen Kreisen weit verbreitete Klage, daß die Bücherpreise in Deutschland während des letzten Menschenalters fortgesetzt gestiegen seien und daß ihre derzeitige Höhe diejenige der vergleichbaren französischen und englischen Werke in auffallendem Maße übersteige. Ein strikter Beweis ist bis jetzt weder für die eine noch für die andere Seite dieser Behauptung geliefert worden. Sie stützt sich lediglich auf das Gefühl des iustum pretium, das in dieser oder jener Weise beim Käufer angeregt wird, wenn er eine Novitätensendung durchmustert. Dieses Gefühl geht aber aus einer Kombination verschiedener Urteilsmomente hervor: Inhalt, Umfang, Ausstattung kommen nebeneinander zur Würdigung. Über die Frage, ob ein Preis hoch oder angemessen oder niedrig sei, werden selten zwei erfahrenere Käufer verschiedener Meinung sein.

Ich bin darum geneigt, der communis opinio der deutschen Bücherkäufer nach beiden Richtungen Gewicht beizulegen. Statistische Untersuchungen sind allerdings bis jetzt nicht angestellt worden. Sie sind auch außerordentlich schwer, zumal bei den so verschiedenen Formaten der Bücher; über die Ungleichheit der Ausstattung und des inneren Wertes ließe sich leichter hinwegkommen. Immer-

hin läßt sich das statistische Problem für beschränkte Ge=
biete der Literatur wohl lösen, vorausgesetzt, daß man
die nötige Zeit dafür aufwenden will. Ich will versuchen,
dafür einige Andeutungen zu geben.

Am einfachsten liegt die Sache, wenn Werke un=
gefähr gleichen Formats und gleichen Inhalts in Frage
kommen. Vor mir liegen vier größere Lehrbücher der
Nationalökonomie, zwei deutsche von A. Wagner und
G. Cohn, ein englisches von A. Marshall und ein
französisches von P. Cauwès, alle mehrbändig und in
ungefähr gleichem Oktavformat. Es kostet der Bogen zu
16 Seiten durchschnittlich

Wagner in den verschiedenen Bänden 33—42 Pfg.
Cohn   „ „   „   „ 29—37 „
Marshall, Band I . . . . 26 „
Cauwès, auf das ganze Werk berechnet 23 „

Dabei ist Marshall in den bekannten englischen Ca=
licoband gebunden, während die deutschen Werke broschiert
sind. Ferner sechs Grundrisse derselben Disziplin (all=
gemeiner Teil): vier deutsche von Schmoller, Conrad,
Philippovich und Kleinwächter, ein englischer von
Marshall (Elements of Economics) und ein fran=
zösischer von Ch. Gide. Sie kosten:

Schmoller   ungebunden, 482 Seiten, gr. 8° Mk. 12.—
Conrad   „   396 „   „ 8° „ 8.—
Philippovich „   407 „   „ 8° „ 9.60
Kleinwächter „   416 „   „ 8° „ 8.40
Marshall   gebunden, 416 „ kl. 8° „ 3.50
Gide   ungebunden, 616 „   „ 8° „ 4.80

Natürlich sind das ungleiche Größen; aber um wie
viel besser ist doch der französische und der englische
Student gestellt, der nur ein Drittel bis zur Hälfte so
viel für sein erstes Lehrbuch auszugeben braucht, als der

deutsche! Doch schaffen wir vergleichbare Größen. Es ist etwas mühselig, lohnt aber am Ende doch. Wir ermitteln nach dem Durchschnitt einiger Zeilen die Silbenzahl auf jeder Seite und weiterhin im ganzen Buche und berechnen den Preis auf je 10 000 Silben. Es enthalten

die Bücher von		Silben überhaupt	Preis für je 10 000 Silben Pfg.
Schmoller	$24 \times 54 \times 482 =$	625 000	19
Conrad	$19 \times 51 \times 396 =$	384 000	21
Philippovich	$24 \times 48 \times 407 =$	470 000	20
Kleinwächter	$20 \times 40 \times 477 =$	381 000	22
Marshall	$17 \times 35 \times 416 =$	248 000	14
Gide	$18 \times 37 \times 616 =$	410 000	12

Bei der Berechnung ist die Schriftgattung des Haupt= textes zu Grunde gelegt worden; kleinere Schriften in Text und Anmerkungen sind unberücksichtigt geblieben. Würden sie mit in Anschlag gebracht, so wären die Durch= schnittszahlen für die Grundrisse von Philippovich, Marshall und Gide etwas niedriger ausgefallen. Nehmen wir den Durchschnitt für die deutschen Grundrisse nur auf 20 Pfg. für je 10 000 Silben an, so ergibt sich, daß sie um 43% teurer sind als das englische und um 66% teurer als das französische Buch.

Was sich hier gezeigt hat, gilt auch für einen großen Teil der monographischen wissenschaftlichen Literatur, ja bei dieser z. T. noch in höherem Maße. Ich habe darüber ein umfassendes Material gesammelt, kann aber dasselbe zur Zeit nicht verarbeiten; auch würde die Vorlegung desselben viel mehr Raum erfordern, als mir hier zur Verfügung steht. So mögen nur noch zwei Beispiele an= geführt sein, die mir in den jüngsten Tagen aufgestoßen sind. K. Th. v. Inama=Sternegg hat kürzlich eine

Sammlung staatswissenschaftlicher Abhandlungen herausgegeben, 391 Seiten 8°. Im Jahre 1900 hat W. J. Ashley eine ähnliche Sammlung (Surveys historic and economic) 476 Seiten 8° in London erscheinen lassen. Es wird keinem Widerspruch begegnen, wenn ich die beiden Autoren und ihre Bücher einander gleich setze. Beide Bücher kosten gebunden gleich viel, nämlich 9 Mk. Der Bogenpreis beträgt aber für das deutsche Buch 37, für das englische 30 Pfg.; das deutsche wäre darnach 23 % teurer als das englische. Der Schriftspiegel ist in beiden fast gleich groß; das deutsche Buch enthält aber bloß 30, das englische 33 Zeilen auf der Seite. Die durchschnittliche Silbenzahl der Zeilen ist in beiden Büchern gleich. Es beträgt darnach der Preis für je 10 000 Silben

für das deutsche Buch 42 Pfg.

„ „ englische „ 28 „

Das deutsche Buch ist um 50% teurer, als das englische, und dabei ist letzteres reich mit Anmerkungen durchsetzt, während das erstere von Anfang bis zu Ende glatten Satz hat.

Wie man sieht, wollen solche Vergleiche, wenn sie Wert haben sollen, mit Vorsicht angestellt sein. Eine Reihe von Schriften über das jetzt so beliebte Thema der Kartelle und Trusts soll uns das weiter lehren. Eine deutsche von Liefmann kostet 43 Pfg. jeder Bogen, eine andere von Grunzel 33 Pfg., eine dritte von Menzel 40 Pfg., zwei amerikanische von Gunton und Ely je 28 Pfg., eine französische von Raffalovich 30 Pfg., eine andere von Et. Martin Saint Léon 11 Pfg. Letztere ist ein hübsches Bändchen in dem bekannten 12° der Franzosen mit gelehrten Anmerkungen — 248 Seiten für

2 Franken, jedenfalls für einen Franzosen ungewöhnlich gründlich. Aber die Schriften sind so nicht vergleichbar; ihr Format ist zu verschieden, und die beiden amerikanischen werden solid gebunden geliefert. Ziehen wir den Preis für den Einband (50 Cts.) ab und wenden die frühere Berechnungsmethode auch hier an. Je 10 000 Silben kosten im Durchschnitt

in der Schrift von:	Pfg.
Liesmann	43
Menzel	40
Grunzel	30
Raffalovich	25
Martin St. Léon	10
Gunton	20
Ely	24

In der zweiten französischen Arbeit scheint der höchste Grad von Wohlfeilheit erreicht zu sein. Aber sie gehört einer Sammlung an, der Bibliothèque d'Économie sociale, die eine Reihe ähnlicher Schriften vereinigt; sie kann darum billiger sein, als selbständig erschienene Monographien. Zum Glück kommt soeben eine deutsche Schrift ähnlichen Charakters heraus: Th. Duimchen, „Die Trusts und die Zukunft der Kulturmenschheit". Sie bildet den sechsten Band der „Kulturprobleme der Gegenwart, herausgegeben von Leo Berg" und kostet einzeln 2 Mk. 50 Pfg., im Abonnement 2 Mk. Der Verfasser hat allerlei Belletristisches geschrieben, wie wir den Buchhändleranzeigen am Schlusse des stattlichen Bandes (234 Seiten kräftigen Papiers) entnehmen, und die Trust-Arbeit ist echte Fabrikware. Dennoch kosten 10 000 Silben des Druckwerks im Abonnement 21, im Einzelverkauf 26 Pfg., also 110 bezw. 160% mehr als die solidere französische Schrift von Martin St. Léon.

Schwieriger als die Frage nach dem Verhältnis der deutschen zu den fremden Bücherpreisen ist die andere Frage zu beantworten, ob der Preis der deutschen Bücher in den letzten Jahrzehnten gestiegen sei. G. Cohns System der Nationalökonomie kostet:

Band	erschienen im Jahre	Umfang Seiten	Preis des Exemplars Mk.	Preis pro Bogen Pfg.
I	1885	649	12	29
II	1889	804	16	31
III	1898	1030	24	37

Also innerhalb dreizehn Jahren eine Steigerung des Bogenpreises um 28%. Aber derartige Beispiele berechtigen zu keinem allgemeinen Schlusse.[1]) Da kommt eine auf breitester Grundlage ausgeführte statistische Feststellung von Dr. Roquette uns zu Hilfe, die auf der III. Jahresversammlung deutscher Bibliothekare vorgelegt wurde.[2]) Nach dieser betrug:

im Jahre	die Zahl der Verlagsartikel	der Gesamtpreis derselben Mk.	der Durchschnittspreis einer Druckschrift Mk.
1870	10 108	33 278	3.29
1880	14 941	65 185	4.36
1890	18 875	86 797	4.60
1900	24 792	105 170	4.24
Zunahme 1870—1890	145 %	216 %	29 %

1) Die Steigerung der Herstellungskosten durch den erhöhten Verbandstarif der Buchdrucker kann nicht als Grund der im oben angeführten Falle stattgehabten Erhöhung des Bogenpreises geltend gemacht werden. Denn die Satz- und Druckkosten bilden nur einen Teil der Herstellungskosten, bei einem Lehrbuch durchschnittlich wol kaum mehr als ein Drittel. Eine Erhöhung der Setzer- und Druckerlöhne um 10% ergibt auf die Herstellungskosten eines Druckbogens bei einer Auflage von 1000 auf jedes Exemplar noch keinen halben Pfennig.

2) Centralblatt für Bibliothekswesen XIX (1902), S. 374.

Die Erhöhung des Durchschnittspreises einer Druck-schrift zwischen 1870 und 1900 ist darnach evident. Freilich ist damit zu rechnen, daß die Grundsätze der Katalogisierung sich inzwischen geändert haben können. Es ist eine anerkannte Tatsache, daß die Hinrichs'schen Verzeichnisse, auf die diese Zusammenstellungen alle zurück-gehen, im Laufe der Zeit immer genauer geworden sind, und da ist es nur natürlich, daß heute relativ mehr kleine Druckschriften Aufnahme finden als vor dreißig Jahren. Die obigen Zahlen würden also hinter dem wirklichen Wachstum des Preises noch etwas zurückbleiben. Der kleine Abfall im Durchschnittspreise zwischen 1890 und 1900 muß auf die gleiche Ursache zurückgehen.

Speziell für die wissenschaftliche Literatur kann nicht übersehen werden, daß die Zahl der als selbständige Verlags-werke erscheinenden kleinen Monographien in be-ängstigender Weise zugenommen hat. Es gilt dies vor allem für die Staatswissenschaften und die Geschichte, aber auch für die Sprachwissenschaften und die Philosophie dürfte Ähnliches festzustellen sein. Begründet liegt diese Erscheinung in einer falschen Ökonomie des Verlagswesens. Abhandlungen bis zum Umfang von 4 Druckbogen gehören nicht als selbständige Verlagsartikel auf den wissenschaft-lichen Büchermarkt, sondern sind in Zeitschriften zu ver-öffentlichen, wo sie immer bequem erreichbar bleiben; für solche mit einem Umfang von über 4 bis 12 Druckbogen gibt es in allen Disziplinen Sammlungen, deren Hefte einzeln käuflich sind und ihren Autoren eine genügend selbständige literarische Existenz, zugleich aber auch den Arbeiten derselben eine weitere Verbreitung sichern als sie im Einzelverlag erzielt werden könnte. Da Zeitschriften und Sammlungen unter Leitung fachkundiger Herausgeber stehen, so ist bei ihnen viel weniger Gefahr als beim Einzelverlag, daß Stilübungen zur Veröffentlichung gelangen, die für die Wissenschaft reiner Ballast sind. So blieben für den Buchverlag nur die Monographien von mehr als 12 Bogen Umfang, d. h. solche, die wirklich bedeutsame Gegenstände behandeln und bei denen der Verleger darum geringere Gefahr läuft, einen Fehlgriff zu begehen.

In den Naturwissenschaften ist es längst üblich, neue Forschungen nur in Zeitschriften und Sammlungsheften zu veröffentlichen; dem Bedürfnis der Spezialisten nach dem gesonderten Besitz einzelner Abhandlungen wird durch reichliche Separatabzüge Genüge geleistet. Das ist für den Autor billiger und besser. Zugleich hat es den wohltätigen Einfluß, daß die Autoren in Hinsicht des Umfangs sich den Vorschriften der Zeitschriftredaktion fügen müssen, während in Fächern, in welchen die selbständige Veröffentlichung üblich ist, die Darstellung oft unnötige Breite annimmt. Das „Buch" soll doch einen anständigen Umfang haben. Kein Wunder, daß hierbei die Verleger kopfschen werden oder Bedingungen stellen, die das Risiko der Veröffentlichung auf den Autor abwälzen.

Freilich haben Verleger, die ihre Stärke in wissenschaftlicher Literatur suchen, behauptet, daß der deutsche Buchverlag, im Vertrauen auf die vorzügliche Organisation unseres Buchhandels, für die Wissenschaft Opfer bringe, wie sie kein anderes Land aufweisen könne. So schreibt der Straßburger Verleger Trübner: „Während in Frankreich der Verlag wissenschaftlicher Werke teilweise nur durch staatliche Subvention aufrecht erhalten werden

kann und die englischen Kollegen über schlechten Geschäfts=
gang klagen, obgleich sie sich größter Vorsicht befleißigen
und alle schwierigen wissenschaftlichen Unternehmungen
den zahlreichen gelehrten Gesellschaften und den reichen
Universitäten Oxford und Cambridge überlassen, wird in
Deutschland nahezu die ganze Produktion wissenschaftlicher
Werke und Monographien vom Verlagsbuchhandel über=
nommen, wobei allerdings, dank dem unverbesserlichen
Idealismus, manches stattliche Opfer zu Ehren der deut=
schen Wissenschaft gebracht wird."[1]) Zum Beweise dieser
Behauptung werden aus dem französischen Budget für
1896 die Summen angeführt, welche beim Ministerium
des öffentlichen Unterrichts für wissenschaftlich=literarische
Zwecke eingestellt waren — im ganzen 836 250 Franken.

Es berührt seltsam, einer solchen Ausführung in der
Vorrede eines Katalogs zu begegnen, der eine ganze
Reihe von Werken aufweist, die auf Kosten oder mit
Unterstützung öffentlicher Körperschaften[2]) gedruckt sind
und der sich durch eine bis dahin unerhörte Höhe der
Preise auszeichnet. Allerdings vermag ich den Posten
des französischen Unterrichtsbudgets nicht ähnliche aus
den Haushaltsplänen des Deutschen Reiches und der
Einzelstaaten gegenüberzustellen, weil dort die betreffenden
Ausgaben meist mit andern vermischt auftreten.[3]) Aber

---

1) Trübners Verlagskatalog, Vorrede, S. VIII.

2) Darunter die elsaß=lothringische Landes= und die Straß=
burger Stadtverwaltung, das badische Ministerium der Justiz 2c.,
die badische historische Kommission, der Architekten= und Ingenieur=
verein für Elsaß=Lothringen; außerdem begegnen allerlei Universitäts=
schriften, Schulprogramme u. dergl.

3) Freilich ist das auch bei der Aufstellung Trübners der
Fall. Bei einer ungefähren Zusammenstellung aus dem Reichs=

wenn jemand den Versuch machen wollte, aus der ge=
samten wissenschaftlichen Jahresproduktion, die auf dem
deutschen Büchermarkte erscheint, alles auszuscheiden, was
auf Kosten von Staaten und Städten, gelehrten Gesell=
schaften und Instituten, historischen Kommissionen, Ver=
einen, Stiftungen u. dergl. gedruckt worden ist, endlich
das, wozu Private mit Zuschüssen, Kostengarantie, Ab=
nahme einer größeren Zahl von Exemplaren u. dergl.
beigesteuert haben, so dürfte er bald finden, daß nur ein
relativ kleiner Teil der Verlagswerke streng wissenschaft=
lichen Charakters auf das alleinige Risiko der Verleger
erscheint. Von Hand= und Lehrbüchern ist dabei natür=
lich abgesehen.

Fast alle jene auf öffentliche Kosten hergestellten
Schriften werden in Deutschland und Österreich unter der
Firma irgend eines Verlegers herausgegeben und durch=
laufen die bekannten Zwischenhände, ehe sie an den Bücher=
käufer gelangen. Wie wenig dies für ihre Verbreitung
vorteilhaft ist, zeigen die Preise der Publikationen, welche
von den Gesellschaften der Wissenschaft ausgehen. Um
vergleichbare Ziffern[1]) zu bieten, werden in folgender Über=
sicht die in Quartformat erscheinenden Abhandlungen der

haushaltsetat für 1903 hat sich ergeben, daß dort beim Reichsamt
des Innern 282 500 Mk. für literarische Zwecke eingestellt sind; dazu
kommen die Veröffentlichungen des statistischen Amtes: 149 000 Mk.
und des Patentamts 456 000 Mk. Natürlich sind die Ausgaben
für wissenschaftlich=literarische Zwecke in den Einzelstaaten noch er=
heblich höher.

1) Die Zahlen für die deutschen Gesellschaften sind nach Hin=
richs' Halbjahrskatalog für 1901 und 1902 berechnet. Die Abhand=
lungen der kgl. sächsischen Gesellschaft der Wissenschaften lassen sich
nicht vergleichen; sie erscheinen in Lexikon=Oktav und kosten pro
Bogen von 16 Seiten ungefähr 50 Pfennig.

großen Akademien zusammengestellt. Es kostete der
Bogen von je 8 Seiten 4° in Pfennigen:

Abhandlungen der kgl. preuß. Akademie der Wissenschaften zu
   Berlin .... (45)
      philosophische und historische 48
      mathematische 41
      physikalische 51
Abhandlungen der kgl. Gesellschaft der Wissenschaften zu Göt=
   tingen .... (59)
      philologisch=historische Klasse 56
      mathematisch=physikalische Klasse 71
Abhandlungen der kgl. bayerischen Akademie der Wissenschaften (33)
      historische Klasse 29
      philosophisch-philologische Klasse 26
      mathematisch-physikalische Klasse 43
Denkschriften der kaiserlichen Akademie der Wissenschaften (Wien) (68)
      philosophisch=historische Klasse 46
      mathematisch=naturwissenschaftliche Klasse 78
Philosophical Transactions of the Royal Society of London
   Series A: Papers of a mathematical and physical cha-
   racter (vol. 195/6) 48
Institut de France. Comptes rendus hebdomadaires des
   séances de l'Académie des Sciences im Weltpostverein 8
                        in Paris 4.7

Darnach sind die Berichte der französischen Akademie
bei weitem am billigsten, während diejenigen der deutsch=
sprachigen und der englischen Akademien durchweg erheb=
lich teurer sind. Die Tafeln und Karten, welche den letzteren
beigegeben sind, können den großen Preisunterschied noch
lange nicht rechtfertigen. Nun bildet die Veröffentlichung
wissenschaftlicher Arbeiten das Hauptmittel für die Erfüllung
der Zwecke dieser Gesellschaften; es ist klar, daß die oben
angegebenen Preise ihre Publikationen kaum über den
Kreis der Bibliotheken können hinausdringen lassen. Die
Schriften in Oktavformat („Sitzungsberichte") sind zwar
billiger; da sie aber wegen ihres sehr mannigfachen In=

halts sich kaum zur Anschaffung durch Privatkäufer eignen,
so kommen für diese fast nur die Sonderausgaben ein=
zelner Abhandlungen in Betracht. Wenn nun aus den
Sitzungsberichten der Berliner Akademie z. B. eine 15
Oktavseiten umfassende Abhandlung von Erich Schmidt
1 Mk., eine kleine Arbeit Harnacks von 39 Seiten 2 Mk.
kostet, so kommt das fast einem Verbot der Verbreitung
gleich. Jene Akademieschriften müßten des gegenseitigen
Austausches wegen gedruckt werden, auch wenn kein Blatt
verkauft würde; alles was über die Zahl der Tausch=
exemplare durch die Presse läuft, kostet nichts weiter als
Druck und Papier, d. h. pro Bogen $1\frac{1}{2}-2$ Pfennige,
wenn's hoch kommt. Im Buchhandel wird das Fünfzig=
fache dafür gefordert.

Das gleiche gilt von den zahlreichen offiziellen Denk=
schriften, Gesetzesvorlagen mit Motiven, statistischen Publi=
kationen, Jahresberichten öffentlicher Körperschaften u. dergl.,
die ebenfalls in Deutschland dem Buchhandel übergeben
werden. Alle diese Schriften müssen aus Gründen des
öffentlichen Dienstes gedruckt werden; nur die Überschuß=
exemplare kommen in den Handel. Dennoch werden sie
zu Preisen vertrieben, die ihre Anschaffung für Private
fast unmöglich machen. Allerdings gibt es löbliche Aus=
nahmen, z. B. beim Statistischen Amte des Deutschen Reichs;
aber im allgemeinen sind wir noch sehr weit entfernt von
der wohl angewandten Liberalität, die England bei seinen
Blaubüchern und die Vereinigten Staaten von Amerika
bei ihren zahlreichen Reports beweisen. Letztere werden
bekanntlich für Zwecke wissenschaftlicher Benutzung sogar
unentgeltlich verabfolgt. Dies allein ist eines ge=
bildeten Volkes würdig. Sind unsere Verfassungen

darauf berechnet, daß jedermann an den öffentlichen Angelegenheiten mit Verständnis teilnehme, so muß man auch jedermann ermöglichen, sich über diese zu unterrichten.

Auf die Preise der übrigen Literaturgattungen haben wir hier nicht Veranlassung einzugehen.[1]) Gewiß hat die große Konkurrenz unter den Verlegern in billigen Volksausgaben deutscher und Übersetzungen fremder Klassiker das Menschenmögliche geleistet, und ähnliches gilt auch von manchen Gattungen belehrender Schriften. Allein Frankreich und England sind auf dieser Bahn vorausgegangen. Wenden wir gar den Blick auf die Unterhaltungsliteratur, so stoßen wir wieder auf erhebliche Unterschiede. Während der Normalpreis von Fr. 3.50 für einen Romanband sich längst in Frankreich durchgesetzt hat, zahlt man in Deutschland für einen Band des gleichen Umfangs 4—7 Mk., also das Doppelte.

Im ganzen wird bezüglich der wissenschaftlichen Literatur festzuhalten sein, daß die Hauptursache ihrer teuren Preise in ihrem geringen Absatz zu suchen ist. Je kleiner die Zahl der Exemplare ist, welche nach den gegebenen Absatzbedingungen mit Aussicht auf Wiedergewinnung der Selbstkosten hergestellt werden kann, um so höher muß der Preis sein. Es soll diese sehr einfache Wahrheit an einem Zahlenbeispiel gezeigt werden, das der Wirklichkeit entnommen ist. Die unmittelbaren Herstellungskosten eines Buches von 29 Bogen 8°, das 1898 in einer Auflage von 800 Exemplaren gedruckt wurde, stellten sich so:

---

1) Vgl. darüber die Aufsätze von F. Paulsen in der „National-Zeitung" 1903, Nr. 280 und 282, sowie die Entgegnung von Dr. Ruprecht in Nr. 338 nebst Paulsens Antwort in Nr. 370.

	Mark	%
Satz, Druck[1]), Papier	1717.65	49.5
Umschlag	16.60	0.5
Buchbinder	52.70	1.6
Prospekte	72.90	2.1
Honorar[2])	1155.—	33.3
Zusammen	3014.85	87.0
Zuschlag von 15% für Generalunkosten[3])	452.22	13.0
Insgesamt	3467.07	100.0

Das Buch wurde zu 10 Mk. Ladenpreis mit 25% Rabatt verkauft; der Verleger erhielt also vom Exemplar 7 Mk. 50 Pfg., und es mußten 463 Exemplare abgesetzt werden, bis seine Herstellungskosten gedeckt waren. Wäre die Auflage kleiner oder größer hergestellt worden, so würde dies für die Gesamtkosten nur geringe Unterschiede ergeben haben, da, wenn der Satz einmal in der Presse ist, die weiteren Kosten (Druck, Papier, Buchbinderlohn 2c.) nur 47 Pfennige für jedes Exemplar betragen, also 1.6 Pfennige für den Bogen. Berechnen wir nun, wie sich die Durchschnittskosten des Exemplars bei Auflagen verschiedener Höhe stellen, und nehmen wir der Kürze wegen an, es werde die ganze Auflage bis zum letzten Exemplar abgesetzt, so müssen wir den Ladenpreis, der bei der Gewährung von 25% Rabatt an den Sortimenter zur Kostendeckung erforderlich ist, um ein Drittel höher annehmen. Es betragen

---

1) Die Satz= und Druckkosten allein betragen für den Text 1467.65 Mk., für den Umschlag 6.60 Mk., zusammen 1474.25 Mk., oder 42.5% der gesamten Herstellungskosten.

2) Es sind nur 28 7/8 Bogen gerechnet, da 1/8 Bogen mit Anzeigen bedruckt wurde.

3) Dazu gehören Redaktion, Spedition, Lagermiete, Zinsen, Vertrieb, Reklame 2c.

bei einer Auflage von Exempl.	die ganzen Herstellungs= kosten Mk.	die durchschn. Herstellungs= kosten für ein Exemplar Mk.	der zur Kostendeckung notwendige Ladenpreis	
			pro Exemplar Mk.	pro Bogen Pfg.
80	3129	39.11	52.15	180
150	3162	21.08	28.10	97
300	3232	10.77	14.36	49
500	3326	6.65	8.87	31
800	3467	4.33	5.77	20
1000	3561	3.56	4.75	17
1500	3796	2.53	3.37	12
2000	4031	2.02	2.69	9
3000	4501	1.50	2.00	7
5000	5441	1.09	1.45	5
10000	7791	0.78	1.04	3.6

Diese Zahlenreihen werden auch für die Verfasser wissenschaftlicher Schriften sehr lehrreich sein können, indem sie ihnen zeigen, daß Monographien, für die sich außer den zur Anschaffung verpflichteten Bibliotheken nur noch ein halbes oder ganzes Dutzend Spezialisten interessiert, nicht Gegenstand selbständigen Privatverlags sein können. Auch wenn in dem hier vorliegenden Beispiel der Autor auf das Honorar verzichtet hätte, so hätte bei einem Absatz von bloß 150 Exemplaren der zur Kostendeckung nötige Preis immer noch 17 Mk. 84 Pfg. betragen müssen. Da aber bei unserer buchhändlerischen Organisation die Auflage mindestens 500 Exemplare betragen muß, um die notwendigen Konditionssendungen machen zu können, so wäre für jedes der 150 Exemplare ein Preis von 19 Mk. 29 Pfg. anzunehmen gewesen. Daß der Verleger bei so ungünstigen Aussichten auf Absatz Druckzuschuß fordern muß, liegt auf der Hand. Der Autor pflegt dann vertragsmäßig an dem nach Deckung sämtlicher Kosten sich ergebenden Reinertrag mit der Hälfte beteiligt zu werden. Wenn diese Bestimmung sogar bei solchen Publikationen, die von der Kritik durchaus freundlich aufgenommen werden, nur sehr selten praktische Bedeutung erlangt, so liegt dies in der Regel daran, daß der Verleger bei seiner Preiskalkulation das Sichere dem Unsicheren vorzieht. Er rechnet darauf, daß die Bibliotheken das Buch kaufen müssen und daß der von ihnen zu erzielende Erlös den ihm verbliebenen Kostenanteil deckt. Die Preise, welche sich dabei ergeben, sind aber noch immer so hoch, daß sie prohibitiv auf den Absatz an Privatkäufer wirken. Hätte in unserem Beispiel bei einer Auflage von 500 Exemplaren der Autor einen Zuschuß von 1000 Mk. geleistet, so wären für den Verleger immer noch 1171 Mk. zu decken gewesen. Rechnete letzterer nur auf einen Bibliothekenabsatz von 100 Exemplaren, so hatte er den Preis immer noch auf 15 Mk. 60 Pfg. anzusetzen.

Tatsächlich hat sich in unserem Beispiele der Absatz bei einem Ladenpreise von 10 Mk. so gestaltet: Versandt wurden à condition 568 Exemplare. Verkauft wurden im ersten Jahre 289, im zweiten 34, im dritten und vierten 55 — zusammen 378 Exemplare. Dies ergibt beim Nettopreis von 7 Mk. 50 Pfg. einen Rohertrag für den Verleger von 2835 Mk. Somit blieb ihm am Schlusse des vierten Jahres noch ein Defizit von 632 Mk. Um dieses zu decken, müssen noch etwa 85 Exemplare verkauft werden.

Nehmen wir an, was nicht wahrscheinlich ist, es gelänge noch, alle 800 Exemplare der Auflage abzustoßen, so würde der gesamte Roherlös von 8000 Mk. unter die bei der Produktion und dem Vertrieb beteiligten Personen, bez. Betriebe sich folgendermaßen verteilen:

	Mk.	%
Honorar des Verfassers...............	1155	14.44
Drucker, Papierlieferant, Buchbinder 2c.	1860	23.25
Sortimenter (25% Rabatt)	2000	25.00
Verleger	2985	37.31

Nun gehen aber von dem Anteile des Verlegers 452 Mk. oder 5.65% für Generalunkosten ab, so daß er nur mit 32.66% am Ertrage beteiligt wäre. Tatsächlich hat er nicht nur keinen Ertrag; es sind nicht einmal seine allgemeinen Betriebskosten gedeckt, und zu den baren Aus= lagen der Produktion hat er noch 180 Mk. zulegen müssen. Wie aber auch der Ausgang eines solchen Unter= nehmens sein mag, der prozentuale Anteil des Sorti= menters bleibt immer derselbe, mögen auch der Verleger und im Falle der Beteiligung des Autors an den Kosten auch dieser in Verlust geraten.

XIV.

Schlußwort.

Auf den vorstehenden Blättern ist zu zeigen versucht worden, wie sehr durch die Ringbildung im Buchhandel das deutsche Geistesleben berührt wird und in wie hohem Grade die zu Gunsten eines einzelnen Standes ergriffenen Maßnahmen die ganze Nation gefährden. Die mitgeteilten Tatsachen appellieren an das Verständnis aller Gebildeten; die sie begleitenden Gedanken wollen das, was bis jetzt bloß eine Interessenfrage eines eng begrenzten Berufs- und Geschäftskreises war und was sich zu einem guten Teile mit wohlberechneter Heimlichkeit umgab, zur offen erörterten Sache des ganzen Volkes machen. Wo das Gemeinwohl betroffen ist, können Rücksichten nicht genommen werden.

Kein Zweifel, der stehende deutsche Buchhandel ist nicht jene vollkommene Organisation, als welche man uns ihn so lange angepriesen hat. Er erfüllt seine Aufgabe im Wirtschaftsleben unseres Volkes nur ungenügend, und auch dies nicht in der billigsten, sondern in der denkbar teuersten Weise. Er fordert von der Nation Opfer, wie sie der angeblich viel unvollkommenere Buchhandel anderer Kulturländer nicht beansprucht, und er stellt die Geistesarbeit, der er alle seine Erfolge verdankt, schlechter, als daß ein Volk, in dem jeder auf Grund staatlicher Anordnung lesen und schreiben lernt, dies länger ertragen könnte. Weitere Opfer können zu Gunsten einer in ihren Grundlagen veralteten, in quietistischer Selbst= genügsamkeit erstarrten Organisation nicht gebracht werden.

Wir stellen kein Reformprogramm auf. Besserungs= vorschläge sind aus dem Schoße des deutschen Buch= handels selbst noch in den letzten Jahren genug hervor= gegangen; vereinzelt haben sie sich sogar in den Spalten des Börsenblatts ans Licht gewagt; aber jeder derartige Plan erfordert Initiative, freie Bewegung, Energie, und diese Eigenschaften können unter dem Druck des Kartells nicht zur Geltung kommen. So liegt die große Summe von Intelligenz und Tatkraft, die im deutschen Buch= handel vertreten ist, für den Fortschritt gerade des eignen Berufszweiges brach. Sie kann erst wieder zur Geltung kommen, wenn wieder freie Bahn für ihre Entfaltung geschaffen ist. Der Ring, der die gebundenen Kräfte so lange schon umschließt, muß erst gebrochen sein; der Buchhandel muß sich der Mittel, die dem deutschen Handel auf anderen Gebieten zu so hohem Ruhme ver= holfen haben, erst bewußt werden und frei bedienen können, dann wird er auch aus eigener Kraft die Keime und Ansätze hoffnungsreicher Neubildungen, die jetzt der Ver= kümmerung anheimfallen, zur Entwickelung und Blüte bringen. Wissen wir doch, daß die Zahl derjenigen, welche die seitherige einseitige Interessenpolitik nur mit innerem Widerstreben über sich haben ergehen lassen, eine durchaus nicht unbedeutende ist.

Zunächst kann es sich für uns nur darum handeln, den Widerstand gegen die letzten Maßnahmen des Börsen= vereins, die selbst von den durch sie Begünstigten als

ungerechtfertigt anerkannt sind, wachzurufen und zu or=
ganisieren.

Es darf nicht ferner geschehen, daß unsere öffentlichen
Bibliotheken bei ihren vielfach ungenügenden, nur für das
Notwendigste ausreichenden Mitteln in ihrer Leistungs=
fähigkeit gegenüber denjenigen des Auslandes noch da=
durch geschwächt werden, daß sie deutsche Verlagswerke
um 10—15% teurer kaufen müssen, als sie ausländischen
Anstalten geliefert werden.[1]) Es darf nicht geduldet
werden, daß verschiedene Bibliotheken in der gleichen
Stadt ungleich behandelt, daß ihnen notwendige Hilfs=
mittel für ihre Verwaltung nach Willkür entzogen oder
bloß auf Wohlverhalten weiter bewilligt werden.

Es darf nicht geschehen, daß fremde Privatleute, ins=
besondere die fremdländischen Studierenden unserer Hoch=
schulen ihren Bücherbedarf um 15% billiger beziehen
können als unsre eignen Landeskinder, daß letztere den
bedenklichen Verlockungen des Reise= und Ratenbuchhandels
ausgesetzt bleiben oder sich für die Befriedigung ihres
Bedarfs auf Winkelbuchhandlungen angewiesen sehen, in
denen das Geschäft so betrieben wird, als sei die Ge=
währung von Rabatt eine strafbare Handlung.[2])

---

1) Noch vor kurzem hat eine amerikanische Universitätsbiblio=
thek unter deutschen Exportbuchhandlungen für die Lieferung ihres
Bedarfs eine Art Submission eröffnet. „Offerten unter 20%“,
hieß es in dem betr. Circular, „werden nicht angenommen.“

2) Solche „billige Leute“ finden sich wohl in jeder größeren
Universitätsstadt; der „Schutzzoll“ des Sortiments ist eben zu hoch,
als daß er nicht zum Schmuggel verleiten sollte. Markthelfer und
anderes Buchhandlungspersonal beteiligen sich an solchen Geschäften,
wie die fortwährenden Klagen im Börsenblatt und in Jahres=
berichten von Buchhändler=Vereinen zeigen.

Es darf nicht ferner geschehen, daß die deutschen Autoren durch die Preisverabredungen des Börsenvereins in doppelter Weise geschädigt werden: als Verfasser von Büchern durch deren Minderabsatz, als Käufer von solchen durch höhere Preise, daß ferner die wissenschaftliche Arbeit durch Erschwerung der Erlangung notwendiger Hilfs= mittel gehemmt, daß das geistige Leben der ganzen Nation verkümmert wird.

Es darf nicht geschehen, daß auf dem Wege des Vertrags dem Urheber eines Werkes der Literatur oder der Tonkunst alle die Rechte entzogen werden, die ihm das Gesetz hat zuwenden wollen, daß er auf das Niveau eines Lohnsklaven heruntergedrückt werde.

Man hat den Behörden, welche an ihrem eignen literarischen Bedarf mit betroffen sind, die Dinge so dar= gestellt, als handle es sich um die Erhaltung einer tech= nisch vollendeten, auf der Höhe der modernen Entwicklung stehenden Organisation, um Kräftigung eines selbständigen Mittelstandes, um die Rettung lebensfähiger Existenzen. In Wirklichkeit aber sollen völlig veraltete, den heutigen Bedürfnissen nicht mehr genügende Zustände konserviert werden, über welche die tatsächlich vollzogene Entwicklung bereits zur Tagesordnung übergegangen ist. Auf der einen Seite eine an sich schon ungesunde, durch künstliche Steigerung des Handelsgewinns noch beförderte Ver= mehrung der Sortimentsbuchhandlungen, auf der andern die stetig weiterschreitende Entwicklung des Wanderbuch= handels und des direkten Vertriebs der Verleger, und da= mit das offene Eingeständnis, daß das Sortiment zur Er= füllung seiner Funktion untauglich geworden ist; in letz= terem stark pathologische Erscheinungen, wie Unzufriedenheit der Gehilfen, eine rasch wachsende Inanspruchnahme der Frauenarbeit, zunehmende Verschuldung, Sinken des durchschnittlichen Bildungsniveaus, Mangel an Regsamkeit und Initiative; im ganzen aber die Tatsache, daß bei unerhört hohem Handelsgewinn das Einkommen der einzelnen ungenügend ist und daß im Buchhandel mehr Kräfte festgehalten und vom ganzen Volke bezahlt werden, als bei einer rationellen Ordnung der Dinge nötig wären.

Daran können die Gewaltmittel des Börsenvereins nichts ändern. Sie muten dem ganzen bücherkaufenden Publikum, den Autoren, den Verlegern Opfer zu, die nicht nur umsonst gebracht sein werden, die im Gegenteil das Übel noch verschlimmern müssen. Als sie begannen, hat es an warnenden Stimmen nicht gefehlt. Damals schon erklärte der Berliner Verleger J. Springer (S. 74), der Versuch müsse unterlassen werden, da er dauernden Erfolg nicht haben könne. „Ein freies, leicht zu betreibendes Gewerbe, ausgeübt von über 6500 Firmen, welche zum großen Teil von der Hand in den Mund leben, läßt sich heute nicht mehr von Genossen und Konkurrenten Gesetze vorschreiben, die im Widerspruch stehen mit dem geschäftlichen Leben der Jetztzeit, der Gewerbefreiheit." Man hat auf diese und viele andere Warnungen nicht gehört; man hat den einmal eingeschlagenen Weg immer weiter verfolgt, und heute ist man so weit, daß die vom Vorstande des Börsenvereins ergriffenen Maßnahmen nicht bloß vor dem Publikum, sondern sogar vor den eigenen Standesgenossen geheim gehalten werden[1]), daß man offen

---

1) Sind doch die oben S. 127 mitgeteilten „genehmigten Ausnahmebestimmungen" für Bibliotheken bis auf den heutigen Tag im Börsenblatt nicht veröffentlicht, und darum den Berliner

zur „Denunziation von Kollegen" auffordert (S. 118), daß in geheimen Sitzungen Redewendungen erwogen werden (S. 114), die bestimmt sind, den obersten Landes=behörden die materiellen Interessen einer kleinen sozialen Gruppe unter dem Gesichtspunkte des Gesamtwohls er=scheinen zu lassen.

Die gegenwärtigen Zustände im deutschen Buch=handel können nur mit denjenigen des ausgehenden Zunftzeitalters, der Zwangs= und Bannrechte verglichen werden. Wie damals der Konsument an den örtlichen Produzenten, so soll heute der Bücherkäufer an den Sortimenter seines Wohnorts gebunden, es soll ihm jede Möglichkeit zum Bezuge von auswärts, zur Erlangung rascherer und billigerer Bedienung abgeschnitten sein. Und wie damals legt sich ein lähmender Druck auf das ganze Erwerbsleben, nur mit dem Unterschiede, daß die aus=schließlichen Gewerberechte der Vergangenheit dem einzelnen Betriebsinhaber infolge der Erschwerung des Zugangs zum Gewerbebetrieb eine auskömmliche Existenz zu sichern vermochten, während die Satzungen des Börsenvereins, da sie das Auftreten weiterer Betriebe nicht zu hindern vermögen, immer neue Konkurrenten erstehen lassen, ohne ihnen die Mittel der Konkurrenz (bessere und billigere Versorgung des Publikums) in die Hand zu geben. Alles Vorwärtsstreben, alle Tüchtigkeit und Initiative im Buch=handel muß dadurch unterbunden, der ganze Stand auf das Niveau der Mittelmäßigkeit herabgedrückt werden. Gerade die kräftigsten und umsichtigsten Glieder desselben

---

und Leipziger Buchhandlungen unbekannt, um sie zu verhindern, an die betreffenden Bibliotheken mit erlaubtem Rabatt zu liefern.

— Verleger wie Sortimenter — leiden unter diesen Verhältnissen am meisten.

Wenn sich bis jetzt ein nennenswerter Widerstand von dieser Seite nicht erhoben hat, so ist dies nur zu erklärlich. Bei der geringsten Abweichung von den sog. Satzungen ein peinliches Gerichtsverfahren, im günstigen Falle Verurteilung zur Unterzeichnung eines Verpflichtungs= scheines[1]), Hinterlegung hoher Kaution zur Sicherung etwaiger Konventionalstrafe, im ungünstigen Falle Sperrung des Bücherbezugs durch die „schwarze Liste" und damit die Wahl zwischen Unterwerfung oder Vernichtung der Existenz! Die Verleger sind ebenfalls durch Verpflichtungs= scheine gebunden; bereits werden sie von den Sortimentern mit dem Boykott bedroht, wenn sie ihnen nicht zu Willen sind; aber sie sind doch viel freier, da sie ihre Zuflucht zum Reisebuchhandel und zur direkten Lieferung an das Publikum nehmen können. Verhehlen aber werden auch sie sich nicht, daß unter der wachsenden Konkurrenz in ihren eigenen Reihen die Abnahme des Bücherabsatzes ihnen eine schwere Bedrohung für die Zukunft schafft.

Die Zustände, welche die einseitige Interessenpolitik des Börsenvereins schon jetzt im deutschen Buchhandel geschaffen hat, spotten aller Beschreibung. In jeder Woche enthält das Börsenblatt eine Reihe von Denunziationen. Hier warnen die Sortimenter einer schwäbischen Stadt die Verleger, auf ein Gesuch ihres Stadtmagistrats um erleichterten Bezug des Bedarfs einer neu gegründeten Volksbibliothek einzugehen, weil dafür Stiftungsmittel zur Verfügung ständen. Dort wird über einen Verleger

---

1) Vgl. Anhang Nr. 1.

hergezogen, der einer Wohltätigkeitsanstalt mit 50% Rabatt geliefert hat: er soll an sie seine Bücher nur verschenken oder zum Ladenpreis verkaufen dürfen. Wieder ein anderer hat an einen Lehrerverein 200 Exemplare einer Zeitschrift zum Buchhändlerpreis abgegeben, ein Kinderheim begünstigt, Schulbücher nicht hoch genug rabattiert u. s. w. Verbotenes Rabattgeben ist natürlich noch immer vorhanden, man muß sich nur nicht erwischen lassen oder es anfangen wie jener Verleger einer patriotischen Zeitschrift, der öffentlich bekannt macht, es seien ihm von „privater Seite in hochherziger Weise" 3000 Mk. gespendet worden, mit welchen er Jahresabonnements zu einem um 25% ermäßigten Preise für weniger bemittelte Abonnenten stiften wolle. Unter Umständen hilft es auch, wenn man für Tausende von Werken „aufgeschnittene, aber durchweg gut erhaltene Exemplare" zu 20—30% ausbietet und versichert, man besitze „von der Mehrzahl der Artikel bedeutende Vorräte". Und trotz alledem drängen die Heißsporne des Börsenvereins zu weiterem „Vorgehen gegen das Publikum". Bereits spricht man davon, daß die Berechnung des Franken zu einer Mark und des Schilling zu 1 Mk. 20 Pfg. für den Bezug französischer und englischer Werke im ganzen deutschen Buchhandel obligatorisch gemacht werden soll. Das „Hinaufschleudern" ist, wie wir wissen, offiziell empfohlen.

Es kennzeichnet die ganze Rückständigkeit dieser Zustände, daß in derselben Zeit, wo der Buchhandel den Kundenrabatt abschaffen will, der übrige Kleinhandel Vereine gründet, um das Rabattsystem einzuführen. Und nicht minder seltsam berührt es, wenn eine Körperschaft, die vor zwei Menschenaltern einen ruhmvollen Kampf gegen die Censur geführt hat, heute selber mit den Mitteln der Censur und der „Sekretierung" arbeitet.

Ein solches System zu schützen, liegt für die deutschen Staaten, deren Finanzen unmittelbar durch die schon getroffenen und noch geplanten Maßnahmen berührt werden, keine Veranlassung vor; im Gegenteil verlangen gewichtige Gründe der allgemeinen Wohlfahrt, daß sie ihm entgegentreten, daß sie die von einer Interessentengruppe über die Volksbildung, den Jugendunterricht, die Wissenschaft verhängte Besteuerung, die Unterdrückung des freien Verkehrs, die Ausbeutung der geistigen Arbeit bekämpfen. Für sie gelten noch heute die Grundsätze der alten sächsischen Herzöge, die da meinten, daß, wer „die Leute mit übermäßiger Taxe und unchristlichem Wucher beim Verkauf der Bücher übersetzt", keine Rücksicht verdient und daß „die Autoren wegen ihrer Mühe und angewandten Fleißes Rekompensation haben müssen". Der staatlich garantierte Schutz des Verlagsrechts hat zur Voraussetzung, daß der Stand, dem ein solches Ausnahmerecht bewilligt ist, sich seiner Pflichten gegen die soziale Gemeinschaft bewußt bleibe.

Der Schutzverein, welcher von den akademischen Lehrern der deutschen Hochschulen begründet worden ist, wird es sich zur Aufgabe machen, den Widerstand der ganzen gebildeten Bevölkerung gegen die in dieser Schrift geschilderten Mißstände wachzurufen, was gesund ist, am deutschen Buchhandel zu pflegen und zu fördern, was krank und überlebt und schädlich ist, nicht ferner zu stützen und konservieren zu helfen. Die Kampfesstellung, in die er durch die seitherigen Vorgänge gedrängt ist, hofft er nur vorübergehend einnehmen zu müssen, scheut aber auch

vor dem Gedanken nicht zurück, Gewalt mit Gewalt ver=
treiben zu müssen. Was er zunächst verlangt und ver=
langen muß, ist nichts weiter, als daß die Grundsätze
des freien Handels und Wettbewerbs, von denen unsere
ganze Wirtschaftsorganisation beherrscht wird, auch für
den Buchhandel wieder zur Anerkennung und Geltung
gelangen, damit eine Ausstoßung parasitischer Zwischen=
glieder des Verkehrs und die wirtschaftlichste Gestaltung
in Bücherproduktion und Vertrieb Platz greifen können.

Der Verein wird zunächst, so viel als ihm möglich,
den wissenschaftlichen Bücherbedarf zu konzentrieren suchen.
Er rechnet darauf, bei den Verlegern Verständnis für
seine Bestrebungen zu finden, die auf Stärkung der Kauf=
kraft, Verbilligung des literarischen Warenvertriebs, Er=
höhung des Absatzes wissenschaftlicher Werke gerichtet sind.
Der Verlag in seiner privatwirtschaftlichen Organisation
wird noch auf lange Zeit hinaus nicht zu entbehren sein.
Soll er aber seine hohe Aufgabe zum Besten der Wissen=
schaft erfüllen, so müssen unlautere Geschäftspraktiken,
wie sie in den oben mitgeteilten Verlagsverträgen zu
Tage treten, unmöglich gemacht, es muß das Verhältnis
zwischen Verfassern und Verlegern auf Grund einer ge=
rechten Ausgleichung der beiderseitigen Interessen geregelt
werden. Die Auskunftsstelle, welche der Verein für seine
Mitglieder errichtet hat, wird in erster Linie diesem
Zwecke dienen.

Die Ausführungen dieser Schrift werden hoffent=
lich gezeigt haben, daß die Schwierigkeiten des wissen=
schaftlichen Buchverlags in den Kreisen des Vereins
volle Würdigung finden. Unzufriedene Autoren, die sich
von jedem Verleger übervorteilt glauben und nur auf

deren Seite die Schuld ihrer literarischen Mißerfolge suchen, werden an unserem Vereine keine Stütze finden. Vielmehr wird derselbe der Anregung, welche auch die wissenschaftliche Bücherproduktion einer von idealen Gesichtspunkten und innerer Anteilnahme getragenen Verlegertätigkeit verdankt, ebenso eingedenk bleiben, wie des befruchtenden Einflusses eines verständnisvollen Zusammenwirkens von Autoren und Verlegern.

Freilich können und dürfen wir gegen die Schäden einer kapitalistisch organisierten fabrikmäßigen Bücherproduktion nicht blind sein. Das Überwuchern einer seichten, der Oberflächlichkeit oder gar dem groben Sinnenkitzel dienenden Schriftstellerei, das Auftreten von ganzen Verlagsunternehmungen, die sich auf Produkte dieser Gattung spezialisieren, kann uns als Lehrer der Jugend am wenigsten gleichgültig lassen. Wir rufen nicht den Staat gegen diese Auswüchse zu Hilfe; wir wollen auch nicht den freien Schulbücherverlag trotz seiner Mängel durch den Staatsverlag ersetzt sehen — das hieße das Streben nach Verbesserung der Unterrichtsmethoden unterbinden —; wohl aber werden wir darnach zu trachten haben, die literarische Kritik von einseitigen Geschäftsinteressen loszulösen und den Verlag wissenschaftlicher Zeitschriften auf fachgenossenschaftliche Grundlage zu stellen. Im übrigen halten wir die völlige Freiheit des Buchverlags für die beste Schutzwehr der freien Wissenschaft und für das Palladium eines gesunden nationalen Geisteslebens.

Die Bestrebungen der Verleger auf Anbahnung direkten Verkehrs mit den Buchkonsumenten werden wir nach Kräften zu fördern suchen. Nur wird der Verlag es aufgeben müssen, zu erwarten, daß diese Bestrebungen Erfolg haben können, wenn er dem Publikum seine Artikel unter denselben Bedingungen anbietet, wie sie dem Sortimentsbezug eigen sind. Die Zwischengewinne des Kleinhandels müssen wegfallen, wo dessen Dienste überhaupt nicht in Anspruch genommen werden. Schon heute übernimmt der Verleger die Kosten der Verbreitung seiner Verlagswerke durch Übersendung von Prospekten, Inhaltsverzeichnissen, Abdrücken von Rezensionen u. drgl.; wage er den weiteren Schritt, den so viele Produzenten von Gebrauchsgegenständen des täglichen Lebens längst getan haben, seine Verlagswerke „zu Fabrikpreisen" dem Publikum anzutragen; des Erfolges kann er sicher sein.

Als in den ersten siebenziger Jahren der Gedanke einer Buchpost in Deutschland auftauchte, die den direkten Bücherbezug durch die Post auf ähnlicher Grundlage regeln sollte, wie es der Zeitungsbezug ist, da wurde ihm aus den Kreisen des Buchhandels eine erbitterte Bekämpfung zu teil.[1]) Inzwischen hat die Schweiz die Idee in der Weise verwirklicht, daß Bücher zum gewöhnlichen Druck= sachenporto zur Ansicht verschickt werden können und, wenn sie innerhalb vier Tagen an die Post zurückgegeben werden, taxfrei an den Absender zurückbefördert werden.[2]) Wenn von dieser Einrichtung kein größerer Gebrauch gemacht wird, so ist dies allein dem Umstande zu= zuschreiben, daß die Verleger bei ihren Sendungen sich

---

1) Magazin für den deutschen Buchhandel 1874, S. 73 ff., 133, 174. Es sollte durch die Post jedes Buch ohne Portoaufschlag bezogen werden können, wodurch natürlich das Sortiment aus= geschaltet worden wäre. — Über den Postbuchhandel in Chile vgl. Luckhardt, Wie es im Buchhandel aussieht, Heft 2, S. 37.

2) Vgl. O. Sieblist, Die Post im Auslande, S. 101 f.

an den Ladenpreis binden und damit dem Publikum die Veranlassung nehmen, den direkten Bezug zu bevorzugen.

Darin werden alle einsichtigen Verleger mit den Autoren einig sein, daß die Höhe des Sortimenterrabatts den Absatz erschweren muß, da er die Bücher unverhältnismäßig verteuert, und daß bei der schon vorhandenen Konzentration einerseits des wissenschaftlichen Bücherbedarfs, anderseits des wissenschaftlichen Fachverlags einem direkten Verkehr zwischen Produzenten und Konsumenten sachliche Schwierigkeiten nicht entgegenstehen. Gelingt es durch ihn den Absatz zu heben, dann wird nicht nur die Zahl der fehlgeschlagenen Unternehmungen sich vermindern, es wird auch eine weitere Herabdrückung der Produktionskosten durch erhöhte Auflagen ermöglicht und damit eine Anregung der wissenschaftlich-literarischen Tätigkeit angebahnt werden, die beiden Teilen zu gute kommt.

Daß von den Barsortimentern der Vertrieb schwerer wissenschaftlicher Werke auch in Zukunft kaum etwas erwarten darf, unterliegt wohl keinem Zweifel. Denn sie vertreiben nur Kompendien und Werke, die ohnehin „gangbar" sind. Ebenso ist ein weiteres Eindringen des Reisebuchhandels in dieses Gebiet gewiß nicht zu wünschen: er ist, von allem anderen abgesehen, zu teuer. So bleibt nur der direkte Verkehr, den der Verlag bereits aus eigner innerer Nötigung begonnen hat und für den schon unter den jetzigen postalischen Einrichtungen genügend Spielraum vorhanden ist, vorausgesetzt, daß er auf die einzig mögliche kaufmännische Grundlage gestellt wird.

Der Verein, in dessen Auftrage diese Schrift verfaßt ist, will mit ihrer Herausgabe bekunden, daß die deutsche

16*

Wissenschaft das Recht für sich in Anspruch nimmt, in Fragen des Vertriebs ihrer Schriftwerke mitzusprechen. Seine Satzungen sind am Schlusse dieser Schrift ab= gedruckt. Sie wenden sich an alle diejenigen im deutschen Volke, welche höherer Bildung teilhaftig geworden sind, mit der Einladung, beizutreten und mitzuwirken an der Verfolgung der Ziele, welche er sich gesteckt hat. Möge dieses Büchlein auch dem deutschen Buchhandel zeigen, wie ernst es der Verein mit seinen Aufgaben nimmt und wie sehr ihm daran gelegen ist, auf den Grund der Dinge zu dringen, sie zu sehen, wie sie sind, nicht wie scheinen!

Anhang.

I.

Verpflichtungsscheinformular des Börsenvereins.

Hierdurch verpflichte ich mich gegenüber dem Börsenverein der Deutschen Buchhändler zu Leipzig

1. jedes öffentliche Anbieten von Rabatt an das Publikum in ziffermäßiger oder unbestimmter Form zu unterlassen;

2. bei Verkäufen an das Publikum innerhalb Deutschlands, Österreichs und der Schweiz die von den Verlegern festgesetzten Ladenpreise einzuhalten, sofern nicht von den anerkannten Orts- und Kreisvereinen mit Genehmigung des Vorstandes des Börsenvereins besondere Verkaufsnormen für ihr Gebiet festgestellt sind;

3. gegen den Willen des Verlegers den Verlag desselben an solche Buchhändler und Wiederverkäufer, welche von der Benutzung der Einrichtungen und Anstalten des Börsenvereins ausgeschlossen sind, nicht zu liefern, auch nicht die Lieferung zu vermitteln.

(§ 3, Ziffer 4, 5 und 6 der Satzungen.)

Für jeden Fall der Zuwiderhandlung gegen diese Verpflichtung unterwerfe ich mich zu Gunsten des Unterstützungsvereins Deutscher Buchhändler und Buchhandlungsgehilfen in Berlin einer Konventionalstrafe von . . . . Mark.

Zur Sicherstellung dieser Konventionalstrafe hinterlege ich hiermit bei der Geschäftsstelle des Börsenvereins der Deutschen Buchhändler zu Leipzig Mark . . . . in

Ich unterwerfe mich ausdrücklich der Bestimmung, daß die Konventionalstrafe von . . . . Mark als verwirkt angesehen und der Vorstand des Börsenvereins berechtigt sein soll, die zur Sicherstellung der Konventionalstrafe hinterlegte Kaution sofort zur Deckung der Konventionalstrafe zu verwenden, wenn der Vorstand des Börsenvereins eine Zuwiderhandlung gegen diese Verpflichtung als erwiesen angesehen haben und mir hiervon Eröffnung gemacht haben wird.

.........., den ....

II.

Geschäftscircular einer Berliner Ratenbuchhandlung.

Sehr geehrter Herr!

Gestatten Sie mir, Ihre Aufmerksamkeit auf meine Geschäfts= einrichtungen zu lenken, von denen, wie in den weitesten Kreisen des Bücher kaufenden Publikums, besonders auch seitens der Studierenden aller deutschen Universitäten und der deutschen Lehrerschaft seit Jahren vielfach Gebrauch gemacht wird.

Um die Anschaffung einzelner umfangreicher Werke, sowie die Befriedigung eines größeren Bücherbedarfes zu erleichtern, liefere ich Lehrbücher, sowie alle sonstigen Gegenstände des Buchhandels, und zwar, wenn nichts anderes vereinbart, neu und in den neuesten Auflagen gegen niedrig bemessene monatliche oder vierteljährliche Ratenzahlungen.

Die Lieferung erfolgt postfrei in der Regel innerhalb 8 Tagen nach der Bestellung, in eiligen Fällen, soweit als möglich, um= gehend.

Bei allen Bestellungen über 10 Mark wird das Zusendungs= porto von der Buchhandlung getragen, während es bei geringeren Beträgen dem Besteller ganz oder teilweise angerechnet wird.

In Ansatz kommen die buchhändlerischen Ladenpreise. Die Rechnungsbeträge können in monatlichen oder vierteljährlichen Raten nach der Norm getilgt werden, daß die Rechnungen innerhalb 25 Monaten ausgeglichen werden. Demnach sind beispielsweise zu zahlen auf Rechnungsbeträge

bis 75 Mk. Monatsraten von 3 Mk.

von 76 „ 100 „ „ „ 4 „

„ 226 „ 250 „ „ „ 10 „

oder entsprechende Quartalsraten.

Geringere Raten als 3 Mark sind unzulässig. — Rabatt kann bei Ratenzahlungen nicht gewährt werden.

In Fällen, wo diese Zahlungsform nicht beliebt wird, finden angemessene Vorschläge bereitwillige Be= rücksichtigung.

Der Besteller muß volljährig, Angehöriger des Deutschen

Reiches und natürlich in der Lage sein, die betreffenden Verpflich=
tungen zu erfüllen. An Minderjährige kann bei besonderer schrift=
licher Genehmigung des Vaters oder des Vormundes geliefert werden.

Die Aufträge werden mittels des angebogenen Formulars
erteilt, welches auszufüllen und eigenhändig zu unterzeichnen, sowie
mit den vorgeschriebenen Angaben zu versehen ist.

Außer dem Sortimentsbetriebe, d. i. dem Verkaufe von neuen
Büchern aller Wissenschaften und Sprachen, pflege ich auch anti=
quarische Lieferung und Beschaffung und demgemäß natürlich auch
den Ankauf gebrauchter Bücher. Hierbei bewillige ich in den
von den geschäftlichen Verhältnissen gegebenen Grenzen höchste Preise.

Daß Sie sich mit vollem Vertrauen an mich wenden
können, ergibt sich aus dem langjährigen Bestehen meiner
Firma, wie aus dem guten Rufe, den sie sich durch die
sorgsamste und rechtschaffenste Geschäftsführung er=
worben hat.

Der dazu gehörige Verpflichtungsschein lautet:

Der Unterzeichnete bestellt hiermit bei der Buchhandlung
von . . . . in Berlin die folgenden, für seine Studienzwecke
erforderlichen Bücher:

. . . .
. . . .
. . . .

wünscht die Zusendung postfrei im Monat . . . . und ver=
pflichtet sich dagegen vom . . . . ab . . . . monatlich
Mk. . . . . zu zahlen, wobei als Erfüllungsort der Zahlungs=
verbindlichkeit Berlin anerkannt wird.

Nichteinhaltung der Zahlungstermine während dreier Monate
hebt die Vergünstigung der Ratenzahlung auf, so daß der Restbetrag
sofort fällig wird.

. . . . , den . . . . 190 . . Unterschrift u. Wohnungsadresse:
Geburtsort: . . . .
Heimatsort: . . . .
Geburtsjahr u. Tag: . . . .

III.
Circular einer Berliner Mietbücherei.

P. P.

In unserer Juristischen Mietbücherei sind mietweise —
der Band für den Monat 50 Pfennige — sämtliche zum Studium

wie für die Praxis nötigen Bücher (die Literatur des B. G. B. in mindestens 40facher Anzahl) zu haben.

Besonders empfehlen wir unsere Mietbücherei auch für die schriftlichen Examens=Arbeiten.

Die hierzu erforderliche Literatur an Zeitschriften, Mono= graphien, Dissertationen*), Lehrbüchern, Quellenwerken u. s. w. wird von uns schnellstens und in größter Vollständig= keit mietweise geliefert.

Zur geneigten Beachtung: Bei Bestellungen von Bänden aus Zeitschriften oder anderen mehrbändigen Werken empfehlen wir, den betr. Aufsatz, Paragraph ꝛc. zu bezeichnen; auf alle Fälle ist zum Zwecke einer sicheren und schnellen Erledigung der Auf= träge die wörtliche Angabe des Themas dringend anzuraten.

Die Bedingungen sind:

1. Es ist ein Pfand zu hinterlegen, und zwar für 5 Bände oder weniger 10 Mark, für mehr Bände 20 Mark. (Sollten die Mietgebühren das Pfand erheblich übersteigen, behalten wir uns eine Erhöhung vor.) Wo das Pfand dem Auftrage nicht bei= gefügt wird, senden wir die Bücher unter Nachnahme der betr. Summe ab.

2. Die Mietgebühr beträgt für die Dauer eines Monates (von Datum zu Datum gerechnet) oder auf kürzere Zeit für jeden Band 50 Pfennige.

3. Die Mietzeit ist unbeschränkt; doch steht es uns frei, ver= mietete Bücher zurückzuverlangen, sofern dies besondere Umstände erfordern; in diesem Falle ist für den laufenden Monat keine Mietgebühr zu entrichten.

4. Versand nach jedem Orte des Deutschen Reiches auf Kosten und Gefahr des Mieters, der zur portofreien Rücksendung, auch hier am Platze, verpflichtet ist.

5. Mietweise entnommene Bücher können ohne unsere Zustimmung nicht käuflich behalten werden.

6. Die Abrechnung geschieht sofort nach Rückgabe sämtlicher ent= liehenen Bände; wir geben dabei etwaigen Überschuß zurück und erwarten andererseits sofortige Nachzahlung, falls die Summe der Gebühren das Pfand übersteigt.

7. Erfüllungsort ist Berlin.

---

*) Wir erhalten diese stets sofort nach Drucklegung, lange bevor sie in irgend einem Verzeichnisse zu finden sind.

IV.

Satzungen des Akademischen Schutzvereins.

§ 1. Zweck.

Der Verein will im Interesse der Wissenschaft, ihrer Arbeiter und des Publikums auf den Verlag, Vertrieb und Absatz der wissenschaftlichen Literatur einwirken, um der Verteuerung der Schriftwerke zu steuern, den Absatz zu fördern und die Autoren gegen wirtschaftliche Übermacht beim Abschluß der Verlagsverträge zu schützen.

Zu diesem Zwecke wird der Verein seinen Mitgliedern mit Rat und Auskunft dienen, die öffentliche Meinung aufzuklären suchen, den Zusammenschluß aller Mitinteressenten fördern, auf eine rationelle Gestaltung des Buchvertriebes hinwirken und Einrichtungen ins Leben rufen, welche der literarischen wissenschaftlichen Produktion die größtmögliche Verbreitung zu sichern im stande sind.

§ 2. Der Gesamtverein.

Der Gesamtverein erstreckt sich über Deutschland, Österreich und die Schweiz.

Er hat seinen Sitz in Leipzig.

Er gliedert sich in Zweigvereine, die an den Orten der Hochschulen ihren Sitz haben.

Jedes Vereinsmitglied muß sich einem Zweigvereine anschließen.

§ 3. Mitgliedschaft.

Mitglied des Vereins kann jeder akademisch Gebildete werden. Er wird es durch die Erklärung seines Beitritts zu einem Zweigverein und die Zahlung des satzungsmäßigen Beitrags.

Anstalten, insbesondere Bibliotheken, können dem Vereine beitreten.

Das Mitglied zahlt vorbehältlich der etwaigen vom Zweigvereine beschlossenen Zuschläge (§ 6) einen Jahresbeitrag von 3 Mk., von welchen 2 Mk. in die Kasse des Gesamtvereins fließen, 1 Mk. dem Zweigverein verbleibt.

Der Austritt erfolgt durch Erklärung an den Vorstand des Zweigvereins, welchem das Mitglied angehört. Er kann nur mit dem Schluß des Geschäftsjahres geschehen.

§ 4. Vorstand und geschäftsführender Ausschuß des Gesamtvereins.

Der Vorstand des Gesamtvereins wird durch die Vorsitzenden der Zweigvereine oder deren Vertreter und 4 weitere, in Leipzig wohnhafte, von der Hauptversammlung (§ 5) nach Vorschlag des Leipziger Zweigvereins auf 3 Jahre gewählte Mitglieder gebildet. Wiederwahl ist zulässig.

Dem Vorstand liegt die Geschäftsführung in allen gemeinschaftlichen Angelegenheiten ob. Er verfügt über die Mittel des Gesamtvereins, erstattet der Hauptversammlung Bericht über seine Tätigkeit und legt ihr Rechnung. Der Vorsitzende des Vorstandes ist der Vorsitzende des Leipziger Zweigvereins. Der Vorstand wählt aus den in Leipzig wohnhaften Mitgliedern den stellvertretenden Vorsitzenden, den Schriftführer und dessen Vertreter, sowie den Schatzmeister.

Der geschäftsführende Ausschuß besteht aus den 5 Vorstandsbeamten, d. h. dem Vorsitzenden, dem stellvertretenden Vorsitzenden, dem Schriftführer, dessen Vertreter und dem Schatzmeister. Der geschäftsführende Ausschuß hat in Vertretung des Vorstandes und unter dessen Kontrolle nach Maßgabe einer ihm von diesem erteilten Instruktion die sämtlichen laufenden Geschäfte zu erledigen.

Der Vorstand gibt sich eine Geschäftsordnung.

§ 5. Die Hauptversammlung.

Die Hauptversammlung tritt mindestens alle 3 Jahre an dem vom Vorstand bestimmten Orte und zu der von diesem gewählten Zeit zusammen. Die Zweigvereine entsenden zu ihr stimmführende Delegierte. Der Zweigverein hat für je 50 Mitglieder eine Stimme. Jedes angefangene Fünfzig berechtigt zu einer Stimme. Zur Teilnahme an der Hauptversammlung, zum Wort in derselben sind alle Mitglieder befugt. Die Abstimmung erfolgt durch einfache Mehrheit der gemäß obiger Vorschrift in der Hauptversammlung vertretenen Stimmen.

Die Hauptversammlung wird durch den Vorstand einberufen; sie muß auf Antrag eines Zweigvereins einberufen werden. Die Einberufung geschieht durch Zuschriften an die Zweigvereine, welche ihrerseits für die Kundmachung Sorge tragen. Sie muß spätestens sechs Wochen vor dem Zusammentritt unter Mitteilung der Tagesordnung erfolgen. Anträge von Mitgliedern müssen spätestens drei Wochen vor dem Zusammentritt bei dem Vorstand eingehen, um nachträglich in der Tagesordnung Aufnahme zu finden. Sie gelangen zur Diskussion und Abstimmung nur, wenn ein Delegierter sie sich aneignet.

Die Hauptversammlung vollzieht die ihr obliegenden Wahlen mit relativer Mehrheit. Sie wählt die oben (§ 4) genannten vier

Leipziger Vorstandsmitglieder und zwei Rechnungsprüfer, sie erteilt dem Vorstande Decharge, sie beschließt mit einer Mehrheit von $^2/_3$ der anwesenden Stimmen Änderungen dieser Satzungen, sie verhandelt und beschließt über die vom Vorstand oder von andrer Seite an sie gebrachten Anträge.

§ 6. Zweigvereine.

An dem Orte jeder Hochschule wird ein Zweigverein gebildet. Befinden sich Universität und technische Hochschule an demselben Ort, so ist die Bildung zweier Zweigvereine offen gelassen.

Der Zweigverein gibt sich selbst seine Verfassung und Geschäftsordnung, soweit nicht diese Satzungen solche vorschreiben. Den Vorsitz des Zweigvereins und seine Vertretung nach außen hat, falls er Mitglied des Zweigvereins und zur Übernahme des Amtes bereit ist, der jeweilige Rektor der betreffenden Hochschule, andernfalls ein vom Zweigverein für die Amtsdauer des Rektors gewählter Vorsitzender. Stellvertretender Vorsitzender ist ein vom Zweigverein gewählter Vertrauensmann, dem der Verkehr mit dem geschäftsführenden Ausschuß obliegt. Die Bestimmung über die Dauer seines Amtes bleibt dem Zweigverein überlassen.

Der Zweigverein verfügt frei über die in seine Kasse fließenden Mitgliederbeiträge. Er kann je nach Bedürfnis Zuschläge zu dem Mitgliederbeitrag beschließen.

§ 7. Auflösung des Vereins.

Die Auflösung des Vereins erfolgt durch Beschluß der Hauptversammlung mit der Mehrheit von zwei Dritteln aller den Zweigvereinen zustehenden Stimmen. Im Falle der Auflösung fällt das Vermögen der Zweigvereine an von ihnen zu bestimmende Anstalten, das des Gesamtvereins an die Zweigvereine nach Verhältnis ihrer Mitgliederzahl.

Mitteilung.

Der Beitritt zum Akademischen Schutzverein kann jederzeit durch einfache Anzeige an das Rektorat einer deutschen Universität oder Technischen Hochschule unter Einsendung des ersten Jahresbeitrags von 3 Mk. erfolgen.
